曹兴江 ◎ 著

# 荀子礼思想研究

中国社会科学出版社

## 图书在版编目（CIP）数据

荀子礼思想研究 / 曹兴江著 . —北京：中国社会科学出版社，2017.6

ISBN 978 - 7 - 5203 - 1312 - 4

Ⅰ.①荀… Ⅱ.①曹… Ⅲ.①荀况（前313—前238）—礼仪—思想评论 Ⅳ.①B222.65②K892.9

中国版本图书馆 CIP 数据核字（2017）第 266957 号

| 出 版 人 | 赵剑英 |
|---|---|
| 责任编辑 | 朱华彬 |
| 责任校对 | 胡新芳 |
| 责任印制 | 张雪娇 |

| 出　　版 | 中国社会科学出版社 |
|---|---|
| 社　　址 | 北京鼓楼西大街甲 158 号 |
| 邮　　编 | 100720 |
| 网　　址 | http://www.csspw.cn |
| 发 行 部 | 010 - 84083685 |
| 门 市 部 | 010 - 84029450 |
| 经　　销 | 新华书店及其他书店 |
| 印　　刷 | 北京君升印刷有限公司 |
| 装　　订 | 廊坊市广阳区广增装订厂 |
| 版　　次 | 2017 年 6 月第 1 版 |
| 印　　次 | 2017 年 6 月第 1 次印刷 |
| 开　　本 | 710×1000　1/16 |
| 印　　张 | 15.5 |
| 插　　页 | 2 |
| 字　　数 | 239 千字 |
| 定　　价 | 68.00 元 |

凡购买中国社会科学出版社图书，如有质量问题请与本社营销中心联系调换
电话：010 - 84083683
版权所有　侵权必究

# 目 录

绪论 …………………………………………………………… (1)
  一 研究之缘起 ………………………………………………… (1)
  二 研究之现状 ………………………………………………… (4)
  三 研究之思路与方法 ………………………………………… (12)

**第一章 礼之缘起** ……………………………………………… (15)
  第一节 "性恶则贵礼义"：礼之必要的人性根基 ……………… (15)
    一 "性"概念之意涵 ………………………………………… (15)
    二 "性恶则与圣王，贵礼义矣"：礼之必要的
       "性恶"预设 ………………………………………………… (31)
    三 "称情而立文"：礼之必要的情感诉求 ………………… (42)
  第二节 "人生不能无群"：礼之必要的群体向度 ……………… (52)
    一 "群"概念之意涵 ………………………………………… (52)
    二 "人生不能无群"：群何以必要的生存论考察 ………… (54)
    三 "制礼义以分之"：群何以可能的制度前提 …………… (57)
  第三节 圣王制礼及其客观根据 ………………………………… (64)
    一 "礼莫大于圣王" ………………………………………… (64)
    二 "上取象于天，下取象于地"：圣王制礼的客观根据 …… (70)

**第二章 礼之本质** ……………………………………………… (78)
  第一节 人异于禽兽的族类特质 ………………………………… (78)
    一 "人道莫不有辨" ………………………………………… (78)
    二 "人能群，彼不能群" …………………………………… (80)

三　荀、孟人禽之辨的异同 …………………………………… (82)
　第二节　"等贵贱，分亲疏，序长幼"：作为差序结构的礼 …… (85)
　　一　"礼法之枢要"贵在"定分" ……………………………… (85)
　　二　"等贵贱，分亲疏，序长幼" ……………………………… (91)

## 第三章　礼之道德功用 …………………………………………… (97)
　第一节　"涂之人可以为禹"的先天根据 ………………………… (97)
　第二节　"礼及身而行修"的道德工夫 ………………………… (100)
　　一　"礼者，所以正身也" …………………………………… (101)
　　二　"不教无以理民性"的道德教化论 ……………………… (108)
　　三　"积善成德"的道德修养论 ……………………………… (124)
　第三节　"始乎为士，终乎为圣人"：道德工夫的圣贤旨归 …… (155)
　　一　"好法而行"的士人格 …………………………………… (155)
　　二　"笃志而体"的君子人格 ………………………………… (160)
　　三　"齐明而不竭"的圣人人格 ……………………………… (167)

## 第四章　礼之政治功用 …………………………………………… (175)
　第一节　"以礼分施，均遍而不偏"：君主角色的理论设定 …… (175)
　　一　"君者，善群也"：群道的人格化身 …………………… (175)
　　二　"闻修身，未尝闻为国"：君主以修身为治国的基础 … (180)
　　三　"人主者，以官人为能也"：君主通向无为
　　　　而治的政治能力 …………………………………………… (187)
　第二节　"隆礼至法则国有常"：礼法相养的治国术 ………… (194)
　　一　礼的治国效用及其限度 ………………………………… (194)
　　二　法之治道地位的彰显 …………………………………… (200)
　　三　"明德慎罚"的德刑论 …………………………………… (204)
　第三节　"养人之欲，给人之求"：礼之经济分配功用 ………… (212)
　　一　"进则近尽，退则求节"：对待欲望的合理态度 ……… (213)
　　二　"礼者，养也"：养欲给求的分配原则 ………………… (216)
　　三　"节用以礼，裕民以政"：养欲给求的政治担保 ……… (217)

**结语** ………………………………………………………（222）

**附录　荀子君道思想论纲** ………………………………（227）

**参考文献** …………………………………………………（234）

# 绪　　论

## 一　研究之缘起

在中国历史上，春秋战国时期（公元前771—前221年）占据承前启后的重要地位，此时，中国社会正处于德国哲学家雅斯贝尔斯所说的"轴心时代"，也就是美国社会学家帕森斯所说的"哲学的突破期"。在这段长达五个半世纪的历史长河之中，中国经历了天翻地覆的社会变动，从经济形态层面考察，这一社会变动主要表现为宗法封建制向地主封建制的漫长蜕变。① 除了经济形态方面的根本转变以外，社会其他领域同样发生了重大变化，② 与经济、政治、军事等社会领域的重大变化相伴随，思想界逐渐形成了"百家争鸣"的学术气象，尤其迈入战国中期以后，法家因崇尚功利意识与实力原则，迎合了诸侯们"富国强兵"的现实需要，被统治阶层大加称许并且成为他们治国的指导思想，从而诱发了规模庞大且影响深远的"自强型改革"③ 浪潮。显然，对于"迂远而阔于

---

①　社会经济形态是我们判定夏商周时期的社会性质的根本标准，据此，晁福林先生得出了如下结论：夏商周时期属于同一类型的封建社会，只是它们的发展形态有所不同：夏商两代处在氏族封建社会，西周处在宗法封建社会；迈入东周时期（春秋战国）以后，宗法封建社会逐渐瓦解，地主封建社会逐步确立。有关宗法封建社会向地主封建社会的重大转变，参见晁福林《夏商西周的社会变迁》，中国人民大学出版社2010年版，第209—237页。

②　关于春秋战国时期社会其他领域的重大转变，参见辛田《春秋战国时期社会转型研究》，博士学位论文，陕西师范大学，2006年。

③　参见［美］许田波《战争与国家形成：春秋战国与近代早期欧洲之比较》，徐进译，上海人民出版社2009年版，第8—39页。

事情"①"无益于人之国"②的儒家而言，法家思想的贯彻落实对它构成了严峻的挑战。于是，为了保持儒家在诸子辩论中的竞争优势及力争政治实践的表达机会，儒者们势必要适时修正发展儒家业已形成的思想系统。生活于战国中后期的荀子毅然承担起此一历史重任，既继承了儒家"以礼治国"思想，也选择性吸收了稷下诸子各种学说，创造性构筑了以"礼"为核心的儒学思想系统，推进了先秦儒家思想更加深入的发展。显然，就先秦儒学的发展史而言，选取荀子"礼"思想作为研究课题，无疑将具有重要的理论价值与实践意义。

首先，增益对荀子思想的深层理解，辨明其学派归属问题。众所周知，"礼"是荀子思想系统一以贯之的基本精神与主要脉络，从古至今，学者们对此多有论述。王先谦在《荀子集解·序》中曾明确指出："荀子论学论治，皆以礼为宗，繁复推详，务明其旨趣，为千古修道立教所莫能外。"③劳思光先生立足于自己所提出的"基源问题研究法"④，认为荀子学说的基源问题是"如何建立一成就礼义之客观轨道"⑤。韦政通先生在《荀子与古代哲学》中开宗明义即言："荀子之学，以礼为宗"⑥，显然这与王先谦的看法并无二致，区别在于他将荀子思想系统定名为"绝对性的礼义一元论"⑦。应该说，将"礼"视为荀子思想系统的立论主线，这不是缘于学者们的主观构造，而是具有充分的文献依据。按照郭沫若先生的统计，《荀子》三十二篇中，唯有《仲尼》《宥坐》两篇不见"礼"字。⑧勾承益在分析《荀子》文本结构及思想内容的基础上指出，尽管《荀子》篇目分别针对不同论题，但其无一例外地都指向"礼"，换言之，"礼"在荀子思想系统中占据核心位置。⑨如果我们承认"礼"是

---

① 《孟子荀卿列传》，（汉）司马迁：《史记》（第七册），中华书局1959年版，第2343页。
② 《荀子·儒效篇》，（清）王先谦：《荀子集解》，中华书局1988年版，第117页。
③ 《荀子集解·序》，（清）王先谦：《荀子集解》，中华书局1988年版，第1页。
④ 关于"基源问题研究法"的界说，参见劳思光《新编中国哲学史》，广西师范大学出版社2005年版，第10—12页。
⑤ 劳思光：《新编中国哲学史》，广西师范大学出版社2005年版，第251页。
⑥ 韦政通：《荀子与古代哲学》，台湾商务印书馆1992年版，第1页。
⑦ 同上书，第6页。
⑧ 参见郭沫若《十批判书》，东方出版社1996年版，第257页。
⑨ 参见勾承益《先秦礼学》，巴蜀书社2002年版，第376—378页。

荀子思想系统的中心主线与立论宗旨，那么，其学派归属问题的澄清工作也就十分容易了。目前，关于荀子思想的学派归属问题，学界争论较大，莫衷一是，大致可归纳为四种主要观点：（1）荀子是儒家学派，这是学术界的主流观点。（2）荀子是法家学派，这一观点肇始于两宋时期。南宋理学家朱熹便持有此论："荀卿则全是申韩，观《成相》一篇可见。……然其要，卒归于明法制，执赏罚而已。"① 20世纪70年代，基于"评法批儒"的政治需要，荀子也曾被视作法家学派的重要人物。（3）荀子学儒而背儒，构筑了综采百家之学的荀学，郭志坤提倡这一观点。（4）荀子是战国末期黄老学的代表性人物。赵吉惠说："荀子既包涵儒家思想，但又非醇儒；既包涵道法家思想，但又非法家，而是黄老之学。"② 如前所述，如果我们承认"礼"是荀子思想系统的中心主线与立论宗旨，那么，关于荀子思想系统的学派归属问题，我们也就能够赞同这一说法："荀子对先秦诸子学说的'综合'是以儒家思想为本位的、在明确的儒家主体性主导之下的'综合'，而以重建孔子之后的儒家正统为其旨归。"③

其次，揭示荀子与稷下诸子学说的内在关联，呈现荀子"礼"思想的"综合创新"理论品格。自战国中期以来，法家顺势而起，其理论主张成为统治阶层治理国家的指导思想；同时，儒学因"迂远而阔于事情""无益于人之国"的理想主义精神气质面临被边缘化的危险境地。面对如此严峻的挑战，重新振兴儒学成为儒者不容回避的学术难题。荀子立足儒家思想基本立场汲取了稷下诸子各种学说（尤其道家和法家）的合理内核，给予儒家思想以现实化的调整与改造，提出了一种以礼治为主、法治为辅的礼法相养的治道范型。因此，我们研究荀子"礼"思想，势必应当考察稷下学给予荀子思想的理论贡献，在与其他诸子学派的比较中，荀子"礼"思想的独特理论品格便得到了彰显。

再次，推进荀子"礼"思想的研究深度。就目前已有的学术专著和

---

① 《战国汉唐诸子》，（宋）黎靖德编，王星贤点校：《朱子语类》卷13，中华书局1986年版，第437页。
② 赵吉惠：《荀况是战国末期黄老之学的代表》，《哲学研究》1993年第5期，第21页。
③ 王楷：《天然与修为——荀子道德哲学的精神》，北京大学出版社2011年版，第6页。

专题论文来看，学者们主要从道德与政治两种维度来阐发荀子"礼"之功用，对"礼"之经济功用与认知功用这两方面缺乏足够的关注。即便是对荀子"礼"之道德功用和政治功用的研究，也存在一定的不足，也就是说，尽管学者们已从道德哲学、政治哲学、管理哲学等多重视角给予荀子"礼"之道德功用和政治功用以深入的研究，[①] 但是，他们疏于考察这两者之间的内在联系。因此，在系统阐发荀子"礼"之各种功用的同时，我们将重点揭示礼之道德功用与政治功用的逻辑关联。

最后，范导社会主义和谐社会公平正义观的有效落实。公平正义是社会主义和谐社会的重要基本特征之一，其内涵丰富而多样，经济公平正义处于基础性位置，它容许社会成员经济收入存在一定限度的差别。但是，现实生活中有些人却对"经济公平正义"抱持一定的误解，认为收入均等或收入平均才是真正的"经济公平正义"。荀子"礼"思想的梳理与诠释，对于这一误解的辨正和澄清具有启发意义。我们发现，荀子所说的"礼"，是"分"与"养"的统一。"分"（层级化的名分）是礼的本质规定，"养"是根据层级化名分所实施的差异性经济分配，不难看出，这并非经济学意义上的"平均主义"。尽管荀子"礼"思想诞生于战国中后期，具有特殊的时代性，但是，对于我们构筑一种合理的公平正义观而言，它仍然具有重要的现实指导意义。

## 二 研究之现状

《荀子》是我们研究荀子"礼"思想的"第一手资料"，因此，述评荀子"礼"思想研究成果之前，我们有必要简要梳理《荀子》文本校释方面的研究成果。

西汉时期，刘向删除《孙卿书》的重复篇目，将原书剩下的三十二篇重新命名为《孙卿新书》。继刘向之后，唐朝人杨倞调整了《孙卿新

---

[①] 参见李慧芬《荀子管理思想研究》，博士学位论文，山东大学，2010年；李季《荀子行政伦理思想及其现代价值研究》，博士学位论文，山东大学，2011年；卢永凤《社群主义视野下的荀子政治哲学研究》，博士学位论文，山东大学，2011年；余海舰《荀子管理哲学思想研究》，博士学位论文，湖南师范大学，2012年；王楷《天然与修为——荀子道德哲学的精神》，北京大学出版社2011年版。

书》篇目次序，并且替它做注解，遂有《荀卿子》之名。这就是今天我们所见到的《荀子》一书。清朝时期，朴学鼎盛，诸子学复兴，尤其是各家校释《荀子》，用力甚勤，成就卓著，"据有人统计，自唐至明，《荀子》的校注，包括明人那些节本、评点本，总共不过七种，而仅清代就有二十五种之多，不但数量徒增，而且版本考订文字校勘词义训释等各方面，都取得了相当可观的成绩"①，尤其是王先谦综采众家之说，撰成《荀子集解》，成为后世荀学研究的善本。

20世纪50年代以来，关于《荀子》文本的校勘、注释、注译方面，成果丰富，学界涌现出一批具有一定学术价值的注释文本，其代表性研究成果主要有：梁启雄的《荀子柬释》，经修订后更名为《荀子简释》②；章诗同的《荀子简注》③；北京大学《荀子》注释组的《荀子新注》④；杨柳桥的《荀子诂译》⑤；张觉的《荀子译注》⑥；骆瑞鹤的《荀子补正》⑦；董治安和郑文杰合著的《荀子汇校汇注》⑧；李中生的《荀子校诂丛稿》⑨；王天海的《荀子校释》⑩。⑪ 除此之外，台湾在这方面的研究成果也应该引起足够的重视，以李涤生的《荀子集释》⑫ 和熊公哲的《荀子今注今译》⑬ 为主要代表。

本书选取王先谦的《荀子集解》为主本，同时参照梁启雄的《荀子简释》、北京大学《荀子》注释组的《荀子新注》、王天海的《荀子校释》、熊公哲的《荀子今注今译》等注释本。这是本书研究荀子"礼"

---

① 郭志坤：《荀学论稿》，上海三联书店1991年版，第306页。
② 梁启雄：《荀子简释》，北京古籍出版社1956年版。
③ 章诗同：《荀子简注》，上海人民出版社1974年版。
④ 北京大学《荀子》注释组：《荀子新注》，中华书局1979年版。
⑤ 杨柳桥：《荀子诂译》，齐鲁书社1985年版。
⑥ 张觉：《荀子译注》，上海古籍出版社1995年版。
⑦ 骆瑞鹤：《荀子补正》，武汉大学出版社1997年版。
⑧ 董治安、郑文杰：《荀子汇校汇注》，齐鲁书社1997年版。
⑨ 李中生：《荀子校诂丛稿》，广东高等教育出版社2001年版。
⑩ 王天海：《荀子校释》，上海古籍出版社2005年版。
⑪ 廖名春分析了这些研究成果的长处与不足之处，参见廖名春《20世纪后期大陆的荀子文献整理研究》，《邯郸学院学报》2007年第4期。
⑫ 李涤生：《荀子集释》，台湾学生书局1979年版。
⑬ 熊公哲：《荀子今注今译》，重庆出版社2005年版。

思想的文献依据。

众所周知，荀子是先秦儒学的集大成者，在他所构筑的思想系统中，"礼"是一以贯之的主要脉络与立论宗旨。20世纪以降，特别是80年代以来，荀子"礼"思想受到学界的广泛关注，学术专著、专题论文层出迭现，成果显著。下面，我们将从礼之思想渊源、礼之缘起、礼之本质、礼之功用四个视角简要梳理、评介荀子"礼"思想的相关研究成果。

### （一）荀子"礼"之思想渊源研究

礼之思想渊源研究，指基于思想史的内在发展来考察"礼"之所以形成的思想资源或思想前提，余英时先生将此种方法界定为"内在的理路"[1]。在构筑"礼"思想的具体过程中，荀子既汲取了儒家（尤其是孔子）的思想资源，同时也借鉴了其他各家的合理内容。

陆建华在《荀子礼学研究》[2]第一章"荀子礼学产生的思想前提"中简要分析了道家、墨家、法家、郭店儒家竹简及孟子等礼学思想，揭示出先秦礼学发展的大致进路，认为"各家各派不同的礼学架构和架构礼学的不同逻辑，为荀子礼学的框架结构和思维路径给出了多种参照、多重可能"，"荀子礼学就是在吸收春秋战国以来所有礼学派别的积极成果的基础上建立起来的，是对于以往一切礼学精华的总结"。对荀子之前的礼学思想进行简要而系统地梳理，是该专著值得称许之处，可稍有不足的是，在分析各家各派礼学思想之时，著者并没有将荀子"礼"思想引入与之做比照分析，因而难以寻见他们礼学思想与荀子之间的同与异。2004年，以荀子礼学为研究对象的又一专著出版问世，即高春花撰写的《荀子礼学思想及其现代价值》[3]。该专著第一章"荀子礼学思想产生的前提"之第二节"思想文化前提"中同样论及荀子"礼"之渊源问题，主要从孔子礼学思想与早期法家思想两个角度，探寻了荀子"礼"思想对它们的承接与吸收，认为"孔子的礼学思想、早期法家的法治理论为

---

[1] 在考察某一思想的具体成因时，可以有两种不同的研究路径：一是外缘的路径，即从客观的社会经济条件来探讨思想的成因；一是内在理路的路径，即从思想史的内在发展来揭示思想的成因。参见余英时《中国思想传统的现代诠释》，江苏人民出版社2003年版，第158页。

[2] 陆建华：《荀子礼学研究》，安徽大学出版社2004年版。

[3] 高春花：《荀子礼学思想及其现代价值》，人民出版社2004年版。

荀子礼学思想的产生作了思想文化的铺垫"。需要特别强调的是，著者引证《荀子》文本相关思想，将之与早期法家思想进行比较研究，这样较易把握思想之间的承继与发展。单就这方面而言，高春花胜过陆建华。但由于高春花仅对孔子及早期法家之礼学思想做出分析，并未涉及道家、墨家、儒家等其他流派的礼学思想，这又是高春花稍逊于陆建华之处。白奚亦曾撰文《荀子对稷下学术的吸取和改造》①，依次从人性论、礼法观、天人观三方面探究荀子对稷下学术的吸取与改造，他认为，稷下学术是荀子学说的直接的思想来源，为荀子总结先秦学术提供了不可或缺的理论素材。该文第二部分论及荀子礼法思想之渊源问题，认为稷下学术孕育出一种以法治为主、礼治为辅的礼法结合的政治模式，此一模式发端于慎到，成型于尹文，丰富于管子，后为荀子所吸收并做出了实质性的改造，即以儒家思想为根基来吸取法家思想，提出了另一种异于稷下学术的以礼治为主、法治为辅的礼法结合的政治模式。该文对荀子礼法来源的概括客观而又准确。

### （二）荀子"礼"之缘起研究

礼之缘起研究，指从发生学的视角来探讨礼的由来、根据、创设等问题。

关于荀子"礼"之缘起，学界主要有以下五种观点：（1）缘情制礼说。马育良在《荀子对礼之存在合理性的另一种论证》②中分析了荀子关于情礼关系的具体论说，认为情是礼得以生成的内在心理根据，礼是对情的物质呈现和仪式表达。（2）性恶说。陶师承在《荀子研究》③中阐述了这种观点："今人性恶，故设礼义，所以禁其情欲也。"郭志坤也表达了相似的看法："礼是如何产生的？荀子从'性恶论'找到了答案。"④（3）明分使群说。这一观点发端于段秋关，后为俞荣根、王钧林等学者

---

① 白奚：《荀子对稷下学术的吸取和改造》，《兰州大学学报》（社会科学版）1990年第4期。
② 马育良：《荀子对礼之存在合理性的另一种论证》，《孔子研究》1997年第3期。
③ 陶师承：《荀子研究》，大东书局1926年版。
④ 郭志坤：《荀学论稿》，上海三联书店1991年版，第183页。

所发挥。俞荣根在《儒家法思想通论》① 中说："因为人之性恶，所以需要礼义来教化，法律来约束；因为人之性恶，社会上就生出争夺祸乱，所以需要礼法来规定权利义务的权限。前者可称之为'化性起伪'说，后者又叫做'明分使群'说。"王钧林在《中国儒学史》② 中指出："具体说来，礼产生于明分使群的需要、养情成文的需要、化性起伪的需要。"（4）礼本于天地说。在《荀子礼论研究》③ 中，惠吉兴对先王制礼的先验性根据进行探寻时说，"荀子的性恶论表明，礼不可能根源于人的内在本性，礼的本源只能存在于主体之外"，"礼不能脱离社会、人类、天地万物而产生和存在，但真正具有本源地位的只有天地"。张奇伟在《荀子礼学思想简论》④ 中也表达了与之相类似的观点："荀子以天地自然而非人为的运行过程为原型，以人间礼义制度为摹本，认为人间的礼本是模拟天地而来，应是顺从自然而动，力图营造一个礼学的形而上学的基地。"（5）圣人制礼说。在《论荀子的哲学思想》⑤ 中，夏甄陶指出，荀子主张礼义法度是圣人化性起伪的产物。李哲贤在《荀子礼论之特质研究》⑥ 中抱持类似的观点，认为荀子之礼是人文世界的最高范畴，出于先王之制作，其目的在于治理人性之恶。需要指出的是，关于"圣人制礼"说，学界存在另一种解读方式，卞修全、朱腾在《荀子礼治思想的重新审视》⑦ 中对礼之起源追问时说："荀子的礼其实导源于天时、地利、人情，先王只是发现并整理了已经存在并运行的礼，所以与其说'先王制礼论'是一个立法过程，不如说先王发现了长久以来人类共同生活的经验。"这一观点的提出，为我们重新理解性恶论与先王制礼论之间的内在的理论困境开启了有益的致思路径。

### （三）荀子"礼"之本质研究

礼之本质研究，主要指考察礼本身所蕴含的深层的精神实质，换句

---

① 俞荣根：《儒家法思想通论》，广西人民出版社1998年版。
② 王钧林：《中国儒学史》，广东教育出版社1998年版。
③ 惠吉兴：《荀子礼论研究》，《河北学刊》1995年第4期。
④ 张奇伟：《荀子礼学思想简论》，《中国哲学史》2002年第2期。
⑤ 夏甄陶：《论荀子的哲学思想》，上海人民出版社1979年版。
⑥ 李哲贤：《荀子礼论之特质研究》，《哲学与文化》1994年第21卷第12期。
⑦ 卞修全、朱腾：《荀子礼治思想的重新审视》，《哲学研究》2005年第8期。

话说，礼之本质，就是礼之"义"或礼之"本"。有的学者从礼与"分"的内在联系来揭示荀子"礼"之本质，同时也有学者从人道层面来阐发荀子"礼"之本质。

高积顺在《试论荀子礼法思想的独特性格》[①]中从礼与分的内在联系出发阐述他对荀子"礼"之本质的理解。"分"是礼义，不了解它就不懂得礼的精神，这是该文对荀子"礼"之本质的概要式总结；然后，作者又细致分析了"分"的含义、要求、内容，认为"分"是名分和权利的统一，礼是用来确定名分及其权利的制度性规范。韩进军在《荀子社会控制规范体系的基本架构》[②]中，对荀子"礼"的三个层面（习俗，道德及政治）分析后指出，"荀子这种三位一体形式的软控制规范系统，集中体现在一个核心上，即对社会等级的划分"，并且认为"'礼者，贵贱有等，长幼有差，贫富轻重皆有称者也'。这是对礼本质的界定"。另外，杜明德在《荀子的礼分思想与礼的阶级化》[③]中也阐述了与之大致类似的看法，他认为，"分"是为了克服个性、保障群性而创制，是礼最重要的精神所在，也就是礼之义。张奇伟在《荀子礼学思想简论》[④]中阐明了其对荀子"礼"之本质的理解，认为"礼以社会地位高低之等、政治权势尊卑贵贱之差和经济财富贫穷多寡之别为基本内容的等级理念及其等级制度为核心。礼的本质就是等级制"。他对荀子"礼"之本质的这一概括，客观而中肯，这与就"分"的角度来言说礼之本质，具有内在的一致性，因为礼之"分"本身就内具了"等级制"的意蕴。陆建华在《荀子之礼本质论》[⑤]中将荀子之"礼"离析为政治制度、道德规范、宇宙之道三部分，认为政治制度是荀子之"礼"的主要方面，由此，他指出说："荀子之'礼'本质上是政治之礼，指政治制度。只是在少数特定场合下兼具道德规范和宇宙之道两类属性。"将政治制度视为荀子"礼"之本质，这是该文所传达的主要论点；然而，作者似乎混淆了礼之本质与

---

① 高积顺：《试论荀子礼法思想的独特性格》，《管子学刊》1994 年第 4 期。
② 韩进军：《荀子社会控制规范体系的基本架构》，《河北师范大学学报》（哲学社会科学版）1998 年第 3 期。
③ 杜明德：《荀子的礼分思想与礼的阶级化》，《中国文化研究》2006 年（春之卷）。
④ 张奇伟：《荀子礼学思想简论》，《中国哲学史》2002 年第 2 期。
⑤ 陆建华：《荀子之礼本质论》，《江淮论坛》2002 年第 3 期。

礼之类型的界限，错误地将礼之类型理解成礼之本质。尽管该文以"荀子之礼本质论"为标题，但作者仅对荀子礼之类型做了深入的理论分析，这只是礼的外延，而并非礼的本质，所以他没有捕捉到荀子"礼"之本质的理论内涵。黎红雷在《礼道·礼教·礼治：荀子哲学建构新探》① 中从"道"的高度对荀子"礼"之本质做出了一定程度的分析和论述，他认为，为了突出"礼"的地位和作用，荀子把"礼"定义为"人道之极"，从"道"的角度回答"礼"的本质。在对荀子"礼"之三本说做出解读以后，作者指出"礼"是自然和人类社会总体规律（"道"）的体现，因此他说："'礼道'，成为天地万物包括人类社会的本原。"尽管作者对荀子"礼"之本质做了合理的重构，但是他没有进一步揭示作为"人道之极"的礼的具体意蕴。

**（四）荀子"礼"之功用研究**

"礼"之功用研究，指探究礼的价值指向和实践效用。目前学者主要从道德与政治两种维度给予荀子"礼"之功用以不同程度的理论阐发；同时，也有学者揭示了荀子"礼"之经济功用（"养人之欲，给人之求"）及认知功用（"解蔽"），但是这两个方面未能引起学界的足够重视。

罗国杰先生所主编的《中国伦理思想史》② 指出，荀子"礼"之内容，既包括政治制度、法律准则，也包括道德规范；"礼"的目的和作用表现在以下两个方面，即"分"和"养"。其中，"养"应该建立在"分"的基础上，使得社会共同体中的任何一个个体，都能根据自己的等级名分，在履行自己应尽义务的同时，得到适当的物质生活的满足。将"礼"之功用概括为"分"与"养"的统一，应该说，这是贴近荀子本有之义的。许建良教授在其专著《先秦儒家的道德世界》③ 第四章"荀子'道德纯备，智惠甚明'的道德思想"中分别从道德教化、道德修养、理想人格三种视角，系统梳理了荀子"礼"之道德功用。道德教化和道德修养以"礼"为内容和标准，而培养"全而粹"的理想人格（君子和

---

① 黎红雷：《礼道·礼教·礼治：荀子哲学建构新探》，《现代哲学》2004 年第 4 期。
② 罗国杰：《中国伦理思想史》，中国人民大学出版社 2008 年版。
③ 许建良：《先秦儒家的道德世界》，中国社会科学出版社 2008 年版。

圣人）则是前两个方面的价值旨归和伦理诉求。该著作为我们研究荀子"礼"的道德功用论指明了大致的方向。

除此以外，关于荀子"礼"之功用研究，也有一些优秀的学术论文。田大庆在《论荀子"制礼明分"的经济思想》[①] 中首次挖掘了荀子"礼"之经济功用，认为"制礼明分"是荀子经济思想的总纲领，分析了"制礼明分"的具体内涵，这主要表现在三个方面，即调节各个等级之间的经济关系是"制礼明分"的首要内容；社会分工是"制礼明分"的逻辑基础；富国强民是"制礼明分"的历史使命。黎红雷在《礼道·礼教·礼治：荀子哲学建构新探》[②] 中从道德和政治视角出发，认为荀子"一方面把'礼'作为道德教化的依据，建立起自己的道德学说；另一方面把'礼'作为社会治理的准则，形成自己的政治思想"，而后，他又对"礼"的这两种功用做了进一步的解释和说明，但是，他基本上并未论及荀子"礼"的经济功用和认知功用（解蔽）。王楷在《礼及身而修：荀子的礼的个体修养之维》[③] 中从个体修养之维对"礼"之道德功用进行了深入的探讨，其基本观点是：礼依义而成，义由礼而行；礼的合理性不仅在于行为的适当性，更在于仁义等内在德性行之于外的自然流露；对礼的践行是行为主体培养完善德性人格的实践途径。丁成际在《荀子礼之功能论》[④] 中对荀子"礼"之功能进行了较为全面的解说，他认为，对于个体和群体来说，礼均有教化与制约的作用；作为规范性的礼具体表现为四个方面的功能：礼具有"养人"和"别人"的功能；礼具有使政治制度化的功能；礼具有对人的情感的规约功能；礼具有引导伦理教化与现实实践的功能。

总体而言，应该说，对于荀子"礼"思想的研究，学界达到了相当的广度和深度，尽管如此，但是仍然存在一定程度的不足之处：学者们从道德哲学、政治哲学、管理哲学多重视角给予荀子"礼"之道德功用和政治功用以深入的研究，但是他们疏于考察这两者之间的内在联系；

---

① 田大庆：《论荀子"制礼明分"的经济思想》，《南京社会科学》1992 年第 2 期。
② 黎红雷：《礼道·礼教·礼治：荀子哲学建构新探》，《现代哲学》2004 年第 4 期。
③ 王楷：《礼及身而修：荀子的礼的个体修养之维》，《北京师范大学学报》（社会科学版）2010 年第 3 期。
④ 丁成际：《荀子礼之功能论》，《安徽大学学报》（哲学社会科学版）2009 年第 4 期。

与此同时，对于荀子"礼"思想所蕴含的现代性价值，学界也缺乏充分的挖掘与诠释。

## 三 研究之思路与方法

### (一) 研究思路

本书尝试从缘起、本质、功用三个向度系统而深入地重绘荀子"礼"思想的逻辑脉络。就行文结构而言，本书分为"绪论""正文""结语"三大部分，其总体思路如下所示：

"绪论"主要介绍荀子"礼"思想的研究缘起，研究现状，研究思路，研究方法。

"正文"按照礼之缘起、礼之本质、礼之道德功用、礼之政治功用四个维度依次展开，分为四章内容：

第一章：礼之缘起。该章从人性依据、社会政治目标、创制主体及其客观根据三个角度主要考察了礼何以必要（礼之缘起）的重要理论问题，分为三节：第一节："性恶则贵礼义"：礼之必要的人性根基。第二节："人生不能无群"：礼之必要的群体向度。第三节：圣王制礼及其客观根据。

第二章：礼之本质。该章主要揭示了礼本身所蕴含的等级理念，分为两节：第一节：人异于禽兽的族类特质，即"辨""能群""礼"。"辨"与"能群"是人异于禽兽的形式层面的族类特质，"礼"是人异于禽兽的实质层面的族类特质。第二节：作为差序结构的"礼"，即"等贵贱，分亲疏，序长幼"。

第三章：礼之道德功用。该章系统诠释了礼的修身意义，分为三节：第一节："涂之人可以为禹"的先天根据。第二节："礼及身而行修"的道德工夫。第三节："始乎为士，终乎为圣人"：道德工夫的圣贤旨归。

第四章：礼之政治功用。该章主要探讨了礼的治国效用，分为三节：第一节："以礼分施，均遍而不偏"：君主角色的理论设定。第二节："隆礼至法则国有常"：礼法相养的治国术。第三节："养人之欲，给人之求"：礼之经济分配功用。

"结语"从总体层面重现了荀子"礼"思想的逻辑理路。

## (二) 研究方法

### 1. 社会史与思想史相结合的方法

思想史研究不仅应该梳理思想演变的历史进程、呈现思想发展的逻辑脉络，而且必须从总体上了解某一思想赖以生成的社会历史背景与思想文化背景，因为思想是观念世界中所把握到的社会现实，它难以逃避时代所烙下的印记。如此之故，研究荀子"礼"思想，我们既要对它赖以形成的思想资源（儒家、道家、法家、墨家等）进行分析，也应该对春秋战国时期的社会状况有所了解。唯有运用社会史和思想史相结合的研究方法，才可以揭示荀子"礼"思想之所以形成的历史必然性与内在逻辑理路。

### 2. 文献阅读法

荀子"礼"思想是本书所探讨的核心话题，而《荀子》文本正是我们考察这一思想的"符号记载"。不过，此处必须申明的是，材料的鉴别是我们从事思想史研究最重要的基础阶段，因为材料的真伪将直接影响到最终结论的正确与否。[①] 研究荀子"礼"思想，我们同样涉及《荀子》文本的真伪问题。关于这一问题，学界争论不休，主要有这样三种观点：基本肯定、基本否定、部分否定。当然，本书无意于考证《荀子》文本的真伪，实际上也没有能力来胜任这一工作，但这也并非意味着应该回避这一问题，而是以廖名春对于《荀子》文本的考证结论为依据。他认为，《荀子》各篇大致可以分为三类：一是荀子本人亲手所著；二是荀子弟子们所记录的荀子言行；三是荀子及弟子所整理纂集的一些材料。其中，前两类是我们研究荀子思想的主要依据，而第三类则是间接材料。但不管哪一类，都不存在"伪"的问题。[②] 立足于此，本书将展开对荀子

---

[①] 参见郭沫若《十批判书》，东方出版社1996年版。

[②] 在《荀子》三十二篇中，荀子亲手撰写的有二十二篇：《劝学》《修身》《不苟》《荣辱》《非相》《非十二子》《王制》《富国》《王霸》《君道》《臣道》《致仕》《天论》《正论》《礼论》《乐论》《解蔽》《正名》《性恶》《君子》《成相》《赋》；荀子弟子们所记录的荀子言行的有五篇：《儒效》《议兵》《强国》《大略》《仲尼》，尽管这五篇是荀子弟子们所整理的，但是其思想基本上是荀子的，所以它们也应该被看作为我们研究荀子思想的可靠的史料；而剩下的五篇《宥坐》《子道》《法行》《哀公》《尧问》，则属于荀子及弟子所整理纂集的一些材料。参见廖名春《荀子新探》，台北文津出版社1994年版。

"礼"思想的具体考察。

3. 比较研究法

从一般意义来看，比较研究法就是指对两个或两个以上的对象进行对比研究，以便找出它们之间的相似性和差异性的一种分析方法。众所周知，荀子不仅是先秦儒家的集大成者，同时也是先秦其他诸子的集大成者。① 既如此，在研究荀子"礼"思想的时候，我们一方面必须厘清荀子与儒家（主要以孔子为代表）之间的承接关系，另一方面也应该考辨荀子与其他诸子（主要是道家、法家、墨家）之间的学术关系，这样，既可以寻绎出他们之间的观念连续性，也能够凸显出荀子"礼"思想所彰显的个性魅力。② 而后者正是荀子在先秦儒学发展史中所具有的理论贡献与独特价值。

---

① 参见郭沫若《十批判书》，东方出版社1996年版。
② 实际上，这正是荀子被宋明理学和现代新儒家视为歧出或"别子"的主要理据；然而，这恰恰又是荀子对于先秦儒学的独特贡献。因此，在评价某一思想的时候，我们不仅要注意它与其他思想之间的内在连续性，同时也不能疏忽它"最富于独特性的断言"（福柯语）。唯有如此，才是一种有意义的学术评价，否则任何思想都极有可能遭遇到与荀子相似的历史境遇。这也是本书将要特别注意的地方。龚隽对思想史的"内在性解释"与"外缘性解释"有过精彩的论述，而且他将思想史的解释规定为在哲学史与文化史之间。参见龚隽《禅史钩沉——以问题为中心的思想史论述》，生活·读书·新知三联书店2006年版。

# 第一章

# 礼之缘起

战国以降，以攻城略地为目的的兼并战争愈演愈烈、连绵迭起，为了能够在这"争于气力"的历史境遇中安稳而长久地存续下去，诸侯国的执政者们便不断地探寻着通向"富国强兵"的治国方略，而崛起于战国中期以务实功利为价值取向的法家学派恰好迎合了革除弊政的现实需要，他们遂以法家思想为国家内政的指导思想，竭力将其付诸实践，开展了"自强式改革"，提升了国家的经济实力与军事实力。然而，当法家诸子受到执政者宠幸的同时，"迂远而阔于事情"且"无益于国"的儒家却在政治实践领域遭到了无情的拒斥，从而沦落到边缘化的窘境。为了重振儒家在思想界的"显学"地位，继而形成与法家分庭抗礼之势，荀子不仅继承了以孔子与孟子为主要代表的儒家"礼"思想资源，也批判改造了稷下诸子学说，由此构筑起规模宏阔的儒家"礼"思想系统，开启了儒家思想发展的"现实主义"进路。而在构筑儒家"礼"思想系统的具体过程中，荀子无法回避的首要问题是，如何给予礼之存在的必要性与正当性以理论层面的辩护，对于这一问题，他主要从人性依据、社会政治目标、创制主体及其客观根据三个维度，给出了较为系统的论证。

## 第一节 "性恶则贵礼义"：礼之必要的人性根基

### 一 "性"概念之意涵

众所周知，"性恶论"俨然已成为古今大多数学者在荀子人性论方面所达成的共识与定论。① 然而，通观《荀子》即可知晓，这一论断无疑是后世学者对于荀子人性论的"一隅之见"，犯了"以偏概全"的逻辑错误，即"性恶论"只是荀子人性论的重要组成部分，而不足以囊括荀子人性论的全部内容。换句话说，"性恶论"并非指向"性"概念的所有外延，它是一个非周延的逻辑命题。李景林曾明确指出，荀子的人性论包括"性恶"和"知仁义法正之质""能仁义法正之具"，前者凸显礼义的重要性，而后者说明礼义在人性中的内在根据，唯有将这两个方面统一起来，才是荀子人性论的真实情况；但是，对于荀子人性论的研究，学者们只注意到前一方面，而忽视了后一方面。② 所以说，在切实而系统地阐释荀子人性论的思想内涵之前，我们便有必要悉心地考察荀子关于"性"概念的独特认知与原初界定。

"性"是荀子思想系统的重要概念，在《荀子》中出现了116次③。按照荀子的理解，"性"概念的基本内涵就是指与生俱来的自然本能。他说：

---

① 刘向言道："孙卿以为人性恶，故作《性恶》一篇，以非孟子。"[《〈孙卿新书〉三十二篇（刘向叙录）》，（清）王先谦：《荀子集解》，中华书局1988年版，第558页] 程颐在点评韩愈对于孟子、荀子及扬雄人性论评价之得失时指出："韩退之言'孟子醇乎醇'，此言极好，非见得孟子意，亦道不到。其言'荀、扬大醇小疵'，则非也。荀子极偏驳，只一句'性恶'，大本已失。扬子虽少过，然自不识性，更说甚道？"[《伊川先生语五》，（宋）程颢、程颐撰：《二程遗书》，上海古籍出版社2000年版] 谢埔说："孟子言性善，盖勉人以为善而为此言；荀子言性恶，盖疾人之为恶而为此言。"[《考证上》，（清）王先谦：《荀子集解》，中华书局1988年版，第13页] 夏甄陶认为："荀子的观点是'人性恶'，这同孟子'人性善'的观点是直接对立的。"（夏甄陶：《论荀子的哲学思想》，上海人民出版社1979年版，第75页）张曙光断言："《荀子》一书明谓人性恶，并有《性恶》篇与孟子《性善》篇针锋相对。荀子的人性论，就是在批判孟子性善说的过程中展开并确立起来的。"（张曙光：《外王之学——荀子与中国文化》，河南大学出版社1995年版，第12页）惠吉星指出："在荀子看来，善恶是相对的，礼义辞让是善，人的本性中没有这些内容，故人性为恶。争夺、残贼、淫乱是恶，它原于人的好利嫉恶、耳目之欲、声色之好，既然人性是产生罪恶的渊薮，它本身就不是一种中性的存在，而是恶的存在。"（惠吉星：《荀子与中国文化》，贵州人民出版社2001年版，第110页）

② 参见李景林《荀子人性论新论》，《吉林大学学报》（社会科学版）1986年第4期。

③ 王先谦注曰："性之和所生"，当作"生之和所生"。[《正名篇》，（清）王先谦：《荀子集解》，中华书局1988年版，第412页] 本书不按王先谦之说，仍遵从"性之和所生"而不改为"生之和所生"。"性"字在《荀子》中的出现频次（116次），是笔者根据以王先谦《荀子集解》为底本校对的《荀子》word电子版统计而得出的结论。

性者，天之就也；情者，性之质也；欲者，情之应也。①

凡性者，天之就也，不可学，不可事；礼义者，圣人之所生也，人之所学而能，所事而成者也。不可学、不可事而在人者谓之性，可学而能、可事而成之在人者谓之伪。②

"性者，天之就也"，杨倞注解说："性者成于天之自然。"③ 也就是说，"性"的原初根源在"天"，人身上所拥有的"不可学""不可事"的那一部分，是"天"所赋予的自然本能，这就是荀子所说的"性"。在荀子这里，性论与天论之间具有内在的相关性，即性论是天论在人身上的逻辑延伸与具体落实。因此，如果我们想要通透地理解荀子人性论，考察早期儒家（主要以孔子、孟子为代表）天论的演进路径，以及荀子天论的理论内容，便具有十分重要的理论意义。

（一）孔、孟、荀之天论

"天"是中国古典哲学的基本概念之一，先秦时期，儒、道、墨、阴阳等诸思想流派皆对此进行了最初的哲理化的探讨。关于"天"观念之形成，历史甚是悠远，"在中国，普遍认为天的观念形成于周代"④，就汉字构型而言，"'天'字，是'大'字上面画一线的字，'天'是描画人伸开两只手，撇开两只脚而立着的形状的象形文字，原本是'人'的意思，在他底上面画一线的'天'字，是表示盖覆人之上的天空的。但是，当作人类底祖先的天，并不是盖覆我们之上的天空，却以为是在天空中支配着下界的帝或上帝的意思"⑤，即张岱年先生所谓"上古时代所谓天，本有两重意义，一指有人格的上帝，一指与地相对的天空"⑥。由于受到先民们所信奉之原始宗教信仰的深刻影响，在这两重意义之中，前者长

---

① 《正名篇》，（清）王先谦：《荀子集解》，中华书局1988年版，第428页。
② 《性恶篇》，（清）王先谦：《荀子集解》，中华书局1988年版，第435—436页。
③ 参见《正名篇》，（清）王先谦：《荀子集解》，中华书局1988年版，第428页。
④ ［日］沟口雄三：《中国的思想》，赵士林译，中国社会科学出版社1995年版，第1页。另外，美国学者顾理雅亦认为殷商时期不存在"天"的观念，"天"是由周的氏族神演化而来。然而，傅斯年、杜而未、何炳棣等诸位学者却对这一观点发出了程度各异的批驳，主张"天"在西周之前便早已存在了。（参见傅佩荣《儒道天论发微》，中华书局2010年版，第9—11页）
⑤ ［日］武内义雄：《中国哲学思想史》，汪馥泉译，商务印书馆1939年版，第5—6页。
⑥ 张岱年：《中国古典哲学概念范畴要论》，中国社会科学出版社1989年版，第20页。

期占据主导性地位。迈入春秋时期以后,"天"的以上两重意义被儒家学派的开创者孔子所承袭,成为他阐发天论的思想背景。

按照杨伯峻先生的考察与疏解,"在《论语》中,除复音词如'天下'、'天子'、'天道'之类外,单言'天'字的,一共十八次。在十八次中,除掉别人说的,孔子自己说了十二次半。在这十二次半中,'天'有三个意义:一是自然之天,一是主宰或命运之天,一是义理之天"①。杨先生的这一说法,基本上没有什么大问题,但是,对于"天生德于予,桓魋其如予何"之"天"的具体理解,似乎有偏离孔子本义的嫌疑。朱熹注解这句话时说:"魋欲害孔子,孔子言天既赋我以如是之德,则桓魋其奈我何?言必不能违天害理也。"② 在朱子看来,孔子自身的内在德性实际上是以"天"为其价值根源的,此"天"就是"理",即"义理之天"。徐复观先生也曾指出,"孔子的所谓天命或天道或天,用最简洁的语言表达出来,实际是指道德的超经验的性格而言"③。应该说,将"天生德于予,桓魋其如予何"之"天"解释为"义理之天",似乎更能契合孔子本义,而以"主宰之天"诠释"天生德于予,桓魋其如予何"之"天",存在背离孔子本义的风险。

作为儒家学派的重要传承者,孟子基本上沿袭了孔子天论的主要内容(主宰之天、运命之天、义理之天)④,与孔子不同的是,他在"性"与"天"之间建立了明确的内在联系,即"天人合德"⑤,也就是说,孟子天论的理论旨趣在于追溯"性善说"的终极根据与绝对本源,与这一问题的解决相应,"义理之天"或"德性之天"在孟子思想系统中扮演了极其重要的角色,它们为"性善说"的确立奠定了坚实的形上学根据,即孟子所谓的"尽其心者,知其性也。知其性,则知天矣。存

---

① 《孔子论天、命、鬼神和卜筮》,杨伯峻:《论语译注》,中华书局1980年版,第10页。
② 《论语·述而》,(宋)朱熹:《四书章句集注》,中华书局1983年版,第98页。
③ 徐复观:《中国人性论史》(先秦卷),上海三联书店2001年版,第77页。
④ 冯友兰指出:"孟子之所谓天,有时似指主宰之天,如'尧荐舜于天'之天。有时似指运命之天,如上所说者。有时则指义理之天。孟子因人皆有仁,义,礼,智之四端而言性善。人之所以有此四端,性之所以善,正因性乃'天之所与我者',人之所得于天者。此性善说之形上学的根据也。"[冯友兰:《中国哲学史》(上册),中华书局1947年版,第163—164页] 孟子从主宰之天、运命之天、义理之天三个向度继承了孔子天论的主要内容。
⑤ 参见韦政通《中国思想史》,台北水牛出版社1985年版,第260—262页。

其心，养其性，所以事天也"①。质言之，依孟子之见，天是纯粹至善而内在超越的终极实体，人文世界的伦理道德便是以"义理之天"或"德性之天"为价值理性之终极根源的，实如杨泽波所指出的，"中国古代天论思想的传统在孟子手里又派上了用场，成了他解答道德形上根据难题的'法宝'。孟子公然宣称，性善的终极原因，道德的形上根据全在于天"②。

到了荀子这里，由孔子与孟子所力挺的以"义理之天"（确切地说应为"德性之天"）为核心内容的天论，却遭遇到了前所未有的挑战与消解，即彻底斩断了已经确立起来的道德与天之间的形上学预设，重新赋予"天"概念以"自然主义"的认知与界说。在《荀子》中，"天"概念之内涵存在多重向度，曾振宇在系统地疏解过《荀子》之后指出，与孔子、孟子一样，荀子天论同样蕴含"自然之天""主宰之天""义理之天"三重义项。③ 不过，这里需要特别澄清的是，尽管曾氏所言不虚，但荀子所肯认的"天"乃"自然之天"，这才是荀子天论的理论重心，而"主宰之天""义理之天"处在荀子天论的边缘位置，④ 远不及孔、孟对它们的密切关注。倘若将它们视为荀子正面所提倡的天论内容，无疑是值得商榷的：首先，从逻辑融贯性来看，"自然之天"与"义理之天"在本质属性上是无法相互兼容的，即前者立足于"实然"（事实）层面，而

---

① 《孟子·尽心上》，（宋）朱熹：《四书章句集注》，中华书局1983年版，第349页。
② 杨泽波：《孟子性善论研究》，中国社会科学出版社1995年版，第175页。
③ 参见曾振宇《从出土文献再论荀子"天"论哲学性质》，《齐鲁学刊》2008年第4期，第5—10页。
④ 曾振宇所指涉的"主宰之天"，主要体现在《荀子》以下诸篇之中。《荣辱篇》："夫天生蒸民，有所以取之。"《礼论篇》："礼有三本：天地者，生之本也；先祖者，类之本也；君师者，治之本也。无天地，恶生？无先祖，恶出？无君师，恶治？三者偏亡，焉无安人。故礼，上事天，下事地，尊先祖，而隆君师。是礼之三本也。"《宥坐篇》："为善者天报之以福，为不善者天报之以祸。"更值得一提的是，曾振宇对荀子"制天命而用之"命题中的"天命"做了与"自然规律"迥然不同的释义，即"'天命'是指谓至高无上人格神之意志，否则就没有'大天'、'从天'并且'从之'、'颂之'了。"关于"义理之天"，就儒家而言，指涉伦理层面上的"德化之天"，曾振宇指出："《荀子》文本在论证'德化之天'何以可能的深度上，显然不及《孟子》。但是，两者之间在德化之天思想方面，仍然存在着逻辑性的延伸。"在《荀子》中，曾多次使用过"天德"概念，循此，曾振宇便认为"义理之天"（德化之天）是荀子天论的基本义项之一。（参见曾振宇《从出土文献再论荀子"天"论哲学性质》，《齐鲁学刊》2008年第4期，第7—9页）

后者侧重于"应然"（价值）层面，两者显然处于不同的层级之上；其次，"主宰之天"意指具有赏善罚恶能力的人格神，自然界与人类社会皆受到它的干预、支配、主宰，而荀子批判"不遂大道而营于巫祝，信机祥，鄙儒小拘"① 赖以存在的深层原因时就指向了有意志的"主宰之天"。司马迁在《史记》中曾以"机祥度制"来评述邹衍学说，循此可推知，荀子所谓的"信机祥"之"机祥"理应是针对邹衍学说而发出的议论。在《天论篇》中，荀子批判了以邹衍学派为代表的"占星学"思潮②，系统构筑了自然主义天论。依荀子之见，自然主义天论的第一层含义，就是将"天"还原为"自然之天"，"自然之天"包括了日月、星辰、四时、阴阳、风雨、大地、万物等各种物类。

列星随旋，日月递照，四时代御，阴阳大化，风雨博施，万物各得其和以生，各得其养以成，不见其事而见其功，夫是之谓神。皆知其所以成，莫知其无形，夫是之谓天。唯圣人为不求知天。③

治乱天邪？曰：日月、星辰、瑞历，是禹、桀之所同也，禹以治，桀以乱，治乱非天也。时邪？曰：繁启蕃长于春夏，畜积收藏于秋冬，是禹、桀之所同也，禹以治，桀以乱，治乱非时也。地邪？曰：得地则生，失地则死，是又禹、桀之所同也，禹以治，桀以乱，治乱非地也。④

第一段引文中的"天"，指万物生成流变背后的所以然之理，是宇宙生成论意义上的"天"。就此而言，这一意义上的"天"，与老子哲学系统所

---

① 《孟子荀卿列传》，（汉）司马迁：《史记》，中华书局1959年版，第2348页。
② 观《荀子》全书，几乎每一篇都是针砭时弊、讨论重大现实问题的，而《天论篇》的主旨极有可能就是针对以邹衍学派为代表的"占星学"思潮而做出的理论性回应。荀子尽管在《天论篇》中没有确切地提及邹衍及其学派，但全篇论文的锋芒所指皆是"占星学"思潮，目前至少还没有证据（尤其是从理论和逻辑上）从根本上否定《天论篇》对于"占星学"思潮的批判关系。（参见章启群《荀子〈天论篇〉是对于占星学的批判》，《哲学研究》2011年第2期，第46—52页）
③ 《天论篇》，（清）王先谦：《荀子集解》，中华书局1988年版，第308—309页。
④ 同上书，第311页。

论述的"道"具有明显的相通之处,即蕴含超越的形上意蕴。① 然而,这一超越层面的"形上之天"则是荀子所明确否定的,"唯圣人为不求知天","其于天地万物也,不务说其所以然而致善用其材"②,荀子所表达的"不求知天"的理论态度,是其经验型思维性格③在自然主义天论领域的逻辑延续。而后一段引文中的"天",则是指与"时""地"相对的"日月、星辰、瑞历",这是狭义层面的"自然之天";此外,"自然之天"也包括四时、阴阳、风雨、大地、万物,这是广义层面的"自然之天"。对于广狭两种层面的"自然之天",荀子从正面意义上表达了肯定的"知天"④态度,确切地说,这一"知天"态度要求我们凭借"已其见象之可以期者""已其见宜之可以息者""已其见数之可以事者""已其见和之可以治者"⑤ 充分掌握"天""地""四时""阴阳"的运行规律。

而后,荀子进一步揭示了"自然之天"的理论品格及其运转迁移的恒常性(规律性),这是自然主义天论的第二层含义。

> 不为而成,不求而得,夫是之谓天职。如是者,虽深,其人不加虑焉;虽大,不加能焉;虽精,不加察焉:夫是之谓不与天争职。⑥

---

① 在中国古典哲学中,老子构筑了第一个系统化的宇宙论即道论,其主要观点如下:道先天地而生,独立而不改,周行而不殆;道是宇宙万物的究竟本根,宇宙万物皆由道而生,依道而存;道是超越经验界的形上实体,非感觉经验所能认知理解。(参见张岱年《中国哲学大纲》,中国社会科学出版社1994年版,第17—20页)而《荀子》中的"皆知其所以成,莫知其无形,夫是之谓天"之"天",则是指万物生成流变背后的所以然之理,是宇宙生成论层面上的"天",显然,这一意义上的"天",与老子哲学系统中的"道"处在同一个层次,同样非感觉经验所能认知理解,因而内具超越的形上意蕴。与老子不同的是,荀子对"形上之天"主张负面的否定态度,即"唯圣人为不求知天"。
② 《君道篇》,(清)王先谦:《荀子集解》,中华书局1988年版,第233页。
③ "凡论者,贵其有辨合,有符验。"[《性恶篇》,(清)王先谦:《荀子集解》,中华书局1988年版,第440页]
④ "圣人清其天君,正其天官,备其天养,顺其天政,养其天情,以全其天功。如是,则知其所为,知其所不为矣,则天地官而万物役矣。其行曲治,其养曲适,其生不伤,夫是之谓知天。"[《天论篇》,(清)王先谦:《荀子集解》,中华书局1988年版,第310页]
⑤ 《天论篇》,(清)王先谦:《荀子集解》,中华书局1988年版,第310—311页。
⑥ 同上书,第308页。

>天行有常，不为尧存，不为桀亡。①

>天不为人之恶寒也辍冬，地不为人之恶辽远也辍广，君子不为小人之匈匈也辍行。天有常道矣，地有常数矣，君子有常体矣。②

"不为而成，不求而得"，是荀子诠释"自然之天"的经典命题。具体而言，"不为""不求"是"自然之天"的内在特质与理论品格，也就是道家所说的"自然无为"，荀子与道家在天论上所表现出来的这一共通性，透露出道家自然天道观对荀子天论的深刻影响，③而这一方面也是后世学者们（特别是宋明理学家与现代新儒家）视荀子为儒家歧出的重要缘由之一。胡适先生说："荀子在儒家中最为特出，正因为他能用老子一般人的'无意志的天'，来改正儒家、墨家的'赏善罚恶'有意志的天；同时却又能免去老子、庄子天道观念的安命守旧种种恶果。"④ 荀子一方面批判吸收了道家自然天道观的合理内核，另一方面解构了孔子、孟子所奠基的以"德性之天"为核心意涵的天论进路，因为从实质内容及理论旨趣来看，"自然之天"与"德性之天"属于两种不同类型的理论进路，它们之间存在"非此即彼"的矛盾关系，对"自然之天"的肯认，便是对"德性之天"的消解，也就是说，"德性之天"指向价值层面的纯善且超越的终极实体，为伦理道德价值的诞生奠定了形上学根据，这在儒家天论之中占据主流地位；而"自然之天"则指向事实层面的纯粹客观的物质性存在及其规律，自身毫无伦理道德价值可言，因此，奠基在"自然之天"上的人性也同样无伦理道德价值可言，冯友兰先生说："性乃属于天者。天既自有其'常'，其中无理想，无道德的原理，则性中亦不能有

---

① 《天论篇》，（清）王先谦：《荀子集解》，中华书局1988年版，第306—307页。
② 同上书，第311页。
③ 众所周知，天人关系是中国古典哲学中极其重要的论题之一。除儒家"道德之天"及墨家"人格之天"以外，战国中期以来形成了一股以《老子》《庄子》、稷下道家为代表的天道自然思潮，这种思潮的基本观点是：崇尚天道自然而无为。对于儒、墨两家所确立的天论来说，这无疑是一种极其严重的理论挑战。身处战国晚期的荀子既继承了儒家所强调的主体积极有为思想，又吸收了天道自然思潮的合理内容，从而构筑起既不同于孔孟也有别于道家的天论。参见吴龙辉《原始儒家考述》，中国社会科学出版社1996年版，第147—157、165—180页。
④ 胡适：《中国古代哲学史》，台北远流出版事业股份有限公司1986年版，第273页。

道德的原理。"① 沿循这一逻辑理路，我们可以推导出以下结论："天之就"的"不可学、不可事而在人者"的"性"是"事实"层面的"自然性""实然性""现实性"，既非善亦非恶，因而我们不能够给予"性"以"应然"层面的道德价值评判。如前文所言，"自然之天"包括日月、星辰、四时、阴阳、风雨、大地、万物等诸多物类，用现代的话来说，"自然之天"就是"自然界"，而且，荀子认为"自然之天"的运动变化遵循其固定不易的客观法则，决不依凭人的意愿与德性而有所转移，这是"天行有常，不为尧存，不为桀亡""天不为人之恶寒也辍冬，地不为人之恶辽远也辍广""天有常道矣，地有常数矣"所昭示我们的重要信息。

尽管荀子热衷于探讨天人关系，但其重心不在天而在人，所以在揭示"天行有常"的基础上，他进一步主张人们应该积极认知、掌握、运用自然规律，以此来谋求人类幸福生活的满足与实现，也就是说，在认识与改造自然世界的过程中，我们必须充分地发挥主体能动性（"在己者"），荀子对"庄子蔽于天而不知人""由天谓之道，尽因矣"②的理论批判，表明他不满于道家过分推扬自然性，同时这也从反面突出了他对人的主体能动性的关切，这既是荀子异于道家的地方，也是自然主义天论的第三层含义。

> 故君子敬其在己者，而不慕其在天者；小人错其在己者，而慕其在天者。君子敬其在己者而不慕其在天者，是以日进也；小人错其在己者而慕其在天者，是以日退也。③

> 大天而思之，孰与物畜而制之？从天而颂之，孰与制天命而用之？望时而待之，孰与应时而使之？因物而多之，孰与骋能而化之？思物而物之，孰与理物而勿失之也？愿于物之所以生，孰与有物之所以成？故错人而思天，则失万物之情。④

---

① 冯友兰：《中国哲学史》（上册），中华书局1947年版，第357页。
② 《解蔽篇》，（清）王先谦：《荀子集解》，中华书局1988年版，第393页。
③ 《天论篇》，（清）王先谦：《荀子集解》，中华书局1988年版，第312—313页。
④ 同上书，第317页。

这里的"在天者",杨倞注曰:"谓富贵也。"① 但是,从《天论篇》的思想主旨及系统融贯性来看,杨倞的这一注解似乎并不契合荀子本有之义,理由如下:人之富贵与否,最终决定权在于异己的外部力量,这种外部力量在古代社会中一般被视为"天"(命运之天)。虽然"命运之天"具有客观必然性,与荀子的"自然之天"存在相通之处,但是它们之间仍然存在无法填平的鸿沟,即"命运之天"是盲目的必然性力量,可以说毫无规律性可循,而"自然之天"则遵循固定的轨道与法则而不断地递变,我们运用自身的理性能力就能够有一定程度的认知。基于如上考量,本书不采信杨倞的注解,而是把"在天者"之"天"理解成"自然之天"。根据荀子的理解,"天"的运行变化是一个无目的、无意志的自然而然的过程,与人世间的治乱、祸福、吉凶无关,而这些社会现象之所以出现则完全依赖于人事活动:"受时与治世同,而殃祸与治世异,不可以怨天,其道然也。"② 在此基础上,荀子进一步指出了对待天人关系的正途,就是说,人们应该躬身返求"在己者"而不羡慕"在天者",切勿效仿小人弃置"在己者"而羡慕"在天者",即"君子敬其在己者,而不慕其在天者;小人错其在己者,而慕其在天者"。具体地讲,"敬其在己者"就是说,人应该发挥主体能动性,借此凸显其异于其他存在者的尊严,"物畜而制之""制天命而用之""应时而使之""骋能而化之""理物而勿失之""有物之所以成"就是人发挥主体能动性的积极表现;而"慕其在天者"则是说,人将自己委身于"天",放弃其应该履行的职分,"大天而思之""从天而颂之""望时而待之""因物而多之""思物而物之""愿于物之所以生"昭示了人消极地等待自然。

统观上文,荀子在批判性吸收道家自然天道观合理内核的基础上,融入儒家崇尚积极有为的主体能动性思想,构筑了别具建树的自然主义天论,其内在逻辑理路如下:"明于天人之分"→"知天"→"制天命而用之"。显然,从这一意义上看,荀子的确偏离了孔子、孟子所设定的以"德性之天"为核心内容的天论进路,这是毋庸讳言的。关于荀子天论的理论意义及其问题,张亨先生曾评论道:"在中国古代从'天人交

---

① 《天论篇》,(清)王先谦:《荀子集解》,中华书局1988年标点本,第312页。
② 《天论篇》,(清)王先谦:《荀子集解》,中华书局1988年版,第308页。

通'到'天人合一'的传统中,唯一提出不同的主张而独树一帜的是荀子。他的'天人分职'之说可谓是对这一传统最激烈的挑战。……只是问题在于,第一,荀子'不求知天'这种实用的态度阻塞了对'不见其事'无形之天解读的可能,从而无法对探索自然界的奥秘产生动力,也就无缘发展出科学来。第二,荀子完全不考虑超越义的天的意义,也不重视儒道在转化神性之天上所作的努力,使人的精神世界受到相当的局限。……而人的道德基础也无法牢固。"① 张氏的这一论断大体上是可以成立的,但他认为荀子"不求知天"的实用态度阻碍了科学的正常发展,这似乎有失公允。与张亨先生的这一看法相反,韦政通先生曾揭示了荀子天论所蕴藏的"科学心态",他说:"在原始宗教中被视为不测的天象,在理智主义者看来,变为可理解的自然现象,这种转化,即代表一种科学的心态。荀子的天论思想,在科学史有其一定的意义,即在这种转化上。这是就理论来说。至于在实际的科学史中,正如李约瑟所说,'理智主义对科学的进展,反不如神秘主义。'这是因为科学的发展,如没有其他条件的配合,单靠理智主义还是无能为力的。"② 当然,我们对于荀子天论所蕴藏的"科学心态"也不应该抱有太高的期待。实际上,张亨和韦政通两先生之所以持有如此不同的观点,这与他们对荀子"不求知天"的理解休戚相关。荀子之所以提倡"不求知天",林宏星认为,很可能出于三个方面的考虑:(1)"不求知天"或是针对孟子"尽心、知性、知天"而至于"上下与天地同流"的神秘境界而发,因为孟子"知天"实际上以神秘天命的预设为其逻辑前提,这当然是荀子所极力反对的;(2)"不求知天"是一种"情境性语言",即是说,相对于人间治道的建立和开发而言,天地万物的深广精微是人不加虑、不加能、不加察的"不急之知";(3)"不求知天"还是一种"角色性语言",这里的"角色性语言",包括两个方面的意义:一是"不求"不等于"不能",二是荀子立足于圣人和君子的角色立场,认为圣人和君子不必是有关具体科学知识

---

① 《"天人合一"的原始及其转化》,载张亨《思文之际论集——儒道思想的现代诠释》,台北允晨文化公司1997年版,第249—284页。
② 韦政通:《中国思想史》,台北水牛出版社1985年版,第315页。

## (二) 荀子"性"概念的三重意涵

从概念内涵来看,"性"指的是"天之就"的"不可学,不可事而在人者",荀子着重开显了"天"的"自然义",解构了"天"的"主宰义"与"德性义";既然"天"具有"自然义","天之就"的"性"也同样蕴含了"自然义",所以荀子说:"性之和所生,精合感应,不事而自然谓之性。"[2] 正因为"性"概念所具有的"自然义",所以荀子认为"性"在原初意义上就是指未经人为雕琢的自然材质:"性者,本始材朴也"[3],这即是廖名春所指出的:"荀子所谓性的最基本意义是人性天然,是指人生而就具有的本能。"[4] 假如对荀子"性"概念的认知与理解仅仅停留在这一抽象层面,我们则难以知晓"性"概念的具体内容。因此,从概念外延来看,荀子"性"概念究竟包括哪些内容,便是我们自然而然的理论追问。诚然,凡是吻合"天之就"的"不可学,不可事而在人者""无待而然者""感而自然,不待事而后生之者",便可归入"性"概念外延的行列,概括地讲,荀子"性"概念包含三个层面的重要内容:(1)天赋的自然欲望;(2)感官的知觉能力;(3)与生俱来的理性能力与实践能力("知"与"能")。这三个方面共同构筑了作为人的类本质潜在基础的人性结构。

尽管人类属于宇宙万物中最高贵的理性存在者("最为天下贵"),但是从生命构型的原始基质来看,其与草木、禽兽等低等生命体一样,仍然是由阴阳二气凝聚而成的生命体,因此同样隶属于自然界的重要组成部分,这就决定了人类最基本的表现形态首先只能是感性的生命存在。荀子说:

火有气而无生,草木有生而无知,禽兽有知而无义,人有气、

---

[1] 关于"不求知天"的这一理解,林宏星既依托于《荀子》文本,也借鉴了前辈学者们的研究成果,参见林宏星《〈荀子〉精读》,复旦大学出版社2011年版,第34—41页。

[2] 《正名篇》,(清)王先谦:《荀子集解》,中华书局1988年版,第412页。

[3] 《礼论篇》,(清)王先谦:《荀子集解》,中华书局1988年版,第366页。

[4] 廖名春:《荀子人性论的再考察》,载廖名春选编《荀子二十讲》,华夏出版社2009年版,第295页。

有生、有知，亦且有义，故最为天下贵也。①

既然人是鲜活的生命有机体，为了维系感性生命的存续与成长，我们必须满足自身内部的诸种需要，这些需要构成了荀子"性"概念外延的第一层内容。

> 凡人有所一同：饥而欲食，寒而欲暖，劳而欲息，好利而恶害，是人之所生而有也，是无待而然者也，是禹、桀之所同也。②
>
> 人之情，食欲有刍豢，衣欲有文绣，行欲有舆马，又欲夫余财蓄积之富也，然而穷年累世不知不足，是人之情也。③
>
> 性者，天之就也；情者，性之质也；欲者，情之应也。……故虽为守门，欲不可去，性之具也。④
>
> 今人之性，生而有好利焉，顺是，故争夺生而辞让亡焉；生而有疾恶焉，顺是，故残贼生而忠信亡焉；生而有耳目之欲，有好声色焉，顺是，故淫乱生而礼义文理亡焉。⑤
>
> 今人之性，饥而欲饱，寒而欲暖，劳而欲休，此人之情性也。⑥
>
> 若夫目好色，耳好听，口好味，心好利，骨体肤理好愉佚，是皆生于人之情性者也，感而自然，不待事而后生之者也。夫感而不能然，必且待事而后然者，谓之生于伪。⑦

人既有生理需要，也有心理需要。具体而言，构成荀子"性"概念外延的"自然欲望"指"人之所生而有""无待而然"的"饥而欲食，寒而欲暖，劳而欲息，好利而恶害"及"感而自然，不待事而后生"的"目好色，耳好听，口好味，心好利，骨体肤理好愉佚"。荀子关于人性内容

---

① 《王制篇》，（清）王先谦：《荀子集解》，中华书局1988年版，第164页。
② 《荣辱篇》，（清）王先谦：《荀子集解》，中华书局1988年版，第63页。
③ 同上书，第67页。
④ 《正名篇》，（清）王先谦：《荀子集解》，中华书局1988年版，第428页。
⑤ 《性恶篇》，（清）王先谦：《荀子集解》，中华书局1988年版，第434页。
⑥ 同上书，第436页。
⑦ 同上书，第437—438页。

的这一规定，与告子所谓的"生之谓性"表现出一定程度上的理论相承性。众所周知，以生言性，是中国圣贤们考察人性问题的重要理论架构，告子就是这一理论架构的坚定拥护者。《孟子》中曾记录了告子对于"性"概念的相关界定："生之谓性"[①]"食色，性也"[②]。"生之谓性"之"生"字，按照唐君毅先生的观点，包含了两种可能性的解释：（1）"生"作名词解，指"生命"，"生之谓性"即"性之所在，无无性之生，舍生亦无以见性"[③]；（2）"生"作动词解，指"生长"或"求生"，"然生之谓性之涵义中，同时包涵生之为一有所向之一历程之义。此有所向之一历程，即其现在之存在，向于其继起之存在，而欲引生此继起之存在之一历程。故生之谓性之涵义中，包括求生之义。求生，即求相续之存在，求相续之生命之存在。而此求相续生之性之满足，则待于人之摄取他物，以养其生，并进而传其生命于子孙，以子孙之生命之存在，为其自身继起之存在。由是而此人之生之性中，即包涵食色之性"[④]。透过对荀子"性"概念外延的总体概括可知，荀子不仅沿袭了告子的"生之谓性"的总体构思，而且也扩充了告子"性"概念的外延范围，即除了"食""色"等自然欲望以外，荀子的"性"概念还包括感官的感知能力、与生俱来的理性能力与实践能力，诚如李晓春所说："荀子继承了告子的'生之谓性'的思想，但他扩展了'生之谓性'的范围，此'生之谓性'摆脱了告子的'食色，性也'的狭隘性，而成为一个具有人的类本质潜质的人性结构。这样，荀子就摆脱了告子的一个困境，他在'生之谓性'的意义上将人与动物做了一定的区分，虽然这一区分并不是人与动物的类本质区分。"[⑤]

人是"形"与"神"兼而有之的生命存在形态，就"形"这一方面而言，人是由目、耳、口、鼻、骨体肤理（"天官"）构筑而成的感性生命系统，当我们与外部客观世界相互接触的时候，这五种感觉器官就发

---

① 《孟子·告子上》，（宋）朱熹：《四书章句集注》，中华书局1983年版，第326页。
② 同上。
③ 唐君毅：《中国哲学原论·原性篇》，中国社会科学出版社2005年版，第11页。
④ 同上。
⑤ 李晓春：《试论荀子对告子人性论的继承与扬弃》，《孔子研究》2002年第4期，第33—34页。

挥着各异的功能，但不能互相为用，这是荀子"性"概念外延的第二层内容。

> 凡人有所一同：……目辨白黑美恶，耳辨声音清浊，口辨酸咸甘苦，鼻辨芬芳腥臊，骨体肤理辨寒暑疾养，是又人之所①生而有也，是无待而然者也，是禹、桀之所同也。②

> 天职既立，天功既成，形具而神生，好恶、喜怒、哀乐藏焉，夫是之谓天情。耳目鼻口形能，各有接而不相能也，夫是之谓天官。③

耳、目、鼻、口、形能（形体）或骨体肤理，是天职天功所造就而成的五种感觉器官，这是荀子称它们为"天官"的缘由所在。从职能分工来看，这五种感觉器官各不相同：眼睛辨别"白黑美恶"，耳朵辨别"声音清浊"，口舌辨别"酸咸甘苦"，鼻子辨别"芬芳腥臊"，四肢肤理辨别"寒暑疾养"；从形成来源来看，这五种感知能力则是我们与生俱来的先天禀赋，无须依凭后天修为而客观地存在，虽然圣如大禹，恶如夏桀，但也没有丝毫分别。

除了前文所论及的自然欲望与感官能力以外，人还拥有先天的理性能力（"知"）。荀子说：

> 凡以知，人之性也；可以知，物之理也。以可以知人之性，求可以知物之理而无所疑止之，则没世穷年不能遍也。④

> 所以知之在人者谓之知。知有所合谓之智。⑤

"凡以知，人之性"和"所以知之在人者"之"知"，是"能知"，是认

---

① 此处原有"常"字，依据王先谦的说法删除，参见（清）王先谦《荀子集解》，中华书局1988年版，第63页。
② 《荣辱篇》，（清）王先谦：《荀子集解》，中华书局1988年版，第63页。
③ 《天论篇》，（清）王先谦：《荀子集解》，中华书局1988年版，第309页。
④ 《解蔽篇》，（清）王先谦：《荀子集解》，中华书局1988年版，第406页。
⑤ 《正名篇》，（清）王先谦：《荀子集解》，中华书局1988年版，第413页。

识活动的理性主体;"可以知,物之理"和"知有所合"是"所知",是认识活动的客观对象;而"能知"与"所知"的结合正是知识之所以可能的必要条件,所以韦政通先生指出说:"这两个条件,在知识活动中,是绝不可缺的,而正名篇于此两义,明是具备的,故吾人即本此而说其在知识论上有其独立自足的意义。"①

不仅如此,我们人类同时也拥有与生俱来的实践能力("能"),而这一实践能力则是人们将主观形态的理论成果转换为客观形态的现实世界的潜在能力。荀子说:

> 所以能之在人者谓之能②。能有所合谓之能。③
> 
> "涂之人可以为禹",曷谓也?曰:凡禹之所以为禹者,以其为仁义法正也。然则仁义法正有可知可能之理,然而涂之人也,皆有可以知仁义法正之质,皆有可以能仁义法正之具,然则其可以为禹明矣。④

"所以能之在人者谓之能"之"能",指潜在的实践能力,等价于"皆有可以能仁义法正之具"之"可以能之具"⑤,而"能有所合谓之能"之"能",指实际的实践能力。显然,按照荀子对于"性"概念的本质规定,

---

① 韦政通:《荀子与古代哲学》,台湾商务印书馆1992年版,第185页。
② 句首原有"智"字,依据卢文弨的说法删除,参见(清)王先谦《荀子集解》,中华书局1988年版,第413页。
③ 《正名篇》,(清)王先谦:《荀子集解》,中华书局1988年版,第413页。
④ 《性恶篇》,(清)王先谦:《荀子集解》,中华书局1988年版,第443页。
⑤ 按照张岱年先生的理解:"荀子所谓性,乃指生而完成的性质或行为,……生来即完具、完全无待于练习的,方谓之性,性不是仅仅一点可能倾向;只有一点萌芽,尚须扩充而后完成的,便不当名为性。孟子言性,用端字才字,具见萌芽可能之意;据荀子的界说,须'扩而充之','如不充之,则不足以事父母',那便是'虑积焉,能习焉而后成',自然不是性。"(张岱年:《中国哲学大纲》,中国社会科学出版社1994年版,第189页)基于这一理解,张先生认为"可以知之质""可以能之具"不在荀子"性"概念外延之列:"人人皆有为善之可能。但可能虽有,而不得谓之性。'可以知仁义法正之质','可以能仁义法正之具',依荀子的性之界说,非在性中。"(张岱年:《中国哲学大纲》,中国社会科学出版社1994年版,第190—191页)但是,在系统研读过《荀子》之后,笔者认为,张先生对于荀子"性"概念的如上理解,实际上已经偏离了荀子本有之义,因此本书仍然把"可以知之质""可以能之具"归入到荀子"性"概念外延之列。

人与生俱来的理性能力与实践能力则构成了"性"概念外延的第三层内容。

概而言之，从内涵层面来看，荀子"性"概念的本质规定是"天之就"的"无待而然者""不可学，不可事而在人者""感而自然，不待事而后生之者"；从外延层面来看，荀子"性"概念包括三个层次：（1）"饥而欲食，寒而欲暖，劳而欲息，好利而恶害"的自然欲望；（2）"目辨白黑美恶，耳辨声音清浊，口辨酸咸甘苦，鼻辨芬芳腥臊，骨体肤理辨寒暑疾养"的感知能力；（3）"所以知之在人者""可以知之质"的先天理性能力与"所以能之在人者""可以能之具"的先天实践能力。这为我们理解"人之性恶"①的真实含义奠定了准备性工作。

## 二 "性恶则与圣王，贵礼义矣"：礼之必要的"性恶"预设

尽管荀子继承了告子所谓的"生之谓性"的"即生言性"进路，但是他们之间仍然存在相当重要的理论分歧，即是说，告子认为人性无善无不善，"性犹湍水也，决诸东方则东流，决诸西方则西流，人性之无分于善不善也，犹水之无分于东西也"②，从而没有赋予人性以善或恶的价值判断，所以唐君毅先生指出这是告子"有见于人性原非定常之物而生之一论"③；与告子不同的是，荀子给予人性以"恶"的价值判定，"人之性恶，其善者伪也"，而这正是宋明理学家们猛烈抨击他的理论缘由。正因为荀子给予人性以负面的消极的价值判断（"人之性恶"），这似乎引发了其人性论内部的理论紧张：对《荀子》做出周详的考察以后，周炽成大胆地指出，《荀子》三十二篇中，唯有《性恶篇》以人性为恶，而其他篇却不以人性为恶，从理论自身内在的逻辑融贯性来说，荀子应该不会既主张性恶，同时又主张性不恶，据此，他得出了如下的结论：《性恶篇》的作者很可能不是荀子本人。④尽管周氏的这一观点具有一定的理论合理性，但这只是相对有限的逻辑推测，缺乏充分的实证资料给予支撑，

---

① 《性恶篇》，（清）王先谦：《荀子集解》，中华书局 1988 年版，第 434 页。
② 《孟子·告子上》，（宋）朱熹：《四书章句集注》，中华书局 1983 年版，第 325 页。
③ 唐君毅：《中国哲学原论·原性篇》，中国社会科学出版社 2005 年版，第 11 页。
④ 参见周炽成《荀韩人性论与社会历史哲学》，中山大学出版社 2009 年版，第 184—187 页。

倘若我们以此为理由质疑甚至否定荀子是《性恶篇》的作者，这似乎显得过于轻率鲁莽。而陈文洁也指出了荀子人性论所可能存在的逻辑不一致性，但是面对同样的问题，他表达了比较谨慎的理论态度，认为"这不能简单地理解为他思想上的矛盾或表达上的不一致，而应该联系到他的论说动机进一步考虑"①，与周炽成的观点相比较而言，陈氏的理论态度无疑更加可取。如前所述，荀子的人性概念首先是立足于事实层面的理论规定，具有"自然"义，既非善亦非恶，从这一意义来看，日本学者儿玉六郎所提出的荀子性论的核心是"性朴"论而非"性恶"论的观点便不无道理②；而且亦如我们所熟知，事实与价值之间存在着难以跨越的逻辑鸿沟，基于这两个方面的理由，我们根本难以自然而然地推导出"人之性恶"这一结论。既然如此，荀子为什么要在《性恶篇》开宗明义地提出"人之性恶，其善者伪也"呢？之后，他不仅从各种角度积极地确证了这一命题的合理性，至少在他看来如此，而且也有力地回击了诘难者所提出的理论难题。说到这里，令我们疑惑不解的理论问题在于，荀子透过既非善又非恶的自然本性如何推导出"人之性恶"，换句话说，从事实层面的自然本性到价值层面的"人之性恶"何以可能。因此，尽可能确切地揭示荀子"人之性恶"的真实含义，也就成为我们亟须解决的理论难题。

"性恶论"之所以成为后世学者们对于荀子人性论的基本标识，根源在于荀子曾明确表达过其对人性的不信任，从而给予人性以"恶"的价值判定："人之性恶，其善者伪也。"对于"人之性恶"这一命题，荀子曾给出了多角度、多层次的逻辑论证，概括来讲，主要包括四个方面：

首先，从自然欲望的自发性后果逆向推证"人之性恶"。荀子说：

> 人之性恶，其善者伪也。今人之性，生而有好利焉，顺是，故争夺生而辞让亡焉；生而有疾恶焉，顺是，故残贼生而忠信亡焉；生而有耳目之欲，有好声色焉，顺是，故淫乱生而礼义文理亡焉。

---

① 陈文洁：《荀子的辩说》，华夏出版社 2008 年版，第 188 页。
② 参见路德斌《性朴与性恶：荀子言"性"之维度与理路——由"性朴"与"性恶"争论的反思说起》，《孔子研究》2014 年第 1 期。

然则从人之性，顺人之情，必出于争夺，合于犯分乱理而归于暴。故必将有师法之化，礼义之道，然后出于辞让，合于文理，而归于治。用此观之，人之性恶明矣，其善者伪也。①

"好利""疾恶""耳目之欲，有好声色"，是人类与生俱来的生理欲望与心理欲望，本身无所谓善恶；但这些自然欲望又蕴含着自然而必然的非反思性趋向："人之情为欲多而不欲寡"②"人之情，食欲有刍豢，衣欲有文绣，行欲有舆马，又欲夫余财蓄积之富也，然而穷年累世不知不足，是人之情也。"③ 而且，一方面人们"欲恶同物"④，另一方面战国晚期的现实社会面临"欲多而物寡"⑤的客观境遇，所以，在这两个方面的共同推动下，顺从"好利""疾恶""耳目之欲，有好声色"等自然欲望的尽情满足而毫无节制，人与人之间必然互相争夺残害，纷争不已，社会秩序随之荡然无存："生而有好利焉，顺是，故争夺生而辞让亡焉；生而有疾恶焉，顺是，故残贼生而忠信亡焉；生而有耳目之欲，有好声色焉，顺是，故淫乱生而礼义文理亡焉。"就这方面来看，荀子与霍布斯表现了极其相似的运思。霍布斯认为，如果不依靠以暴力机器为后盾的公权力来维护其财产权利和人身权利，生活在自然状态下的人们必将陷入彼此竞争、尔虞我诈的战争状态，而出于规避人与人之间的战争状态，保障其财产权利和人身权利的考虑，人们互相订立契约，以利维坦为形象的国家权力便由此诞生。⑥尽管荀子认为自然欲望具有趋"恶"的倾向，但是他同时指出人们一旦接受师法教化和礼义范导（"化性起伪"），现实社会又将是另外一幅图景，即人与人之间以礼相待，谦让和睦，社会秩序由此归于和谐。在这两种社会情景的鲜明对照下，我们不难得出以下结论：人性恶而礼义善，人性被治被化而礼义能治能化。应该说，这是合乎情理的推论。值得一提的是，唐君毅先生曾经从道德文化的理想主义

---

① 《性恶篇》，（清）王先谦：《荀子集解》，中华书局1988年版，第434—435页。
② 《正论篇》，（清）王先谦：《荀子集解》，中华书局1988年版，第345页。
③ 《荣辱篇》，（清）王先谦：《荀子集解》，中华书局1988年版，第67页。
④ 《富国篇》，（清）王先谦：《荀子集解》，中华书局1988年版，第176页。
⑤ 同上。
⑥ 参见霍布斯《利维坦》，商务印书馆1997年版。

这一视角极富启发性地揭示了荀子"人之性恶"的内在意蕴,他说:"性之所以为恶,乃由人之生而有好利之性等,则必使礼义辞让亡之故;故人欲归于文理辞让,必化性而后。此即一礼义文理与性间之'顺此则违彼,顺彼则违此'互相对较对反之关系也。故礼义文理善,则性必不善而为恶。礼义文理为理想,性则为其所转化之现实;唯因理想之善,方见现实之恶。此非孤立此性,而言其为恶,乃就人之顺性,必使礼义文理不存,方谓性为恶也。"①唐先生这里所给出的在有待转化的现实人性与作为道德文化理想内核的礼义所联结而成的对较对反关系中透显出"人之性恶"的逻辑推论方法,正是荀子证明"人之性恶"的主要途径。在《性恶篇》中,他曾多次使用过这种方法。例如:

> 古者圣王以人性恶,以为偏险而不正,悖乱而不治,是以为之起礼义,制法度,以矫饰人之情性而正之,以扰化人之情性而导之也,始皆出于治,合于道者也。今之人,化师法,积文学,道礼义者为君子;纵性情,安恣睢,而违礼义者为小人。用此观之,然则人之性恶明矣,其善者伪也。②

> 今人之性,饥而欲饱,寒而欲暖,劳而欲休,此人之情性也。今人饥,见长而不敢先食者,将有所让也;劳而不敢求息者,将有所代也。夫子之让乎父,弟之让乎兄,子之代乎父,弟之代乎兄,此二行者,皆反于性而悖于情也。然而孝子之道,礼义之文理也。故顺情性则不辞让矣,辞让则悖于情性矣。用此观之,人之性恶明矣,其善者伪也。③

君子"化师法,积文学,道礼义",而小人"纵性情,安恣睢,而违礼义",透过君子与小人的这一鲜明对照可知:君子因接受礼义范导而善,小人因恣意性情满足而恶,"君子,小人之反也"④。"饥而欲饱,

---

① 唐君毅:《中国哲学原论·原性篇》,中国社会科学出版社 2005 年版,第 32 页。
② 《性恶篇》,(清)王先谦:《荀子集解》,中华书局 1988 年版,第 435 页。
③ 同上书,第 436—437 页。
④ 《不苟篇》,(清)王先谦:《荀子集解》,中华书局 1988 年版,第 42 页。

寒而欲暖，劳而欲休"，是我们与生俱来的自然欲望，就它们本身来说无所谓善恶，但是，在顺从自然欲望与辞让所联结而成的对较对反关系中，顺从自然欲望的尽情满足便意味着辞让的沦丧消亡，透此方见"人之性恶"。质言之，"荀子言性恶，此'性恶'之'性'是以欲为内容规定的，但'性恶'之'恶'是就欲之流弊而言，非就欲之本身而言"①。

其次，从"人之欲为善"的内在心理出发，荀子进一步论证了"人之性恶"。

> 凡人之欲为善者，为性恶也。夫薄愿厚，恶愿美，狭愿广，贫愿富，贱愿贵，苟无之中者，必求于外；故富而不愿财，贵而不愿执，苟有之中者，必不及于外。用此观之，人之欲为善者，为性恶也。今人之性，固无礼义，故强学而求有之也；性不知礼义，故思虑而求知之也。然则生而已，则人无礼义，不知礼义。人无礼义则乱，不知礼义则悖。然则性而已，则悖乱在己。用此观之，人之性恶明矣，其善者伪也。②

从"人之欲为善"推导出"人之性恶"，这是难以成立的逻辑推理，因为，从演绎推理的逻辑性质来看，结论必然蕴含在前提之中，但是作为演绎推理前提的"无之中者，必求于外"与"有之中者，必不及于外"显然是两个可以被证伪的理论命题，所以，透过这两个前提所推导出来的结论是站不住脚的。首先，"无之中者，必求于外"具有可证伪性。微薄欲变而丰厚，丑恶欲变而美好，偏狭欲变而广阔，贫穷欲变而富裕，低贱欲变而高贵，这是人之常情，从这一意义来说，"无之中者，必求于外"实非凿空之论，而是具备一定事实根据的。但是，荀子以此类推将人们行善的内在缘由归结为"性恶"，这却是大有问题的，"人之欲为善"与"性恶"之间不具有必然的因果联系，也就是说，"性善"也可能成为

---

① 王楷：《天然与修为——荀子道德哲学的精神》，北京大学出版社2011年版，第68页。
② 《性恶篇》，（清）王先谦：《荀子集解》，中华书局1988年版，第439页。

"人之欲为善"的先天内在根据,孟子便是这一观点的提倡者①,唐君毅先生说:"人之欲为善,正孟子所持之以言性善者。"② 其次,"有之中者,必不及于外"同样具有可证伪性。荀子之所以主张"有之中者,必不及于外",这是立足于其对"富而不愿财,贵而不愿埶"的归纳概括,而同时他又指出:"人之情为欲多而不欲寡""人之情,食欲有刍豢,衣欲有文绣,行欲有舆马,又欲夫余财蓄积之富也,然而穷年累世不知不足",应该说这两种主张构成了难以调和的逻辑矛盾,因为在"人之情为欲多而不欲寡"的支配下,富者应该希望更富,贵者应该希望更贵,而不是"富而不愿财,贵而不愿埶"。对此,韦政通先生解释说:"荀子所说人情欲多而不欲寡是说:在有了较舒适的生活之后,还要求更富裕的生活,这确是实然人生中之实情。政治上的赏罚之所以有效,就显然是由于对这种实情的深刻了解。'赏以富厚,罚以杀损'的措施,即证明了人欲多不欲寡这种心理现象的真实性。荀子性恶论的建立,明是由于此类心理现象,和上述之生理现象的观察。"③ 实际上,"凡人之欲为善者,为性恶也",荀子透此旨在阐明善("礼义")的必要性问题,而孟子所主张的"性善"是"人之欲为善"的先天内在根据,解决了善("仁""义""礼""智")的可能性问题,不难看出,孟子所要致力解决的善的可能性问题,恰好是荀子所忽视了的——"荀子在反对将成人等同于复其初的同时,对成人过程的内在根据似乎有所忽视,而这种倾向在理论上又深深地植根于其性恶说:本恶之性不可能为成人过程提供内在根据"④。

再次,基于"圣王"和"礼义"存在之必要性的考虑,荀子突出了

---

① 孟子认为人人皆有"四心",分而言之,"四心"就是"恻隐之心""羞恶之心""辞让之心""是非之心",统而言之,"四心"就是"良心""本心";"四心"是"四德"("仁""义""礼""智")的先天内在根据,"四德"是"四心"的"扩而充之"。基于此,杨泽波指出:"内在为心,外在为性,良心本心包容不住,发用在外,其表现就是善性,所以心是善的根据、性的源头,没有心就没有善,没有性,说到底,总根子还是一个良心本心。"(杨泽波:《孟子性善论研究》,中国社会科学出版社 1995 年版,第 38 页)而人们生活在现实社会中容易受到外界环境及利益欲望的影响,当"良心""本心"受到外界环境的纷扰、利益欲望的遮蔽后,恶便降临到人世间,概而言之,恶意味着"良心""本心"的丧失。

② 唐君毅:《中国哲学原论·原性篇》,中国社会科学出版社 2005 年版,第 33 页。

③ 韦政通:《荀子与古代哲学》,台湾商务印书馆 1992 年版,第 69 页。

④ 杨国荣:《善的历程——儒家价值体系研究》,上海人民出版社 2006 年版,第 101—102 页。

"人之性恶"。

  凡古今天下之所谓善者，正理平治也；所谓恶者，偏险悖乱也。是善恶之分也已。今诚以人之性固正理平治邪？则有恶用圣王，恶用礼义哉！虽有圣王礼义，将曷加于正理平治也哉！今不然，人之性恶。故古者圣人以人之性恶，以为偏险而不正，悖乱而不治，故为之立君上之埶以临之，明礼义以化之，起法正以治之，重刑罚以禁之，使天下皆出于治，合于善也。是圣王之治，而礼义之化也。今当试去君上之埶，无礼义之化，去法正之治，无刑罚之禁，倚而观天下民人之相与也，若是，则夫强者害弱而夺之，众者暴寡而哗之，天下悖乱而相亡，不待顷矣。用此观之，然则人之性恶明矣，其善者伪也。①

  故性善则去圣王，息礼义矣；性恶则与圣王，贵礼义矣。故檃栝之生，为枸木也；绳墨之起，为不直也；立君上，明礼义，为性恶也。用此观之，然则人之性恶明矣，其善者伪也。直木不待檃栝而直者，其性直也；枸木必将待檃栝、烝、矫然后直者，以其性不直也。今人之性恶，必将待圣王之治，礼义之化，然后始出于治，合于善也。用此观之，人之性恶明矣，其善者伪也。②

"礼义"是"圣王"或"圣人"对治"人之性恶"所制定的规范系统。在战国乱世的历史境遇之下，为了重建伦理秩序和政治秩序，从而切实地发挥"礼义"所拥有的社会整合效用，荀子于是设定了"人之性恶"："性恶说的建立，纯是为了实现并完成礼义的功能；礼义之起，亦由于'人之性恶'一事实的存在。"③ 按照荀子的理解，人们如果信守孟子所倡导的"性善论"，势必降低乃至否定"圣王""礼义"在他们向善行善过程中的重要地位与作用："性善则去圣王，息礼义矣。"也就是说，"性'善'论之所以遭到荀子的鞭挞，主要在于性善之论对人之行为无约束

---

① 《性恶篇》，(清)王先谦：《荀子集解》，中华书局1988年版，第439—440页。
② 同上书，第441页。
③ 韦政通：《荀子与古代哲学》，台湾商务印书馆1992年版，第76页。

性，取消了人的自我证成的必要性以及放任社会秩序的自由随意和无边界状态"①。与此同时，当荀子迫于落实"礼义"所拥有的社会整合效用而倡言"人之性恶"的时候，同时也就意味着理想人格的培养过程很有可能沦丧为"圣王"或"圣人"透过"礼义"对民众所施予的外部灌输，从而呈现出异己的强制性质，所以杨国荣说："离开人格培养的内在根据而强调社会对个体的塑造，往往容易把成人过程理解为外在灌输，并使之带有某种强制的性质。事实上，在荀子那里，社会对个体的塑造往往被视为'反于性而悖于情'的过程，而礼义的教化，则常常与'起法正以治之，重刑罚以禁之'等超道德手段纠缠在一起；相对于外在的强制，道德教育中的自愿原则以及主体在人格培养中的能动作用，不免有所弱化。"②

最后，在批判孟子"性善论"的过程中，荀子清楚阐明了自己所界说的"人之性恶"的真正内涵。

> 孟子曰："今之学者，其性善。"曰：是不然。是不及知人之性，而不察乎人之性、伪之分者也。凡性者，天之就也，不可学，不可事；礼义者，圣人之所生也，人之所学而能，所事而成者也。不可学、不可事而在人者谓之性，可学而能、可事而成之在人者谓之伪。是性、伪之分也。今人之性，目可以见，耳可以听。夫可以见之明不离目，可以听之聪不离耳，目明而耳聪，不可学明矣。孟子曰："今人之性善，将皆失丧其性，故恶也③。"曰：若是，则过矣。今人之性，生而离其朴，离其资，必失而丧之。用此观之，然则人之性恶明矣。所谓性善者，不离其朴而美之，不离其资而利之也。使夫资朴之于美，心意之于善，若夫可以见之明不离目，可以听之聪不离耳，故曰目明而耳聪也。④

---

① 达恒：《论荀子、霍布斯人性论的差异》，博士学位论文，东北师范大学，2008年，第73页。
② 杨国荣：《善的历程——儒家价值体系研究》，上海人民出版社2006年版，第102页。
③ "今人之性善，将皆失丧其性，故恶也"，原作"今人之性善，将皆失丧其性故也"，依据梁启雄的说法改定，参见梁启雄《荀子简释》，中华书局1983年版，第329页。
④ 《性恶篇》，（清）王先谦：《荀子集解》，中华书局1988年版，第435—436页。

孟子立足于"人禽之辨",赋予"性"概念以崭新内涵,即"性"是人之所以异于禽兽的天赋道德观念,从外延层面看,"性"概念涵摄"恻隐之心""羞恶之心""辞让之心""是非之心",它们分别构成"仁""义""礼""智"的内在道德根据,合而言之,即"良心"①"本心"②,而"口之于味也,目之于色也,耳之于声也,鼻之于臭也,四肢之于安佚也"并不包括在"性"概念外延之列,却被放置在"命"概念外延之下。③ 不难看出,孟子"即心言性"的德性主义人性论与告子"即生言性"的自然主义人性论显然处于两个性质各异的理论层次,但唐君毅先生指出,孟子"即心言性"之说能够统摄告子"即生言性"之说:"仁义礼智之心与自然生命之欲,不特为二类,一为人之所独,一为人与禽兽之所同;而实唯前者乃能统摄后者。吾于上引之一文中,谓人之此心与自然生命之食色之欲俱行,人即可得依其食色之欲,而生起不忍人饥寒、及望内无怨女、外无旷夫之心云云,已意谓:人之此心能居于吾人自己与他人之自然生命之食色之欲之上一层次,以俱加以肯定,而包涵之之义。"④ 人是兼具形体与精神的存在者,既有追求道德价值实现的一面,同时也要合理满足感性生命的自然欲望,就此而言,唐先生的这一诠释,的确有其合理之处,而且也契合孟子本人对于自然生命之欲与仁义礼智之心在价值序列上所给予的理论设定,即是说,自然生命之欲是

---

① "虽存乎人者,岂无仁义之心哉?其所以放其良心者,亦犹斧斤之于木也,旦旦而伐之,可以为美乎?其日夜之所息,平旦之气,其好恶与人相近者几希,则其旦昼之所为,有梏亡之矣。"[《孟子·告子上》,(宋)朱熹:《四书章句集注》,中华书局1983年版,第331页]

② "为宫室之美、妻妾之奉、所识穷乏者得我与?乡为身死而不受,今为宫室之美为之;乡为身死而不受,今为妻妾之奉为之;乡为身死而不受,今为所识穷乏者得我而为之,是亦不可以已乎?此之谓失其本心。"[《孟子·告子上》,(宋)朱熹:《四书章句集注》,中华书局1983年版,第333页]

③ "孟子曰:'口之于味也,目之于色也,耳之于声也,鼻之于臭也,四肢之于安佚也,性也,有命焉,君子不谓性也。仁之于父子也,义之于君臣也,礼之于宾主也,智之于贤者也,圣人之于天道也,命也,有性焉,君子不谓命也。'"[《孟子·尽心下》,(宋)朱熹:《四书章句集注》,中华书局1983年版,第369页]孟子在这里赋予"性"与"命"概念以崭新的内涵规定,即"性"指"仁""义""礼""智""天道",它的落实能够为个体自由操控,而"命"指"口之于味""目之于色""耳之于声""鼻之于臭""四肢之于安佚",它的实现取决于外,个体难以自由做主。

④ 唐君毅:《中国哲学原论·原性篇》,中国社会科学出版社2005年版,第13页。

"小体",仁义礼智之心是"大体","大体"高于"小体","小体"受制于"大体"。① 依孟子对于"性"概念内涵的界定可知,作为人之"大体"的仁义礼智之心,只是善的潜能形态即"善端",唯有竭力存养、扩充这四种心,方能将内在的可能之善落实为客观的现实之善,所以准确地说:"性善论并不是'性本善论'、'性善完成论',而是'心有善端可以为善论'。"② 而荀子对于"性"概念内涵的本质规定则是"天之就"的"不可学,不可事而在人者",基于此,他认为孟子"不及知人之性,而不察乎人之性、伪之分"。假使"良心""本心"确实如孟子所言可以丧亡流失,那么,按照荀子的理解,"良心""本心"就不应该被看作人性,因为"性之于善,必须如目之于明,耳之于聪,无待扩充而不易丧失,然后乃可谓性善,否则实不当以善为性"③,这是荀子批驳孟子"今人之性善,将皆失丧其性,故恶也"之所以错误的理论依据,之后,荀子从正面表达了他对人性的价值判断:"今人之性,生而离其朴,离其资,必失而丧之。"杨倞注解曰:"言人性若生而任其性,则离其质朴而偷薄,离其资材而愚恶,其失丧必也。"④ 即是说,人类个体首先以感性生命为其原初形态,而感性生命的存续与发展取决于自然欲望的满足,在这一方面,人们表现出强烈的"欲多而不欲寡"的倾向,而且这一倾向带有"自发性和不经反思的指向性"⑤,如若放任自然欲望的尽情满足而不给予合理节制,人与人之间必然纷争不已,社会也就随之动荡不安,荀子由此指证了"人之性恶"而非"人之性善"。从话语系统来看,荀子

---

① "公都子曰:'钧是人也,或为大人,或为小人,何也?'孟子曰:'从其大体为大人,从其小体为小人。'曰:'钧是人也,或从其大体,或从其小体,何也?'曰:'耳目之官不思,而蔽于物,物交物,则引之而已矣。心之官则思,思则得之,不思则不得也。此天之所与我者,先立乎其大者,则其小者弗能夺也。此为大人而已矣。'"[《孟子·告子上》,(宋)朱熹:《四书章句集注》,中华书局1983年版,第335页]"先立乎其大者,则其小者弗能夺也"意味着孟子赞许"大体"而贬抑"小体",因为从价值序列来看,"大体"无疑要高于"小体","小体"理应受到"大体"的规约。

② 杨泽波:《孟子性善论研究》,中国社会科学出版社1995年版,第44页。

③ 张岱年:《中国哲学大纲》,中国社会科学出版社1994年版,第190页。

④ 《性恶篇》,(清)王先谦:《荀子集解》,中华书局1988年版,第436页。

⑤ [美]本杰明·史华兹:《古代中国的思想世界》,程钢译,江苏人民出版社2003年版,第303页。

貌似已驳倒了孟子，但是实际上并未如此。① 杨泽波在《孟子性善论研究》中曾明确宣称"性善性恶是针锋不值的两种理论"，并且给予了充分的理论说明。② 尽管杨氏从学术论争角度指明了荀孟二人"性"概念分别处于两个不同层次，可以并存而互不相碍，但是他没有揭示出荀子倡言"人之性恶"的深层指向，然而，从荀子的辩说动机层面进行思考，似乎更有益于这一问题的合理解决，陈文洁在《荀子的辩说》中指出说："他所以反对孟子言'性善'，关键在于他认为'性善'的说法不过是坐而论道，既不能验之事实，又无法用以指导实践。在这里，他关注的显然是'性善'说的实际效果，正是由于这种学说在他看来不提供现实的可操作空间，才成为他攻击的对象。"③ 无独有偶，罗根泽先生也曾表达过荀子倡言"人之性恶"的价值旨趣，就是为了推行"礼"的需要，他说："荀子说性是'恶'的，和孟子的说性是'善'的，虽然极端相反，但作用却又完全相同，——都是一种利用，都是利用它来推行自己的学说：孟子用来推行他的'仁义'，荀子用来推行他的'礼'。"④ 不过，应该指出的是，罗氏关于孟、荀人性论"极端相反"的说法，倒是犯了"蔽于表而不知里"的错误，孟、荀两人的"性"概念"名同而实异"，貌似相反而实可并存。

通览"人之性恶"命题的四种证明，尽管荀子为"人之性恶"找到了一些事实上的根据，但是从逻辑严谨性来看其论证过程不具备充分的说服力，关于这一点，前文曾给出说明，这里不再赘言。对于擅长逻辑推理的荀子来说，这似乎是一件令人难以理解的事情，然而，当我们将

---

① "在讨论荀子性论的时候，最重要的就是应该分清真性和伪性的两个部分，……在本质的意义上，在价值判断的平台上，荀子的性论与孟子的性善并没有什么不同，只是逻辑起点不一样罢了。孟子的逻辑起点在人性的真性部分，重视的是先天性，理想性；荀子的逻辑起点在人性的伪性部分，重视的是后天性，现实性。"（许建良：《先秦儒家的道德世界》，中国社会科学出版社2008年版，第447页）"孟子所收入性内的事情中，有为荀子所排诸性外的；孟子所排诸性外的事情中，有为荀子所收诸性内的。两家所说的性，取舍如此不同，其为两个不同的概念，自属当然。就两个不同的概念作相反的论断，不能谓为抵触。"（陈大齐：《孟子性善说与荀子性恶说的不相抵触》，载廖名春《荀子二十讲》，华夏出版社2009年版，第257页）

② 参见杨泽波《孟子性善论研究》，中国社会科学出版社1995年版，第214—216页。

③ 陈文洁：《荀子的辩说》，华夏出版社2008年版，第192页。

④ 罗根泽：《诸子考察》，人民出版社1958年版，第380页。

"人之性恶"与作为荀子思想系统主旨的"礼义"做整体性的考察之后,这一疑难问题即可迎刃而解。就是说,由于荀子目睹了战国乱世中人与人之间所发生的大量相互迫害的悲惨事件,同时他又认为"性善论"不仅不足以教育世人,而且更有可能在现实生活中导致负面结果,为了彰显"礼义"存在的必要性、落实"礼义"对于战国乱世的整合效用,所以他就极力倡言"人之性恶"。"'礼'既然是他的根本观念,则无论讲什么当然都要以礼为归宿,都要对礼是否有帮助。反对说性善,要说性恶,也不是因为别的,而是因为自他看来:'性善则去圣王、息礼义矣;性恶则与圣王、贵礼义矣。'这够明白了,他说性恶,反对说性有善,和孟子的说性善,反对性有善有恶,一样都是有目的的,都是有苦衷的。"① "在荀子,礼义是客观的,它代表善的标准;客观的礼义要发挥它的效用,即必须有一组恶的事实和它对应;即有能治能化者,必当有被治被化者,否则礼义即不得其用,礼义亦不足贵。须知隆礼义是荀学的根本宗旨,礼义是系统的绝对中心,是唯一的道;他的一切思想皆以符合此宗旨及完成此道的效用为依归。性恶之论,是荀子完成其道之效用的主要部分,故贵礼义必贱情性。由情性之贱,以证礼义之足贵;由情性之恶,以彰著礼义之为善。"② 从此可以看出,给予"人之性恶"命题以严密融洽的逻辑论证,这并不是荀子本人的理论旨趣,而其目标在于为"礼义"之起设施行提供具有"辨合""符验"③ 的必要前提。

### 三 "称情而立文":礼之必要的情感诉求

在中国古典哲学中,"情"是一个十分重要的概念,哲学家们往往把"情"与"性"放在一块加以讨论。先秦时期,"情"概念的理论内涵呈现多样性,既指事物自身的现实情况(实情),也指人自然本具的欲望

---

① 罗根泽:《诸子考察》,人民出版社 1958 年版,第 381 页。
② 韦政通:《荀子与古代哲学》,台湾商务印书馆 1992 年版,第 71—72 页。
③ "凡论者,贵其有辨合,有符验,故坐而言之,起而可设,张而可施行。今孟子曰:'人之性善。'无辨合符验,坐而言之,起而不可设,张而不可施行,岂不过甚矣哉!故性善则去圣王,息礼义矣;性恶则与圣王,贵礼义矣。"[《性恶篇》,(清)王先谦:《荀子集解》,中华书局 1988 年版,第 440—441 页]

（情欲），还指人的情感活动（喜、怒、哀、乐、好、恶），先秦之后，"情"概念便有了相对固定的理论内涵，即喜、怒、哀、乐、好、恶、欲，概而言之，"情"概念包含"情感"与"欲望"两部分，生活在这一时期的儒者们多以否定性的态度对待"情"，即或以礼抑情，或以性禁情，或以理灭情。在这里，本书主要考察《荀子》"情"概念的具体内涵，由此阐明荀子对待"情"的理论态度，从而揭示出其对"情""礼"关系的真实看法。

在《荀子》中，"情"字凡119见，除了《劝学》《仲尼》《富国》《臣道》《致士》《君子》《赋》《宥坐》《子道》《尧问》诸篇以外，其余各篇皆有"情"字出现，其中，"情性"连用凡18见，"性情"连用凡2见。①透过对《荀子》的梳理与研究，我们可知，"情"概念涵摄四种义项：（1）"情"指人的自然欲望，从这一内涵来看，"情"等价于"性"，这正是《荀子》把"情性"或"性情"连用的理论根据；（2）指客观事物的实际情况，即"情实"义；（3）指"好""恶""喜""怒""哀""乐"，即"情感"义；（4）指主体内在心理的真实状态，即"真诚"或"忠诚"义，与"伪"（虚假）相对而言。关于"情"概念的第一种义项，前文已做过具体说明，这里不再赘言，下面着重分析"情"概念的其余三种义项。

荀子以前，"情"概念主要用于指称客观事物的实际情况，质言之，即"情实"义，《荀子》保留了"情"概念的这一内涵：

故君子不下室堂而海内之情举积此者，则操术然也。②
古今异情，其所以③治乱者异道。④
夫义者，内节于人而外节于万物者也，上安于主而下调于民者

---

① "情""情性""性情"在《荀子》中的出现频次，是笔者根据以王先谦《荀子集解》为底本校对的《荀子》word电子版本统计而得出的结论。
② 《不苟篇》，（清）王先谦：《荀子集解》，中华书局1988年版，第49页。
③ "其所以"原作"以其"，依据王念孙的说法改定，参见（清）王先谦《荀子集解》，中华书局1988年版，第81页。
④ 《非相篇》，（清）王先谦：《荀子集解》，中华书局1988年版，第81页。

也。内外上下节者，义之情也。①

故错人而思天，则失万物之情。②

坐于室而见四海，处于今而论久远，疏观万物而知其情，参稽治乱而通其度，经纬天地而材官万物，制割大理，而宇宙理③矣。④

轻身而重货，恬祸而广解，苟免，不恤是非、然不然之情，以期胜人为意，是下勇也。⑤

在继承"情"概念原有内涵的基础上，荀子同时扩展了"情"概念的理论内涵，把"情"概念进一步规定为人的六种情感体验，即"好""恶""喜""怒""哀""乐"。

天职既立，天功既成，形具而神生，好恶、喜怒、哀乐藏焉，夫是之谓天情。⑥

夫民有好恶之情而无喜怒之应则乱。⑦

性之好、恶、喜、怒、哀、乐谓之情。⑧

性者，天之就也；情者，性之质也，欲者，情之应也。⑨

当人的形体与精神完全形成以后，好、恶、喜、怒、哀、乐便寄藏在其中。从根源处来看，这六种情感是天所赋予的结果，所以荀子将这种情感称作"天情"；而从情性关系来看，这六种情感还是人性的现实表现："情者，性之质也。"因此，陈鼓应先生曾指出的"考察先秦典籍，原始

---

① 《强国篇》，（清）王先谦：《荀子集解》，中华书局1988年版，第305页。
② 《天论篇》，（清）王先谦：《荀子集解》，中华书局1988年版，第317页。
③ "理"原作"里"，依据杨倞的说法改定，参见（清）王先谦《荀子集解》，中华书局1988年版，第397页。
④ 《解蔽篇》，（清）王先谦：《荀子集解》，中华书局1988年版，第397页。
⑤ 《性恶篇》，（清）王先谦：《荀子集解》，中华书局1988年版，第447—448页。
⑥ 《天论篇》，（清）王先谦：《荀子集解》，中华书局1988年版，第309页。
⑦ 《乐论篇》，（清）王先谦：《荀子集解》，中华书局1988年版，第381页。
⑧ 《正名篇》，（清）王先谦：《荀子集解》，中华书局1988年版，第412页。
⑨ 同上书，第428页。

儒家对'情'并无所涉,其所言'情'乃实之义,与感情无关"[1],显然是不合乎《荀子》原典实际情况的。

与人的六种情感活动相关联,"情"概念进一步用于指称主体内在心理的真实状态,即"真诚"或"忠诚"义,在《荀子》中,"情"概念的这一内涵同样有着许多用例。

> 体恭敬而心忠信,术礼义而情爱人,横行天下,虽困四夷,人莫不贵。[2]
>
> 身之所长,上虽不知,不以悖君,身之所短,上虽不知,不以取赏,长短不饰,以情自竭,若是,则可谓直士矣。[3]
>
> 君者,治辨之主也,文理之原也,情貌之尽也,相率而致隆之,不亦可乎![4]
>
> 下不欺上,皆以情言明若日。[5]
>
> 文貌情用,相为内外表里,礼之中焉。[6]

"礼义"是外在于人的可普遍化的规范系统,而"爱人"则是内在的主观状态,因此,我们将第一例中的"情"字解释为内在心理的真实状态,即"真诚",应该是可以成立的。第二例中的"情"与"直"内涵相同,"直"有不假修饰,直率而真诚的意思,"情"字亦如此,"长短不饰"便清楚说明了这一点。第三例与第五例中的"情"字,根据杨倞的注解,皆为"忠诚"义。第四例中的"下不欺上",昭示了主体间达成有效交往的真实不伪要求,而"皆以情言"则是要求交往双方("上"与"下")甘于表达自己内心的真实想法,建立相互尊重、相互信任的关系,可见,这里的"情"字含有忠诚而不欺骗之义。

---

[1] 陈鼓应:《〈太一生水〉与〈性自命出〉发微》,载陈鼓应《道家文化研究》第17辑(郭店楚简专号),生活·读书·新知三联书店1999年版,第405页。
[2] 《修身篇》,(清)王先谦:《荀子集解》,中华书局1988年版,第28页。
[3] 《不苟篇》,(清)王先谦:《荀子集解》,中华书局1988年版,第50页。
[4] 《天论篇》,(清)王先谦:《荀子集解》,中华书局1988年版,第374页。
[5] 《成相篇》,(清)王先谦:《荀子集解》,中华书局1988年版,第471页。
[6] 《大略篇》,(清)王先谦:《荀子集解》,中华书局1988年版,第497页。

从"情"概念的最后两种义项("情感""真诚")来看,荀子与郭店楚墓儒简①(尤其是《性自命出》)的作者表现出显著的共通性,即与荀子一样,在郭店楚墓儒简中,"情"概念也具有"情感"义②;但是,从概念外延来看,他们之间又存在一些差异,即荀子的"情"概念仅包括"好""恶""喜""怒""哀""乐"六种情感,而郭店楚墓儒简的"情"概念则相当丰富,主要涵盖这样六组相承相生的情感活动:"爱"→"亲"→"忠";"子"→"易"→"肆"→"容";"喜"→"乐"→"悲";"恶"→"怒"→"胜"→"惎"→"贼";"愠"→"忧"→"哀";"惧"→"慊"→"望"。③ 这些外显于客观世界的情感心理活动是人性接触到具体事物以后由内而外的自然流露,它们自身便内在地蕴含真实性("信")的特征,在这一意义上,"情"用于指称"人所本据的自然而真实的生命"④,"信,情之方也,情出于信"⑤ 即说明了这一点。也正因为如此,庞朴先生说:"这种唯情主义的味道,提醒我们注

---

① 1993年,湖北省荆门市郭店村战国墓葬出土了一批楚文字竹简,经专家们整理注释之后,这些文字竹简定名为《郭店楚墓竹简》,从学派归属上看,《郭店楚墓竹简》可分作两部分:道家著作两种四篇——《老子》三篇,《太一生水》一篇;儒家著作十一种十四篇——《缁衣》《鲁穆公问子思》《穷达以时》《五行》《唐虞之道》《忠信之道》《成之闻之》《尊德义》《性自命出》《六德》各一篇,《语丛》四篇。"郭店楚墓儒简",即是指《郭店楚墓竹简》中的儒家部分。

② 全面考察过郭店楚简论"情"字句之后,丁四新给出了如下论断:整部郭店简的"情"字义是统一的,"情"只表征"真实"义,而不具有"情感"义,"感情并不就是'情'本身,它也不过是用来呈现'情'的内在特性的";不仅郭店简"情"字无"情感"义,而且就连先秦儒家其他文献也同样如此(参见丁四新《论郭店楚简"情"的内涵》,《现代哲学》2003年第4期,第61—68页)。这一观点与陈鼓应先生所谓的"考察先秦典籍,原始儒家对'情'并无所涉,其所言'情'乃实之义,与感情无关"同出一辙。但本书不认同如上看法,仍然认为郭店楚简出现的"情"概念具有"情感"义,李零先生曾指出:"'情'是人的情感。它是'性'的流露或外部表现。……'喜怒哀悲之气'是'性',这种'气'见于外,成为'喜怒哀悲',则是'情'。"[《性》(原题《性自命出》),李零:《郭店楚简校读记》(增订本),北京大学出版社2002年版,第117页]

③ "爱生于性,亲生于爱,忠生于亲""子生于性,易生于子,肆生于易,容生于肆""喜生于性,乐生于喜,悲生于乐""恶生于性,怒生于恶,胜生于怒,惎生于胜,贼生于惎""愠生于性,忧生于愠,哀生于忧""惧生于性,慊生于惧,望生于慊"[《名数》(原题《语丛二》),李零:《郭店楚简校读记》(增订本),北京大学出版社2002年版,第169页]

④ 丁四新:《论郭店楚简"情"的内涵》,《现代哲学》2003年第4期,第64页。

⑤ 《性》(原题《性自命出》),李零:《郭店楚简校读记》(增订本),中国人民大学出版社2007年版,第138页。

意：真情流露是儒家精神的重要内容。真情流露就是率性。'率性之谓道'，后来《中庸》开篇的这第二句话，大概是应该以楚简的思想来解释，方才可以捉住要领的。"①

依照先秦儒家的理解，死亡是人生不容回避的重大事件。"养生者不足以当大事，惟送死可以当大事。"② "生者，人之始也；死者，人之终也，终始俱善，人道毕矣，故君子敬始而慎终。"③ 死亡问题之所以如此重要，即是因为它直接关乎老百姓的道德教化："慎终追远，民德归厚矣。"④ "终"是自然生命的终结与死亡，而"远"则是对死者的追思与祭祀，人们如果能够妥善地处置这两个方面（"慎终追远"），民德便自然地趋于淳厚。实际上，先秦儒家对于"三年之丧"的强调与持守，正是对"慎终追远"价值观念的对象化与制度化。关于坚守"三年之丧"的必要性，孔、孟、荀三人都曾给出了各自的理论解释。《论语·阳货》说：

> 宰我问："三年之丧，期已久矣。君子三年不为礼，礼必坏；三年不为乐，乐必崩。旧谷既没，新谷既升，钻燧改火，期可已矣。"子曰："食夫稻，衣夫锦，于女安乎？"曰："安。""女安则为之！夫君子之居丧，食旨不甘，闻乐不乐，居处不安，故不为也。今女安，则为之！"宰我出。子曰："予之不仁也！子生三年，然后免于父母之怀。夫三年之丧，天下之通丧也。予也有三年之爱于其父母乎？"⑤

《孟子·滕文公上》说：

> 孟子曰："不亦善乎！亲丧固所自尽也。曾子曰：'生事之以礼；

---

① 庞朴：《古墓新知——漫谈郭店楚简》，载《中国哲学》编委会《中国哲学》第20辑（郭店楚简研究），辽宁教育出版社2000年版，第11页。
② 《孟子·离娄下》，（宋）朱熹：《四书章句集注》，中华书局1983年版，第292页。
③ 《礼论篇》，（清）王先谦：《荀子集解》，中华书局1988年版，第358—359页。
④ 《论语·学而》，（宋）朱熹：《四书章句集注》，中华书局1983年版，第50页。
⑤ 《论语·阳货》，（宋）朱熹：《四书章句集注》，中华书局1983年版，第180—181页。

死葬之以礼，祭之以礼，可谓孝矣。'诸侯之礼，吾未之学也。虽然，吾尝闻之矣：三年之丧，齐疏之服，饘粥之食，自天子达于庶人，三代共之。"①

又说：

盖上世尝有不葬其亲者。其亲死，则举而委之于壑。他日过之，狐狸食之，蝇蚋姑嘬之。其颡有泚，睨而不视。夫泚也，非为人泚，中心达于面目。盖归反蔂梩而掩之。掩之诚是也，则孝子仁人之掩其亲，亦必有道矣。②

《荀子·礼论篇》说：

三年之丧何也？曰：称情而立文，因以饰群，别亲疏、贵贱之节而不可益损也③，故曰无适不易之术也。创巨者其日久，痛甚者其愈迟，三年之丧，称情而立文，所以为至痛极也；齐衰、苴杖、居庐、食粥、席薪、枕块，所以为至痛饰也。三年之丧，二十五月而毕，哀痛未尽，思慕未忘，然而礼以是断之者，岂不以送死有已，复生有节也哉！④

从个体的内在心理情感给予"三年之丧"以必要的理论说明，是先秦儒家（以孔、孟、荀为主要代表）所采取的共同路径：在孔子看来，子女从出生之日到免于父母怀抱，其间经历了三年时间，三年之丧就是子女对于父母这段恩情的回报。这既是人们应有的感情，也是丧礼的根源。与孔子不同，孟子的看法是：上世时期，人们没有埋葬死去亲人的丧礼；

---

① 《孟子·滕文公上》，（宋）朱熹：《四书章句集注》，中华书局1983年版，第252页。
② 同上书，第263页。
③ "称情而立文，因以饰群，别亲疏、贵贱之节而不可益损也"，原作："称情而立文，因以饰群别、亲疏、贵贱之节而不可益损也"，依据梁启雄的说法改定，参见梁启雄《荀子简释》，中华书局1983年版，第271页。
④ 《礼论篇》，（清）王先谦：《荀子集解》，中华书局1988年版，第372页。

但由于人是情感性的存在者，当他日路过弃置尸体的沟壑时，因不忍心见到其亲遭受狐狸吞食、蝇蚋叮咬，于是便返家取回蔂梩将尸体掩埋起来，三年之丧正是孝子仁人掩埋其亲之道，概言之，三年之丧是人之"仁心"的客观化呈现和制度化表达。相较于孔、孟而言，荀子关于三年之丧的解释则更具理论性，他认为，亲人生命终结、骤然离世之际，生者内心世界的悲痛哀伤程度必将有所流露，三年之丧就是依据人情之轻重而订立的礼文规范，其目的在于饰五服之群，分别亲疏、贵贱。实际上，这里的三年之丧由两部分元素构成，即是说，"至痛"是三年之丧的内在情感基础，"齐衰""苴杖""居庐""食粥""席薪""枕块"是三年之丧的外在文饰；三年之丧是生者向死者表达悲痛哀伤之情的最高礼文规范，也就是说，逮三年之丧（二十五月）结束以后，即使生者对死者的哀痛依旧未尽，思慕尚难忘怀，但是，按照三年之丧的既成规定，他们必须返回到日常的生活与工作中去，即"送死有已，复生有节"。这说明了，生者在向死者表达哀痛思慕之情的时候应该将其控制在合理的限度内，不能任由它们肆意地释放，三年之丧具有规约个体自然情感过度宣泄的意义。

礼不仅可以节制自然情感的过与不及，而且能够给予自然情感以积极的疏导与陶冶，"'礼'是人的冲动的圆满实现，是人的冲动的文明表达——不是一种剥夺人性或非人性化的形式主义"[①]，对此，荀子曾做过详细的阐发。

> 礼者断长续短，损有余，益不足，达爱敬之文，而滋成行义之美者也。故文饰、粗恶，声乐、哭泣，恬愉、忧戚，是反也，然而礼兼而用之，时举而代御。故文饰、声乐、恬愉，所以持平奉吉也；粗恶[②]、哭泣、忧戚，所以持险奉凶也。故其立文饰也，不[③]至于窕冶；其立粗恶也，不至于瘠弃；其立声乐恬愉也，不至于流淫惰慢；

---

[①] [美]赫伯特·芬格莱特：《孔子：即凡而圣》，彭国翔、张华译，江苏人民出版社2002年版，第6页。

[②] "粗恶"原作"粗衰"，依据王念孙的说法改定，参见（清）王先谦《荀子集解》，中华书局1988年版，第363页。

[③] 此处本无"不"字，依据文义增补。

其立哭泣哀戚也,不至于隘慑伤生:是礼之中流也。①

"礼者断长续短,损有余,益不足",揭示了礼在价值取向层面所蕴含的中庸精神("礼之中流"),而"其立文饰也,不至于窕冶;其立粗恶也,不至于瘠弃;其立声乐恬愉也,不至于流淫惰慢;其立哭泣哀戚也,不至于隘慑伤生",则是对礼的中庸精神的进一步展开。概言之,"礼是人们情感诉求的'中庸之道'"②。

除丧礼以外,与死亡问题紧密相连的另一礼文规范则是祭礼。荀子说:

> 祭者,志意思慕之情也。愅诡、唈僾而不能无时至焉。故人之欢欣和合之时,则夫忠臣孝子亦愅诡而有所至矣。彼其所至者甚大动也,案屈然已,则其于志意之情者惆然不嗛,其于礼节者阙然不具。故先王案为之立文,尊尊亲亲之义至矣。故曰:祭者,志意思慕之情也,忠信爱敬之至矣,礼节文貌之盛矣,苟非圣人,莫之能知也。圣人明知之,士君子安行之,官人以为守,百姓以成俗。其在君子,以为人道也;其在百姓,以为鬼事也。③

祭礼是生者向死者传达思慕之情的媒介。在履行祭礼的过程中,人的自然情感得到了理性化的表达和升华,即是说,"忠信爱敬"是祭礼的内在情感,而"礼节文貌"是祭礼的外在文饰,在内在情感与外在文饰熔铸一体的过程中,"尊尊亲亲之义"便得到了彰显。相对于孔子的"祭如在,祭神如神在"④来说,荀子淡化了祭礼的宗教性色彩,而扩充了其人文性意蕴,所以他指出说,君子把祭礼视为人道之事,而老百姓以为祭礼乃鬼神之事。

"称情而立文",是荀子在解释"三年之丧"的具体原因时所提出来

---

① 《礼论篇》,(清)王先谦:《荀子集解》,中华书局1988年版,第363—364页。
② 张奇伟:《荀子礼学思想简论》,《中国哲学史》2002年第2期,第104页。
③ 《礼论篇》,(清)王先谦:《荀子集解》,中华书局1988年版,第376页。
④ 《论语·八佾》,(宋)朱熹:《四书章句集注》,中华书局1983年版,第64页。

的命题。这一命题的提出虽然具有相对性，但是它包含了普遍性的理论意义，即它同样适用于说明"三年之丧"以外的其他礼文规范，也就是说，"礼者，是代表性情的一种仪式或形式也。婚是代表乐的一种形式，丧是代表哀的一种形式，祭是代表敬慕之情的形式，军是代表怒的一种形式，宾是代表喜的一种形式"①。在此意义上，马育良指出这是荀子论证"礼义"存在合理性与正当性的另一种思维进路，②只是相对于"性恶则与圣王，贵礼义矣"来说，"称情而立文"在荀子思想系统中处于边缘化的位置，与之相应，学术界对于这方面也就缺乏足够的理论关注。"称情而立文"中的"情"字，从狭义的层面来看，指生者对死者的哀痛思慕之情，从广义的层面来看，泛指人的所有自然情感；与"情"的以上内涵相应，"文"也存在两种理解，即从狭义的层面来看，"文"指依托哀痛思慕之情而订立的丧礼与祭礼，从广义的层面来看，"文"是指根据人的自然情感而制定的礼文规范。荀子这里所提出的人的自然情感是圣王制定礼文规范的内在心理根据的看法，显然与郭店楚简《物由望生》所说的"礼，因人之情而为之节文者也"③、《管子·心术上》所谓的"礼者，因人之情，缘义之理，而为之节文者也"④ 具有相似之处，而礼文规范一旦制定以后，它不仅可以节制、调适自然情感的释放，而且也能够疏导、陶冶自然情感的表达。总而言之，荀子所提出的"称情而立文"命题，包含两个方面的重要内容，即"礼出于情"与"礼制约情"。本书于此重点说明缘起层面的"礼出于情"，而功用层面的"礼制约情"则留待后文论述。尽管"称情而立文"在荀子思想系统中的理论地位并不十分突出，但是这一命题无疑展现了先秦儒家所倡导的人文主义精神："荀子比较细微地探讨了'性'与'情'的相关内容，特别是他从性恶的立场出发，对'情'的相关方面作了有深度的开掘与清理，重申了'情'的非理性、实然性的特征，他还重视发挥心之'有知''有义'的作用，在此基础上提出了'称情而立文'和'导欲''节欲'而中理的

---

① 刘子静：《荀子哲学纲要》，商务印书馆1937年版，第55页。
② 参见马育良《荀子对礼之存在合理性的另一种论证》，《孔子研究》1997年第3期。
③ 《物由望生》（原题"语丛一"），李零：《郭店楚简校读记》（修订版），北京大学出版社2002年版，第159页。
④ 《管子·心术上》，黎翔凤：《管子校注》，中华书局2004年版，第770页。

杰出思想。在中国古代思想文化史上,他比《性自命出》等儒家文献的作者更深入地阐释了人'情'对于礼文、对于音乐的决定作用。无疑,他的这些思想是精彩的,而且带有对孔子以来儒家重情思想和性情关系说进行总结的性质。这尤其体现在:它们充分地体现了先秦儒家所倡导的人文主义精神。"①张琳从"称情而立文"的后世影响,揭示了这一命题的理论意义:"荀子'称情立文'、'以情为本'的精神原则,对后世文化产生了深远影响。它使得后世的许多学者在探讨礼之缘起的心理依据时,大体遵循了荀子的思路和观点,并逐渐形成了'缘人情而制礼','礼以情为本'的正规理念,如《史记·礼书》:'余至大行礼官,观三代损益,乃知缘人情而制礼,依人性而作仪,其所由来尚矣。'郑樵《礼经奥旨·礼以情为本》:'礼本于人情,情生而礼随之。……何谓之礼本?本情而已。'均是导渊于荀子的'称情而立文'。"②

## 第二节 "人生不能无群":礼之必要的群体向度

### 一 "群"概念之意涵

"群"是荀子思想系统的又一个重要概念,是人区别于动物的本质属性,是人的社会性存在方式,《荀子》凡52见③,其内涵具有多义性,如表1—1所示:

表1—1　　　　　　　《荀子》中"群"之含义

| 词性 | 含义 | 示例 |
| --- | --- | --- |
| 动词 | 成群,合群 | "力不若牛,走不若马,而牛马为用,何也?曰:人能群,彼不能群也。人何以能群?曰:分。分何以能行?曰:义。"④ |

---

① 马育良:《中国性情论史》,人民出版社2010年版,第129页。
② 张琳:《荀子三论》,博士学位论文,复旦大学,2003年,第28页。
③ "群"字在《荀子》中的出现频次,是笔者以王先谦《荀子集解》为底本校对的《荀子》电子稿版本统计而得出的结论。
④ 《王制篇》,(清)王先谦:《荀子集解》,中华书局1988年版,第164页。

续表

| 词性 | 含义 | 示例 |
| --- | --- | --- |
| 动词 | 聚集，汇合 | "若夫总方略，齐言行，一统类，而群天下之英杰而告之以大古，……是圣人之不得势者也，仲尼、子弓是也。"① |
| 名词 | 动物群体 | "鼋鼍、鱼鳖、鳅鳣以时别，一而成群，……可以相食养者不可胜数也。"② |
| 名词 | 人类群体 | "三年之丧何也？曰：称情而立文，因以饰群，别亲疏、贵贱之节而不可益损也，故曰无适不易之术也。"③ |
| 量词 | 众多 | "故率其群徒，辨其谈说，明其譬称，将使人知情之欲寡④也。"⑤ |

透过上文分析，我们可以看出："群"在《荀子》中除了用于称谓动物自然界的两处用例以外⑥，其余几层含义均用于指称人类社会，也就是说，"贯穿于这些涵义之中同样也有一个基本的线索，即所谓群乃是由人汇集而成的"⑦。在荀子看来，"能群"是人区别于动物的本质特征之一，它是人类在实践活动过程中所造就的构筑社会群体的能力，而低等动物及植物并不具备这一能力。尽管荀子也指出了"鼋鼍、鱼鳖、鳅鳣"之类的动物同样能够"一而成群"，但是它们只是一种"本能的联系"，"畜群，鱼群，鸟群，就其形成松散的集合体而言，并非由于一种属于家庭

---

① 《非十二子篇》，（清）王先谦：《荀子集解》，中华书局1988年版，第95—97页。
② 《富国篇》，（清）王先谦：《荀子集解》，中华书局1988年版，第184页。
③ 《礼论篇》，（清）王先谦：《荀子集解》，中华书局1988年版，第372页。
④ "情之欲寡"原作"情欲之寡"，依照王念孙的说法改定，参见（清）王先谦《荀子集解》，中华书局1988年版，第344页。
⑤ 《正论篇》，（清）王先谦：《荀子集解》，中华书局1988年版，第344页。
⑥ "草木畴生，禽兽群焉，物各从其类也。"[《劝学篇》，（清）王先谦：《荀子集解》，中华书局1988年版，第7页]"鼋鼍、鱼鳖、鳅鳣以时别，一而成群，然后飞鸟凫雁若烟海，然后昆虫万物生其间，可以相食养者不可胜数也。"[《劝学篇》，（清）王先谦：《荀子集解》，中华书局1988年版，第185页]
⑦ 储昭华：《明分之道——从荀子看儒家文化与民主政道融通的可能性》，商务印书馆2005年版，第187页。

的生理机能的发展而产生。这些畜群表现出来的联系我们可称之为'本能的联系',这是指,这些动物聚在一起并且从彼此之间得到一种继续其自身活动的刺激"①,所以"荀子所谓的'群',绝非乌合之众,而是一个有着共同价值追求的个体人所组成的有序的群体社会,是在人的礼义化的基础之上人们彼此所结成的一种社会关系"②,也正因为如此,刘泽华所指出的"'群'是人的本能和原生就有的"③ 偏离了荀子"群"概念的原有内涵,这是他对荀子"群"概念的错误理解。

## 二 "人生不能无群":群何以必要的生存论考察

按照荀子的理解,人类不仅拥有构筑社会群体的能力("能群"),而且注定必须过群居性的社会生活,即"人生不能无群"④,在这一意义上,"人的存在从来都不能仅仅是个体的存在,而只能是群体存在,可以说,人的基本存在论原则是:共存是任一存在的条件"⑤。既然主体间的有序共在("群")是人类个体生存和发展的不可或缺的必要条件,那么,为什么唯有依靠主体间的有序共在才能够保证人类个体感性生命的生存和发展呢?也就是说,社会群体何以必要?这是荀子必须思考的重要问题。在他看来,人类个体之所以需要社会群体,主要有以下两个方面的原因:

首先,人类个体的有限性决定了社会群体存在的必要性。为了增强人类改造自然界的实践能力,构筑和谐而有序的社会群体,无疑是明智而必然的选择。

> 力不若牛,走不若马,而牛马为用,何也?曰:人能群,彼不能群也。人何以能群?曰:分。分何以能行?曰:义。故义以分则和,和则一,一则多力,多力则强,强则胜物,故宫室可得而居也。

---

① [美]乔治·赫伯特·米德:《心灵、自我与社会》,赵月瑟译,上海译文出版社1992年版,第211页。
② 丁成际:《"群居和一"如何可能——荀子群论思想研究》,博士学位论文,华东师范大学,2007年,第3页。
③ 刘泽华:《中国政治思想史》(先秦卷),浙江人民出版社1996年版,第207页。
④ 《王制篇》,(清)王先谦:《荀子集解》,中华书局1988年版,第164页。
⑤ 赵汀阳:《荀子的初始状态理论》,《社会科学战线》2007年第5期,第10页。

故序四时，裁万物，兼利天下，无它故焉，得之分义也。故人生不能无群，群而无分则争，争则乱，乱则离，离则弱，弱则不能胜物，故宫室不可得而居也，不可少顷舍礼义之谓也。①

在强大的自然界面前，人类个体的某些自然禀赋是相当有限的，在力量强度上，人比不上牛；在奔跑速度上，人也赶不上马；但是，"人能群，彼不能群"，所以牛、马照样可以供人类所驱使。有限的人类个体一旦凝聚成同心同德、协力合作的社会群体，就变得强大有力，增强了他们改造自然界的实践能力，即"和则一，一则多力，多力则强，强则胜物，故宫室可得而居"。从改造自然界这一意义来看，确如荀子所言"人生不能无群"。如果人类个体生活在无序化的社会群体（"群而无分"）中，这将会是另一种完全不同的社会图景，即是说，个体之间互相争夺，争夺引发社会混乱，混乱诱使人心离散，人心离散导致群体力量削弱，群体力量削弱也就无法战胜自然物，虽有宫室仍难以安乐地居住。在这里，荀子从正、反两个方面确证了主体间的有序共在（"群"）在人类改造自然界过程中所起到的重大作用，应该说，这是对孔、孟群体原则的进一步延伸："孟子所注重的群体，更多地表现为一种伦理结构，而在荀子那里，群体首先是一种征服自然并使人得以存在的社会组织形式。如果说，孟子将群体提升到一个引人注目的地位，那么，荀子则使群体的内涵得到了拓展。"②

其次，组建和谐而有序的社会群体，是人类个体确保感性生命存在与发展的必然而合理的途径。作为现实生活世界中的实践主体，人类不只是道德性的精神存在，同时也是感性的生命存在："义与利者，人之所两有也。"③ 与孔、孟过分关注于人之道德价值有所不同，荀子将人类个体的感性生命价值提高到相当重要的地位："人莫贵乎生，莫乐乎安。"④他甚至指出，为了保全自我生命的需要，人类个体可以随机应变，委曲

---

① 《王制篇》，（清）王先谦：《荀子集解》，中华书局1988年版，第164—165页。
② 杨国荣：《孟子的哲学思想》，华东师范大学出版社2009年版，第67页。
③ 《大略篇》，（清）王先谦：《荀子集解》，中华书局1988年版，第502页。
④ 《强国篇》，（清）王先谦：《荀子集解》，中华书局1988年版，第299页。

求全，顺从暴君之意："事暴君者，有补削，无挢拂。迫胁于乱时，穷居于暴国，而无所避之，则崇其美，扬其善，违其恶，隐其败，言其所长，不称其所短，以为成俗。"① 正因为如此，杨国荣认为荀子已近乎乡愿。② 作为以感性生命为存在形态的人类个体，他首先具有多样性的物质需要："食欲有刍豢，衣欲有文绣，行欲有舆马，又欲夫余财蓄积之富也，然而穷年累世不知足"③、"目好色，耳好听，口好味，心好利，骨体肤理好愉佚"④，同时由于人类个体所掌握到的才能各有所长，擅长一技，不能兼擅他技，担任一职，不能兼任他职，如果离群索居而互不依靠的话，农夫就不能够买到耕田的农具，工人、商贾也就难以享用到美味的食物，反之，如果群居在一起而没有名分规定的话，人们就会各逞其欲，陷入纷争。基于此，为了合理满足个体感性生命的各种物质需要，人类社会就应该构筑合理的行业体系，积极而充分地发展农业、手工业、商业。

> 故百技所成，所以养一人也。而能不能兼技，人不能兼官，离居不相待则穷，群居而无分则争。⑤
>
> 类不可两也，故知者择一而一焉。农精于田而不可以为田师，贾精于市而不可以为市师，工精于器而不可以为器师。有人也，不能此三技而可使治三官，曰：精于道者也，非⑥精于物者也。⑦

为了满足人类个体的各种物质需要，使得感性生命持续而健康地存在与发展，这就要求人们构筑和谐而有序的社会群体，保证社会成员之间分工有序，各司其职，即"农精于田""贾精于市""工精于器""君子精于道"，也正因为如此，荀子说："百技所成，所以养一人也。"就强调社会分工的重要性来看，孟子与荀子之间具有相通之处。在批判许行所提

---

① 《臣道篇》，（清）王先谦：《荀子集解》，中华书局1988年版，第251—252页。
② 杨国荣：《善的历程——儒家价值体系研究》，上海人民出版社2006年版，第83页。
③ 《荣辱篇》，（清）王先谦：《荀子集解》，中华书局1988年版，第67页。
④ 《性恶篇》，（清）王先谦：《荀子集解》，中华书局1988年版，第438页。
⑤ 《富国篇》，（清）王先谦：《荀子集解》，中华书局1988年版，第176页。
⑥ 此处本无"非"字，依据俞樾的说法增补，参见（清）王先谦《荀子集解》，中华书局1988年版，第399页。
⑦ 《解蔽篇》，（清）王先谦：《荀子集解》，中华书局1988年版，第399页。

倡的"贤者与民并耕而食，饔飧而治"①的思想观点时，孟子同样强调了社会分工（"劳心者"与"劳力者"的分别）在社会生活中的必要性，他说："然则天下独可耕且为与？有大人之事，有小人之事。且一人之身而百工之所为备。如必自为而后用之，是率天下而路也。故曰：或劳心，或劳力；劳心者治人，劳力者治于人；治于人者食人，治人者食于人：天下之通义也。"②不过，从他们对于社会分工所论述的深刻性与系统性来看，荀子远高于孟子。此外，人们交换、互通自然资源及各类产品的现实需要，也突出了社会职业分工的重要意义。

> 北海则有走马吠犬焉，然而中国得而畜使之；南海则有羽翮、齿革、曾青、丹干焉，然而中国得而财之；东海则有紫、绤、鱼、盐焉，然而中国得而衣食之；西海则有皮革、文旄焉，然而中国得而用之。故泽人足乎木，山人足乎鱼，农夫不斲削、不陶冶而足械用，工贾不耕田而足菽粟。③

"泽人""山人""农夫""工贾"之所以"足乎木""足乎鱼""足械用""足菽粟"，正是因为他们彼此交换产品所造成的结果。人类个体唯有组建和谐而有序的社会群体，构筑"人载其事而各得其宜"的分工系统，加强阶层与阶层之间、个体与个体之间的社会交往，彼此互通有无，才能满足多样性的物质需要，从而实现美好的幸福生活，"在荀子这里，道德（礼义）对于人类生活之所以是必要的，就在于它保护人类使其不相互侵犯，从而使人类作为一种族群能够拥有一种超出动物水平之上的'好生活'"④。

## 三 "制礼义以分之"：群何以可能的制度前提

如前所述，"人生不能无群"揭示了主体间的有序共在（"群"）对

---

① 《孟子·滕文公上》，（宋）朱熹：《四书章句集注》，中华书局1983年版，第258页。
② 同上。
③ 《王制篇》，（清）王先谦：《荀子集解》，中华书局1988年版，第161—162页。
④ 王楷：《天然与修为——荀子道德哲学的精神》，北京大学出版社2011年版，第33页。

于人类个体的必要性：一方面，人类个体在某些自然禀赋上是相当有限的，"力不若牛，走不若马"，为了增进改造自然界的实践能力，他们就必须构筑分工有序而各得其宜的社会群体；另一方面，感性生命是人类个体赖以存在的生理基础，这就决定他们有着各种各样的物质需要，为了维系个体感性生命的存在和发展，我们同样需要建立和谐而有序的社会群体。既然主体间的有序共在对人类个体具有如此重要的功利性价值，构筑和谐而有序的社会群体，便成为荀子不得不思考的理论问题。对此，荀子所给予的解决方案就是，制定客观的礼义规范，确立社会成员之间的分界与边际（名分、职分），所以他说："人何以能群？曰：分。分何以能行？曰：义。"①

"分"是人类构筑和谐而有序的社会群体的必要前提，而"分"之所以能够确立缘于"礼义"的存在。荀子曾明确揭示了"分"与"群"的内在联系：唯有"明分"才能"使群"。

> 万物同宇而异体，无宜而有用为人，数也。人伦并处，同求而异道，同欲而异知，生也。皆有可也，知愚同；所可异也，知愚分。势同而知异，行私而无祸，纵欲而不穷，则民心奋而不可说也。如是，则知者未得治也，知者未得治则功名未成也，功名未成则群众未县也，群众未县则君臣未立也。无君以制臣，无上以制下，天下害生纵欲。欲恶同物，欲多而物寡，寡则必争矣。故百技所成，所以养一人也。而能不能兼技，人不能兼官，离居不相待则穷，群居而无分则争。穷者患也，争者祸也，救患除祸，则莫若明分使群矣。强胁弱也，知惧愚也，民下违上，少陵长，不以德为政，如是，则老弱有失养之忧，而壮者有分争之祸矣。事业所恶也，功利所好也，职业无分，如是，则人有树事之患，而有争功之祸矣。男女之合，夫妇之分，婚姻娉内送逆无礼，如是，则人有失合之忧，而有争色之祸矣。故知者为之分也。②

---

① 《王制篇》，（清）王先谦：《荀子集解》，中华书局1988年版，第164页。
② 《富国篇》，（清）王先谦：《荀子集解》，中华书局1988年版，第175—177页。

在这段话中，荀子首先描绘了"群而无分"所带来的三个方面的严重危害：（1）"强胁弱""知惧愚""民下违上""少陵长"且"不以德为政"，则"老弱有失养之忧，而壮者有分争之祸"；（2）"职业无分"，则"人有树事之患，而有争功之祸"；（3）"婚姻娉内送逆无礼"，则"人有失合之忧，而有争色之祸"。然后，在以上分析的基础之上，他指出了解决这些社会问题和政治问题的可行性方案："知者为之分。"也就是说，先王或圣人必须确立起社会成员的各种名分及职分，唯有如此，才能拯救"离居不相待"所导致的穷困忧患，消除"群居而无分"所诱发的纷争祸端："救患除祸，则莫若明分使群矣。"所以说："无分者，人之大害也；有分者，天下之本利也。"[1] 可见，荀子所理解的社会观，不仅强调"群"同时也注重"分"，没有"群"的存在，人类个体便难以存续下去，而没有"分"的存在，人类个体之间也就纷争不止："离居不相待则穷，群居而无分则争。"

应该说，荀子这里所表达的群己观与西方社群主义思潮有着某种程度的亲缘性和互通性。众所周知，"社群优先于个体""善优先于权利"是社群主义的根本共识。尽管社群主义强调公共利益对于个体权利的优先性，但这并非意味着社群主义摒弃个体权利的合理满足，而是主张通过增进公共利益的途径来合理地满足个体权利，他们所要反对的只是自由主义的"非历史主义"的理论预设，即"人的观念、普遍主义和个人主义"[2]。在荀子这里，"礼义"一方面代表了社会群体的公共利益，另一方面又能"养人之欲，给人之求"，这就意味着社会公利与个体权利是同步发展的，群体与个体表现为一种协调的关系："荀子对个体（自我）与群体的关系作了具体的规定，一方面，个体的存在以群体的建构为前提，只有在群体之中，个体才能充分发挥自己的作用并实现各自的价值；另一方面，合群又以个体的合理定位为条件，群与己表现为一种协调的关系。"[3] 从这方面来看，郝大维、安乐哲在《先贤的民主：杜威、孔子与中国民主之希望》中所给定的论断"中国人对权利的社群主义的理解

---

[1] 《富国篇》，（清）王先谦：《荀子集解》，中华书局1988年版，第179页。
[2] 姚大志：《社群主义的自由主义批判》，《厦门大学学报》2011年第3期，第96页。
[3] 杨国荣：《孟子的哲学思想》，华东师范大学出版社2009年版，第68页。

会走向促进社会的利益,而不是促进个人的权利"①,似乎并不适用于荀子,因为"礼义本身并没有否定人的基本欲望的满足,所以,这里的礼义可以说与人的欲望处在相得益彰的关系里"②。储昭华关于荀子"人"概念的独特解读,同样指出了个人与社会之间的互融性而非对峙性:"荀子对人的认识中已具有并显现出个人概念的萌芽与倾向,这种个人概念本身就不完全属于所谓'无牵无挂的原子式个人'的范畴,而是整体背景下的现实的、社会化的个人,它与天地相参,与自然万物相通,处于与他人、群体的关系网络之中。它有别于儒家主流的人的概念的最大特质在于,这个'结点'具有自己的实体化的个体性,而不为家族和整体所消融。"③ 同时,我们又必须说明的是,荀子与社群主义者之间尽管有着一定程度上的互通性,但这只具有相对的理论意义,他们之间也存在着重大的理论分歧,即在社群主义者看来,社群成员在地位上独立而平等,具有"公民意识";而在荀子这里,个体则处在壁垒森严的等级格局中,具有"臣民意识":"群体主要被理解为一种等级结构(贵贱之等),而个体则相应地表现为贵贱之等中的一员,换言之,个体基本上被定位于等级序列中,而不是真正以主体(具有独立人格的自我)的形式出现:所谓'人载其事',着重的即是个体在等级结构中的具体职能。"④

此外,荀子还从天地上下有别的角度论证了社会等级存在的必然性与正当性,认为先王依靠所制定的"礼义"将人类个体划分为不同的社会阶层,确立起"贫富贵贱"的差等格局,是治理天下的根本路径。

> 分均则不偏,势齐则不一,众齐则不使。有天有地而上下有差,明王始立而处国有制。夫两贵之不能相事,两贱之不能相使,是天数也。势位齐而欲恶同,物不能澹则必争,争则必乱,乱则穷矣。先王恶其乱也,故制礼义以分之,使有贫富贵贱之等,足以相兼临

---

① [美]郝大维、安乐哲:《先贤的民主:杜威、孔子与中国民主之希望》,何刚强译,江苏人民出版社2004年版,第143页。
② 许建良:《先秦儒家的道德世界》,中国社会科学出版社2008年版,第423页。
③ 储昭华:《明分之道——从荀子看儒家文化与民主政道融通的可能性》,商务印书馆2005年版,第209页。
④ 杨国荣:《善的历程——儒家价值体系研究》,上海人民出版社2006年版,第84页。

者，是养天下之本也。《书》曰："维齐非齐。"此之谓也。①

在自然界中，苍天运行于上，大地载物于下，天地之间的界限极其明朗："有天有地而上下有差"；与此相应，社会政治领域也应该像自然界那样存有贫富贵贱的等级差别（"贫富贵贱之等"），正因为如此，所以"贫富贵贱之等"是"自然法"即"天数"："两贵之不能相事，两贱之不能相使，是天数也""少事长，贱事贵，不肖事贤，是天下之通义也"②。在荀子看来，社会秩序的"礼义"与自然秩序的"天数"具有同构性，这与《周易》所说的"上天下泽，履，君子以辨上下，定民志"③表现出近似的思维进路，应该说，这是中国古典哲学"天人合一"思维模式的具体体现。④ 此外，社会政治领域之所以存在"贫富贵贱之等"，还缘于荀子的如下考虑：个体欲望欲多而不欲寡，同时自然物又相对稀缺，而且"人的存在从来都不能仅仅是个体的存在，而只能是群体存在"⑤，因而当有限的自然物无法满足无限的自然欲望时，人与人之间势必相互争夺，争夺必然导致混乱，混乱诱发穷困。为了解决无限的个体欲望与有限的自然物之间的矛盾，进而实现拨乱反正、消除穷困的社会政治目的，先王制定"礼义"，给人类个体设置规范化的等级名分，规定物质分配的标准与界限，就是一种合乎理智的必然选择。在《礼论篇》中，荀子曾表达过类似的看法。

> 礼起于何也？曰：人生而有欲，欲而不得，则不能无求；求而无度量分界，则不能不争；争则乱，乱则穷。先王恶其乱也，故制礼义以分之，以养人之欲，给人之求。使欲必不穷于物，物必不屈于欲。两者相持而长，是礼之所起也。⑥

---

① 《王制篇》，（清）王先谦：《荀子集解》，中华书局1988年版，第152页。
② 《仲尼篇》，（清）王先谦：《荀子集解》，中华书局1988年版，第113页。
③ （魏）王弼著，楼宇烈校释：《王弼集校释》，中华书局1980年版，第272页。
④ 关于社会秩序与自然秩序、天秩论与礼论的统一性，刘丰曾做过详细的理论说明，参见刘丰《先秦礼学思想与社会的整合》，中国人民大学出版社2003年版，第252—263页。
⑤ 赵汀阳：《荀子的初始状态理论》，《社会科学战线》2007年第5期，第10页。
⑥ 《礼论篇》，（清）王先谦：《荀子集解》，中华书局1988年版，第346页。

"目好色,耳好听,口好味,心好利,骨体肤理好愉佚"①,这些都是人与生俱来的自然欲望,如果它们得不到合理的满足,人们就会向外部世界竭力地索取,在索取的过程中,如果缺少行为规范的约束与引导,势必诱发恶性的连锁反应,即纷争→混乱→困窘。因此,为了铲除这些不良的社会后果,"养人之欲,给人之求",保障无限欲望与有限物之间的"相持而长"("欲必不穷于物,物必不屈于欲"),于是,先王制定了"礼义"。先王凭借所制定的"礼义"将社会成员划分为不同的社会等级,规定了社会等级的权利和义务,如此,社会成员就可以各安其位、各司其职,然后再根据他们功劳大小分配适宜的谷禄。这就是"群居和一之道"。在这里,"礼义"是一个功能性的概念,其直接目标在于构筑"群居和一"的理想社会,而后,人类个体就可以借助于"群居和一"的理想社会合理地满足各个方面的物质需要,从而保证了感性生命的存在与发展,这是"礼义"的间接目标。如果不存在"群居和一"的理想社会,人类个体的自然欲望就难以得到合理的满足与实现,因此说:"荀子虽然强调个体要保存生命,而个体生命的价值是存在于群体之中的,个体最终以'群居和一之道'为指向的,儒家注重群体的整体主义思想在荀子这里得到进一步强化。"② 不难看出,构筑"群居和一"的理想社会正是先王制定"礼义"所指向的社会关怀,在这一意义上,荀子将"礼义"视为"群居和一之道",也就是说,"礼义"的起源和"群居和一"理想社会的构筑是紧密联系在一起的,"只要政治共同体存在,礼就是不可或缺的;只有实行礼,政治共同体才可能完整"③。

综括上文,我们不难看出:"人生不能无群"的群论在荀子思想系统中占据十分重要的理论地位。如前所述,构筑社会群体的能力("能群")是人之所以为人的本质属性,人类个体应该始终生活在相互依赖的社会关系中,不能离群索居而独自过"鲁滨逊"式的生活。而人生之所以不能无群,荀子主要出于这样两个方面的考虑:(1)变革自然

---

① 《性恶篇》,(清)王先谦:《荀子集解》,中华书局1988年版,第438页。
② 丁成际:《"群居和一"如何可能——荀子群论思想研究》,博士学位论文,华东师范大学,2007年,第97页。
③ 陈文洁:《荀子的辩说》,华夏出版社2008年版,第77页。

世界的需要。在自然世界面前，人类个体相当软弱，为了能够形成与自然世界相互抗衡的强大力量，他们必然要凝聚成和谐有序的社会群体，唯有如此，才能够实现"序四时，裁万物，兼利天下"①的宏远目标。（2）维系感性生命存续的需要。感性生命是人类个体存在与发展的生理基础，它的欲求具有多样性，需要各种产品的满足，然而，由于人类个体各有专长，不能兼通数种技能，也无法兼任诸多官职，所以通过分工与合作这一中介构筑起"使人载其事而各得其宜"②的和谐社会，就是一种必然的选择。在此基础上，荀子进一步揭示了构筑"群居和一"的理想社会的必要条件"明分"，而"分"之所以能够得到贯彻落实则依赖于先王所制定的"礼义"，在这一意义上，"礼义"就是"群居和一之道"。质言之，先王制定"礼义"的逻辑理路便是：自然欲望→"人生不能无群"→"礼义"。在荀子这里，社会层面的"礼义"论证体现了儒家追求道德秩序与社会秩序相一致的理论宗旨，不过，与孔、孟相比较而言，"荀子抓住人类生活的根本特点——'能群'来论证礼义道德的作用，这在理论上比较以往儒家确要高出一筹"③。另外，还必须指出的是，尽管荀子从人类群居生活维度系统论证了"礼义"产生的必然性与正当性，但这只是一种逻辑层面的理论构想，"他对政治共同体的产生和礼之起源的说明，都不能看作对历史事实的描述，也很难视为他关于历史的'由衷的'的看法，而只能理解为他并不关心或有意地忽视礼的真实起源"④。这一观点符合荀子本有之义："凡礼，事生，饰欢也；送死，饰哀也；祭祀，饰敬也；师旅，饰威也：是百王之所同，古今之所一也，未有知其所由来者也。"⑤ 荀子之所以选择不从历史层面而从个体欲望与社会需要层面考察礼的起源问题，按照韦政通先生的理解，这或许源于他的经验性格："荀子不从历史的观点去追溯这问题，显然是因为这问题要从远古去寻求答案，那永远将只是一种揣测，这答案是无法征实的。因此对礼的起源问题的探索，就直接从人的自然情欲，和先王

---

① 《王制篇》，（清）王先谦：《荀子集解》，中华书局1988年版，第164页。
② 《荣辱篇》，（清）王先谦：《荀子集解》，中华书局1988年版，第70页。
③ 朱贻庭：《中国传统伦理思想史》，华东师范大学出版社2003年版，第145页。
④ 陈文洁：《荀子的辩说》，华夏出版社2008年版，第78—79页。
⑤ 《礼论篇》，（清）王先谦：《荀子集解》，中华书局1988年版，第369页。

求治的心理，去找它的根源，这方面只要人人当下反求，即可予以征实。"①

## 第三节 圣王制礼及其客观根据

### 一 "礼莫大于圣王"

按照荀子的理解，人性是"自然之天"赋予人类的"生之所以然者"②，而"自然之天"是非价值意义的实然存在，无善亦无恶，所以源于"自然之天"的人性同样是没有善恶可言的。显然，在荀子这里，"礼义"的价值根源既不能奠基在自然天地中，又无法安顿在人的心性中，所以牟宗三先生说荀子存在"本源不清"的问题，即只知气质人欲为天生之人性，而不知照体独立内在于性分之意义。③既然如此，那么"礼义"的价值根源又该落实在哪里呢？劳思光先生曾概括了价值根源的三种归宿：（1）归于"心"，即归于主体性；（2）归于"天"，分作两类：非人格化之"天"与人格化之"天"；（3）归于形躯，即归于"利"。由此他便指出："今荀子所论之价值根源，既不能归于'心'，又不归于非人格化之'天'，则所余出路，在理论上仅有二可能，一是归于形躯，以'利'为价值之本义，另一则是归于权威。"④与孔、孟相比较而言，荀子确证了自然欲望的客观性和正当性，从而抬高了个体感性生命的理论地位，但是，他在价值观上仍然延续着儒家以义制利的价值取向，"先义而后利者荣，先利而后义者辱"⑤、"保利弃义谓之至贼"⑥、"义克利者为治世，利克义者为乱世"⑦即清楚地说明了这一点。概而言之，义高于利，以义制利，是荀子义利观的主要观点。显然，"利"在荀子这里根本不可能成为"礼义"的价值根源，如此，剩下的唯一出路就只能是把

---

① 韦政通：《荀子与古代哲学》，台湾商务印书馆1992年版，第191页。
② 《正名篇》，（清）王先谦：《荀子集解》，中华书局1988年版，第412页。
③ 有关荀子"本源不清"的详细说明，参见牟宗三《名家与荀子》，台湾学生书局1979年版，第216—217页。不过，牟宗三先生在这里似乎犯了以孟子苛责荀子的错误。
④ 劳思光：《新编中国哲学史》，广西师范大学出版社2005年版，第257页。
⑤ 《荣辱篇》，（清）王先谦：《荀子集解》，中华书局1988年版，第58页。
⑥ 《修身篇》，（清）王先谦：《荀子集解》，中华书局1988年版，第24页。
⑦ 《大略篇》，（清）王先谦：《荀子集解》，中华书局1988年版，第502页

"礼义"的价值根源推向超绝于一般人的权威人物,在荀子看来,这种权威人物就是"圣人"或"圣王":"礼义者,圣人之所生也,人之所学而能,所事而成者也。"① "辨莫大于分,分莫大于礼,礼莫大于圣王。"②

"圣人"拥有最高的仁德和智慧,但是没有获得尊贵的政治权位,而"圣王"则是"圣人"和"君王"的合一,精通治国之道,也就是说,"圣王"既拥有最高的仁德和智慧,又身居国家政治权力的最高层(君王)。荀子说:

> 若夫总方略,齐言行,壹统类,而群天下之英杰而告之以大古,教之以至顺,奥窔之间,簟席之上,敛然圣王之文章具焉,佛然平世之俗起焉,六说者不能入也,十二子者不能亲也,无置锥之地而王公不能与之争名,在一大夫之位则一君不能独畜,一国不能独容,成名况乎诸侯,莫不愿以为臣,是圣人之不得势者也,仲尼、子弓是也。一天下,财万物,长养人民,兼利天下,通达之属,莫不从服,六说者立息,十二子者迁化,则圣人之得势者,舜、禹是也。③

仲尼、子弓"无置锥之地",是"圣人之不得势者",而舜、禹是"圣人之得势者",也就是"圣王"。在荀子这里,"圣王"还可以进一步区分为"先王"和"后王"。就一般情况而言,学者们大多喜欢以"法先王"和"法后王"为标准来判断孟子和荀子的分际,简单地认为孟子主张"法先王",而荀子倡导"法后王"。"先王之乐"和"先王之道",是孟子所向往并且追寻的政治价值理念,但他从来没有提及过"后王",更不用说"法后王"了,所以,孟子主张"法先王"的论断是可以成立的。然而,如果认为荀子倡导"法后王"则意味着拒绝"法先王",那么,这显然是值得商榷的。实际上,荀子所反对的只是子思和孟子的"略法先王而不知其统",而不是从一般意义上否定"法先王"。

---

① 《性恶篇》,(清)王先谦:《荀子集解》,中华书局1988年版,第435页。
② 《非相篇》,(清)王先谦:《荀子集解》,中华书局1988年版,第79页。
③ 《非十二子篇》,(清)王先谦:《荀子集解》,中华书局1988年版,第95—97页。

> 略法先王而不知其统，犹然而材剧志大，闻见杂博。案往旧造说，谓之五行，甚僻违而无类，幽隐而无说，闭约而无解。……子思唱之，孟轲和之，世俗之沟犹瞀儒，嚾嚾然不知其所非也，遂受而传之，以为仲尼、子游为兹厚于后世，是则子思、孟轲之罪也。①

荀子非但不菲薄、反对"法先王"，而且明确主张人们应当学习先王、效法先王，只不过，他强调在学习和效法先王的具体过程中人们必须知晓其纲领原则（"统"）而已。

> 法先王，顺礼义，党学者，然而不好言，不乐言，则必非诚士也。故君子之于言也，志好之，行安之，乐言之。②
> 儒者法先王，隆礼义，谨乎臣子而致贵其上者也。③
> 法先王，统礼义，一制度，以浅持博，以古持今，以一持万，苟仁义之类也，虽在鸟兽之中，若别白黑；倚物怪变，所未尝闻也，所未尝见也，卒然起一方，则举统类而应之，无所儗作，张法而度之，则晻然若合符节，是大儒者也。④

在荀子看来，古代先王们之所以值得后来者学习与效法，就是因为他们既可通晓"礼义"，又能制定"礼义"。

> 先王恶其乱也，故制礼义以分之，使有贫富贵贱之等，足以相兼临者，是养天下之本也。⑤
> 先王之道，仁之隆也，比中而行之。曷谓中？曰：礼义是也。⑥
> 故先王明礼义以壹之，致忠信以爱之，尚贤使能以次之，爵服庆赏以申重之，时其事、轻其任以调齐之，潢然兼覆之，养长之，

---

① 《非十二子篇》，（清）王先谦：《荀子集解》，中华书局1988年版，第94—95页。
② 《非相篇》，（清）王先谦：《荀子集解》，中华书局1988年版，第83页。
③ 《儒效篇》，（清）王先谦：《荀子集解》，中华书局1988年版，第117页。
④ 同上书，第140—141页。
⑤ 《王制》，（清）王先谦：《荀子集解》，中华书局1988年版，第152页。
⑥ 《儒效篇》，（清）王先谦：《荀子集解》，中华书局1988年版，第121—122页。

如保赤子。①

"礼义"是"先王之道"的主要内容,所以"法先王"就是效法先王所通晓和制定的"礼义"。荀子不仅提出"法先王"的政治主张,同时也倡导"法后王"。

> 法后王,一制度,隆礼义而杀诗、书;其言行已有大法矣,然而明不能齐法教之所不及,闻见之所未至,则知不能类也,知之曰知之,不知曰不知,内不自以诬,外不自以欺,以是尊贤畏法而不敢怠傲,是雅儒者也。②

既然提出了"法先王"的主张,荀子为什么还要积极地倡导"法后王"呢?实际上,这一问题可以转化为另外一个问题,用蔡仁厚先生的话说,即"我们将如何法先王?先王之道有何可据可征者足供我们来取则效法?"③从时间来看,先王置身的历史时代距离荀子所生活的战国时期已相当久远,所以后世之人也就难以知晓先王之道的具体内容,充其量只能简略地叙说他们政事活动的概要。

> 彼众人者,愚而无说,陋而无度者也。其所见焉,犹可欺也,而况于千世之传也!妄人者,门庭之间,犹诬欺也④,而况于千世之上乎!……五帝之外无传人,非无贤人也,久故也。五帝之中无传政,非无善政也,久故也。禹、汤有传政而不若周之察也,非无善政也,久故也。传者久则俞略,近则俞详⑤,略则举大,详则举小。愚者闻其略而不知其详,闻其详而不知其大也,是以文久而灭,节

---

① 《富国篇》,(清)王先谦:《荀子集解》,中华书局1988年版,第191页。
② 《儒效篇》,(清)王先谦:《荀子集解》,中华书局1988年版,第140页。
③ 蔡仁厚:《孔孟荀哲学》,台湾学生书局1984年版,第457页。
④ "犹"后面衍"可"字,依据俞樾的说法将其删除,参见(清)王先谦《荀子集解》,中华书局1988年版,第81页。
⑤ "俞"原作"论",依据俞樾的说法改定,参见(清)王先谦《荀子集解》,中华书局1988年版,第82—83页。

族久而绝。①

对于愚昧浅陋之人（"众人"）来说，他们目睹的事情尚且可以被欺骗，更何况是千世的传闻呢；而对于荒诞骗人之人（"妄人"）来说，即便对那些发生在眼前的事情，也要进行欺诈、蒙骗，更何况是千世之前的传闻呢。五帝之外、之中没有传人、传政，不是因为没有贤人、善政，而是因为历时太过久远；距离战国时期稍近的禹、汤虽然有传于后世的政事，但仍不如周代的璀璨明备。可见，传闻愈远就愈简略，传闻简略便只能列举其大概；传闻愈近就愈详尽，传闻详尽便可以列举其细节，所以礼文久而灭，制度久而绝（"文久而灭，节族久而绝"）。在此基础上，荀子进一步指出道："王者之制：道不过三代，法不二后王。道过三代谓之荡，法二后王谓之不雅。"② 正因为先王所生活的时代太过久远，其传闻难以为后世所知晓，而治国之道又必须在历史上有所依循，所以荀子提出了"法后王"的政治主张。

> 圣王有百，吾孰法焉？曰：文久而灭，节族久而绝，守法数之有司极③而褫。故曰：欲观圣王之迹，则于其粲然者矣，后王是也。彼后王者，天下之君也，舍后王而道上古，譬之是犹舍己之君而事人之君也。故曰：欲观千岁则数今日，欲知亿万则审一二，欲知上世则审周道，欲知周道则审其人所贵君子。故曰：以近知远，以一知万，以微知明。此之谓也。④

与"先王"相比较而言，"后王"所生活的时代距离战国时期并不遥远，因而他们的"礼义"在诸圣王之中是最粲然明备，可据可征的。孔子说："殷因于夏礼，所损益，可知也；周因于殷礼，所损益，可知也；其或继

---

① 《非相篇》，（清）王先谦：《荀子集解》，中华书局1988年版，第82—83页。
② 《王制篇》，（清）王先谦：《荀子集解》，中华书局1988年版，第158页。
③ "极"后面衍"礼"字，依据俞樾和王先谦的说法将其删除，参见（清）王先谦《荀子集解》，中华书局1988年版，第80页。
④ 《非相篇》，（清）王先谦：《荀子集解》，中华书局1988年版，第79—81页。

周者，虽百世可知也"①，荀子汲取了孔子这一说法的精神实质，认为周道是由先王之道（"礼义"）损益累积而成，所以"欲知上世则审周道，欲知周道则审其人所贵君子"。这是荀子倡导"法后王"的理论缘由。概言之，按照荀子的理解，"先王"和"后王"之间的分野只具有时间意义，"先王"距离荀子所生活的战国时期较为遥远，而"后王"距离荀子所生活的战国时期更为接近，就实质内涵而言，"礼义"是"先王"和"后王"的共同主张，他们之间并无本质上的差异："荀子意识之先王后王，只有'详''略'之别，并无本质之异；先王之所以'略'，只是因为代远年湮已失去时效。"②这里所谓的"详""略"之别，是立足于时间维度所给出的结论，即"先王"离荀子相当久远，所以其传闻简略，而"后王"离荀子较为接近，所以其传闻详尽。不难想象，在"远"和"近"、"略"和"详"的对比之下，对于具有"经验性格"③的荀子来说，将以"近"和"详"为外显特征的"后王"作为学习和效法的对象无疑是理所当然的选择，所以提出了"法后王"的主张。除此以外，荀子之所以提出"法后王"的主张，也有可能是出于确证"礼义"存在之正当性的理论需要，陆玉林说："荀子'法后王'与孟子'尊先王'，目的都是为其社会政治理论特别是治国理论做论证，既是要说明仁政、礼治之类的王道政治有悠久的历史，而不是无源之水、无本之木；又是要让现实的统治者看到实行王道可以名垂青史，为百世所称誉；更是要为王道政治提供现存的范例。"④

如前所述，在荀子思想系统中，孔、孟所构筑起来的"义理之天"被还原为非价值意义的"自然之天"，由于人性根植于"自然之天"，所以就人性本身而言它只能是实然层面的"不事而自然"⑤，既无善亦无恶。

---

① 《论语·为政》，（宋）朱熹：《四书章句集注》，中华书局1983年版，第59页。
② 韦政通：《荀子与古代哲学》，台湾商务印书馆1992年版，第13页。
③ 徐复观先生认为荀子具有强烈的经验性格，也就是说，荀子的所有论据，皆立足于感官所能经验得到的范围之内。为感官经验所不及的，便不寄予以信任。参见徐复观《中国人性论史》（先秦篇），上海三联书店2001年版，第196—197页。
④ 陆玉林：《中国学术通史》（先秦卷），人民出版社2004年版，第179页。
⑤ 《正名篇》，（清）王先谦：《荀子集解》，中华书局1988年版，第412页。

如是，从孔、孟来看，荀子"礼义"之价值根源确实存在着失坠的危险。① 出于挽救"礼义"之价值根源的失坠，荀子把"礼义"之价值根源安顿在"圣人"或"圣王"的身上，这似乎解决了"礼义"之价值根源的失坠危险，可是，这又引出了一个相当棘手的理论难题。如果说，"圣人"或"圣王"与一般人的人性都是相同的："圣人之所以同于众，其不异于众者，性也"②、"凡人之性者，尧、舜之与桀跖，其性一也；君子之与小人，其性一也"③，那么，他们凭什么能够成为荀子"礼义"之价值根源的主体根据呢？即如劳思光先生所言："此处须注意荀子所说'礼义者，圣人之所生也'一语，盖此乃荀子思想之真纠结所在，或十分糊涂之处。荀子既以为人之性只动物性，但又假定有'圣人'。"④ 这一问题可以转换成另外一种表达形式，就是说，"圣人"或"圣王"制定"礼义"所遵循的客观根据是什么？这是荀子必须解决的又一理论难题。

## 二 "上取象于天，下取象于地"：圣王制礼的客观根据

人既无"礼义"，又不知"礼义"，那么，"礼义"究竟是从何而生成的呢？"人之性恶，则礼义恶生？"⑤ 对于问者的这一诘难，荀子提出了"凡礼义者，是生于圣人之伪，非故生于人之性"的命题。

> 凡礼义者，是生于圣人之伪，非故生于人之性也。故陶人埏埴而为器，然则器生于陶⑥人之伪，非故生于人之性也。故工人斲木而成器，然则器生于工人之伪，非故生于人之性也。圣人积思虑，习伪故，以生礼义而起法度，然则礼义法度者，是生于圣人之伪，非故生于人之性也。⑦

---

① 关于"礼义"之价值根源失坠的详细论述，参见王邦雄《论荀子的心性关系及其价值根源》，载廖名春《荀子二十讲》，华夏出版社 2009 年版，第 275—281 页。
② 《性恶篇》，（清）王先谦：《荀子集解》，中华书局 1988 年版，第 438 页。
③ 同上书，第 441 页。
④ 劳思光：《新编中国哲学史》，广西师范大学出版社 2005 年版，第 253 页。
⑤ 《性恶篇》，（清）王先谦：《荀子集解》，中华书局 1988 年版，第 437 页。
⑥ "陶"原作"工"，依据王念孙的说法校改，参见（清）王先谦《荀子集解》，中华书局 1988 年版，第 437 页。
⑦ 《性恶篇》，（清）王先谦：《荀子集解》，中华书局 1988 年版，第 437 页。

圣人化性而起伪，伪起而生礼义，礼义生而制法度。然则礼义法度者，是圣人之所生也。①

就人性而言，"圣人"与一般人都是天生平等的，这是荀子反复申述的基本观点；但是，为什么"圣人"能够制定"礼义"而一般人却无法胜任这件事情呢？"圣人"之所以超拔于一般人，关键在于其能够践履"化性而起伪"的后天修养："所以异而过众者，伪也。"② 就是说，"圣人"透过施予人心的修持工夫即"虚壹而静"③ 使得知性主体达到了"大清明"的心灵境界，"虚一而静，谓之大清明"④，从而为他制定"礼义"提供了必要的内在担保，然后"圣人"在"积思虑，习伪故"的基础上制定了客观的"礼义"与"法度"，因此荀子说："凡礼义者，是生于圣人之伪""礼义法度者，是圣人之所生也。"既然"礼义"是"圣人"凭借"积思虑，习伪故"所制定的规范系统，"圣人"在制定"礼义"的过程中必定要遵循一定的客观根据，否则"礼义"势必沦落为他的主观虚构，对此，牟宗三先生曾给予明确的揭示："礼义法度是外在的，虽由人之积习而成（即伪），却决不会由人之主观虚构而伪。其根不在内，必在外。是则圣人之伪，必于外有根据。此根据，荀子未明言。然依此思路之所涵，其根据必在事为变化之自然之理。是则'礼义之统'虽是道德的，而其外在之底子却是自然主义的。若无此底子，圣人之伪必为凭空虚构也。"⑤"圣人"或"圣王"制定"礼义"的客观根据在外部的"自然之理"，这就意味着荀子把"天"当成"礼义"之价值根源的客观根据，也就是说，从"圣人"或"圣王"制定"礼义"的客观根据来看，天、人之间非但不是彼此分离的，而是密切相关的；起初隔绝于人文世界之外的"天"，现在又被请了回来，"礼的本源似与天有某种关系，但是荀

---

① 《性恶篇》，（清）王先谦：《荀子集解》，中华书局1988年版，第438页。
② 同上。
③ 王邦雄先生认为荀子的"化性"可以疏解为两层内涵：一是主观面的心之"虚壹而静"的修养工夫；二是客观面的礼义施加在自然人性上面的规制。参见王邦雄《论荀子的心性关系及其价值根源》，载廖名春《荀子二十讲》，华夏出版社2009年版，第275页。
④ 《解蔽篇》，（清）王先谦：《荀子集解》，中华书局1988年版，第397页。
⑤ 牟宗三：《荀子大略》，载廖名春《荀子二十讲》，华夏出版社2009年版，第69页。

子并未认真考虑这一线索,因为他早已把天定性为自然界"①。如果这一看法可以成立的话,那么,这是不是意味着我们需要重新理解和诠释荀子的天人观呢?因为这一观点毕竟与以往我们对于荀子"天人相分"的基本看法构成了较为严重的理论冲突,有鉴于此,我们必须认真而审慎地对待和处理这一问题。

一般认为,"天人相分"是荀子天人观的基本观点。实际上,这仅是荀子天人观的一部分,"天人相分"并非意味着天和人之间关系的彼此隔绝,而是说荀子的主要目的在于斩断天与人之间所建立起来的神秘联系(主要以邹衍的"占星学"思想为代表),"'天人之分'只不过否定天和人的巫术关系而已,而没有否定实践上的关联"②;同时,"制天命而用之"也是荀子天人观的另一部分,这昭示了天和人之间的相互联系,"荀子讲的'天人之分''制天命而用之',并不排斥而是包含着对自然('天')与人事如何相适应相符合的重视和了解"③;所以说,唯有把天人相分与天人相合统一起来,才是荀子天人观的思想全貌。惠吉星也曾谈及荀子天人观的两面性:"在批判宗教神学和鬼神迷信思想时,荀子强调自然的物质性和自在性,否认天对人类社会治乱兴衰的影响,在谈到社会规范和原则时,他则常常联系自然来说明人道原则的普遍性和必然性。"④ 在这里,惠氏提出了一个相当重要的观点,就是以自然证明人道原则的普遍性和必然性。如前所述,在荀子的思想系统里,"天"就是"自然",而"礼义"则是人道原则的核心内容,因此,以自然证明人道原则的普遍性和必然性也就等价于"天"是"礼义"的价值根据。无疑,这在一定程度上佐证了前文所给出的推论性想法,即荀子将"天"当成"礼义"之价值根源的客观根据。事实上,这一观点并非是"无源之水,无本之木",在《荀子》中也可以找到相应的文本依据。

在解释"至亲以期断"的理由时,荀子曾指出过,生者为至亲之人

---

① 傅佩荣:《儒道天论发微》,中华书局2010年版,第165页。
② [日]近藤则之:《关于〈左传〉形成的新视点——对礼论的重新评价》,载方旭东《日本学者论中国哲学史》,华东师范大学出版社2010年版,第159页。
③ 李泽厚:《中国古代思想史论》,安徽文艺出版社1999年版,第120页。
④ 惠吉星:《荀子与中国文化》,贵州人民出版社2001年版,第49页。

守丧一年，是先王模仿天地运行、四时轮回、万物更始而制定的客观礼文规范。

> 然则何以分之？曰：至亲以期断。是何也？曰：天地则已易矣，四时则已遍矣，其在宇中者莫不更始矣，故先王案以此象之也。……上取象于天，下取象于地，中取则于人，人所以群居和一之理尽矣。①

一年之间，天地已变易了，春夏秋冬已周遍了，宇宙万物也没有不重新开始的，先王正是以此为根据制定生者为至亲之人守丧一年的礼文规范。在这里，荀子以自然世界的周期运行说明了"至亲以期断"的客观根据，尽管这一解说是针对具体的丧礼而提出来的，但它具有普遍性的解释效力，同样适用于其他礼文规范，"上取象于天，下取象于地，中取则于人，人所以群居和一之理尽矣"就印证了如上看法，而"所志于天者，已其见象之可以期者矣；所志于地者，已其见宜之可以息者矣；所志于四时者，已其见数之可以事者矣；所志于阴阳者，已其见和②之可以治者矣"③，则是对"上取象于天，下取象于地"的进一步解释。日本学者近藤则之在《关于〈左传〉形成的新视点——对礼论的重新评价》中也明确地表达过荀子的礼是天之理法在人文世界的具体落实，就是说，在他看来，对于荀子的礼可以给予这样的理解："人类应该生活在天之理法下，圣人为了让人类活在天之理法下，模仿天之理法，将其具体化，这就是礼。"④ 近藤则之所提出的荀子的礼是天之理法的具体化的观点，可以看作是对"制天命而用之"这一命题的另一种合理解读："天命"即"天之理法"，所以，从礼的缘起或起源来看，"制天命而用之"就可以理解为圣人或圣王模仿"天之理法"制定"礼义"的实践过程。

---

① 《礼论篇》，（清）王先谦：《荀子集解》，中华书局1988年版，第373页。
② "和"原作"知"，依据王念孙的说法改定，参见（清）王先谦《荀子集解》，中华书局1988年版，第311页。
③ 《天论篇》，（清）王先谦：《荀子集解》，中华书局1988年版，第310—311页。
④ ［日］近藤则之：《关于〈左传〉形成的新视点——对礼论的重新评价》，载方旭东《日本学者论中国哲学史》，华东师范大学出版社2010年版，第159—163页。

只不过，一般情况下，我们往往从变革自然世界为人类服务的角度来揭示"制天命而用之"的内在意蕴。美国学者史华兹也曾指出："它也许并不是个体中与生俱来的东西，但似乎潜存于客观的宇宙论秩序之中。就其实质而言，'礼'相当于斯多葛派和中世纪意义上的'自然法'。和'自然法'一样，它并不能自动地付诸实施。然而它似乎是这样的：在使得社会秩序得以生成的时候，古代圣人们所做的不是发明一套主观的'礼'的体系，而是通过艰巨的反思过程来'发现'它。在这里，人们不必想象柏拉图式的永恒理念，在某种意义上，'礼'是更大宇宙秩序的一部分，这样的东西不仅仅来源于功利主义的设置，更不是任意的约定。"① 除《礼论篇》以外，荀子在《王制篇》中同样谈到过"礼"（人文秩序）与"天"（自然秩序）之间的密切联系。

> 夫两贵之不能相事，两贱之不能相使，是天数也。②
> 君臣、父子、兄弟、夫妇，始则终，终则始，与天地同理，与万世同久，夫之谓大本。③

天在上，地在下，这是自然界的本然秩序，与之相应，社会政治领域（人文世界）也应该像天地那样存在君臣上下的等级区分，所以荀子说："两贵之不能相事，两贱之不能相使，是天数。""天数"即自然规律，也就是近藤则之所说的"天之理法"，而"君臣""父子""兄弟""夫妇"则是"礼义"所指向的主要内容（"大本"），这两者之间具有逻辑上的同构性，即"君臣""父子""兄弟""夫妇"同于"天之理法"（"与天地同理"）。荀子的以上看法体现了中国古代宇宙论的"关联思维"④，就是说，君和臣、父和子、兄和弟、夫和妇之间的等级关系犹如天和地之

---

① ［美］本杰明·史华兹：《古代中国的思想世界》，程钢译，江苏人民出版社2008年版，第409—410页。
② 《王制篇》，（清）王先谦：《荀子集解》，中华书局1988年版，第152页。
③ 同上书，第163页。
④ "关联思维"是这样一种思维方式：把自然世界和人文世界看作彼此相关的宇宙整体，并且主张以自然世界的自然规律解释和确证人文世界的道德秩序及政治秩序的正当性。这在中国古代主要以阴阳五行思想和周易为其典范代表。参见葛瑞汉《论道者：中国古代哲学论辩》，张海晏译，中国社会科学出版社2003年版，第364—424页。

间的尊卑上下关系，英国汉学家葛瑞汉曾指出说："不是说人遵循君臣、父子的类比把'天'与'地'人格化，而是说这种'天：地：：君：臣'之比与'君：臣：：父：子'之比同样真实有效，当然，这需要人来加以完成。"①

既然"天"是"礼"之价值根源的客观根据，那么，"礼"也就取得了与"天"同样的客观性。从这一意义来看，"礼"即是自然秩序，自然秩序也即是"礼"，荀子扩大了"礼"的外延范围，认为"礼"是"既能统治宇宙秩序，又能统治人事秩序的秩序原则"②，所以他说：

> 天地以合，日月以明，四时以序，星辰以行，江河以流，万物以昌，好恶以节，喜怒以当，以为下则顺，以为上则明，万物变而不乱，贰之则丧也。礼岂不至矣哉！③

从"天地以合"到"万物以昌"，属于自然世界，它们遵循着内在的自然规律（"天道"或"天数"），而从"好恶以节"到"以为上则明"，则属于人文世界，人们依照普遍的当然之则（以"礼义"为内核的"人道"）行事。在这里，"礼"不仅包括自然世界的自然规律（天道），而且囊括人文世界的当然之则（人道），它是"天道"与"人道"的统一体，正因为如此，龙宇纯先生提出了"礼的宇宙观"的命题，他说："宇宙万有及一切人事无不涵摄于一礼字之中，礼不仅为人类行为及政治之纲纪，且亦为宇宙天地之本体。后一观念似不为学者所察及。学者所注意的只是：荀子在老庄之后，受老庄学说之影响，把传统以来的'主宰天'、'义理天'或'人格天'看成'自然天'，却忽略了主张'隆礼'的荀子，放眼宇宙，早已悟出了'天地以礼为合，日月以礼明，四时以礼序，星辰以礼行，江河以礼流，万物以礼昌'的'礼的宇宙观'。换句话说，礼才是荀子哲学的本体，'宇中一切不离乎礼'的观念才是荀子的

---

① ［英］葛瑞汉：《论道者：中国古代哲学论辩》，张海晏译，中国社会科学出版社2003年版，第281页。
② ［美］本杰明·史华兹：《古代中国的思想世界》，程钢译，江苏人民出版社2008年版，第409页。
③ 《礼论篇》，（清）王先谦：《荀子集解》，中华书局1988年版，第355页。

基本观点。"①

至此，我们似乎可以说，将"天"视为"礼义"之价值根源的客观根据，的确是荀子思想所透显出来的理论倾向，但是，在荀子思想系统中这只是隐而未彰的致思路径而已，后来这一致思路径在儒家经典《礼记》中得到了充分的展开与发挥，《礼记·礼运》说："夫礼必本于天，动而之地，列而之事，变而从时，协于分艺，其居人也曰养，其行之以货力、辞让、饮食、冠、昏、丧、祭、射、御、朝、聘"②；《礼记·丧服》说："凡礼之大体，体天地，法四时，则阴阳，顺人情，故谓之礼，訾之者，是不知礼之所由生也。"③ 如果从思想发生学层面考察荀子这一致思路径的形成与确立，可能存在两个重要的思想源头：（1）《周易》；（2）黄老之学。荀子曾四次引证《周易》④，这在一定程度上说明他比较熟悉《周易》这本书，清代学者汪中曾指出荀子有功于儒家"六经"的传承，他在《荀卿子通论》中说："盖自七十子之徒既没，汉诸儒未兴，中更战国暴秦之乱，六艺之传赖以不绝者，荀卿也。周公作之，孔子述之，荀卿子传之，其揆一也。"⑤ 这里的"六艺"即"六经"，《周易》就在其中。在向弟子门徒传授《周易》的过程中，荀子难免会受到该书的影响，这也是很自然的事情，所以他有可能借鉴了《周易》"以天道明人事"的思维方式。另外，战国时期黄老学蔚为盛行，并且成为齐国稷下学宫的主导思想，王葆玹说："黄老之学在秦以前业已流行，并且是以齐国为中心地域……我们便可坚信《史记·孟子荀卿列传》关于'稷下先

---

① 龙宇纯：《荀子论集》，台湾学生书局1987年版，第70—71页。
② 《礼记·礼运》，（清）阮元：《十三经注疏》，中华书局1980年版，第1426页上、中。
③ 《礼记·丧服》，（清）阮元：《十三经注疏》，中华书局1980年版，第1649页下。
④ 荀子曾四次引用过《周易》："《易》曰：'括囊，无咎无誉。'腐儒之谓也。"[《非相篇》，（清）王先谦：《荀子集解》，中华书局1988年版，第84页]"有物于此，居则周静致下，动则綦高以钜。圆者中规，方者中矩。大参天地，德厚尧禹，精微乎毫毛，而充盈乎大寓。忽兮其极之远也攭兮其相逐而反也，卬卬兮天下之咸蹇也。"[《赋篇》，（清）王先谦：《荀子集解》，中华书局1988年版，第474—475页]"《易》之《咸》，见夫妇。夫妇之道，不可不正也，君臣父子之本也。咸，感也，以高下下，以男下女，柔上而刚下。""易曰：'复其道，何其咎。'《春秋》贤穆公，以为能变也。"[《大略篇》，（清）王先谦：《荀子集解》，中华书局1988年版，第495、498页]
⑤ 《考证下》，（清）王先谦：《荀子集解》，中华书局1988年版，第22页。

生'及'黄老'的记述,将黄老之学看成是战国时期田齐的官方学说。"① 白奚也说:"黄老之学是产生并成熟于稷下,离开了田齐统治者'高祖黄帝'、变法图强的政治实践和稷下诸子道法结合的理论尝试,便没有战国的黄老之学。"② 而按照《史记》记载,荀子在齐国稷下学宫曾三次担任祭酒一职,他熟悉盛行于稷下学宫的"黄老之学"也是理所当然之事。有学者指出荀子汲取过黄老思想:"在礼与天道的关系上,荀子有时还把自然界的秩序说成是'礼',……这是黄老学派的自然之理在社会政治领域里的贯彻,它同样是取自稷下黄老先生,在《管子》书的《君臣》、《形势解》、《版法解》等篇中都有相同的看法。"③

---

① 王葆玹:《黄老与老庄》,中国人民大学出版社2012年版,第64页。
② 白奚:《稷下学研究——中国古代的思想自由与百家争鸣》,生活·读书·新知三联书店1998年版,第96页。
③ 丁原明:《论荀子思想中的黄老倾向》,《管子学刊》1991年第3期,第28页。

第 二 章

# 礼之本质

众所周知,"礼"在荀子思想中处于核心位置,其外延范围至为广大,"上自人君治国之道,下至个人立身处世之道,乃至饮食起居的细节,莫不为其所涵摄。礼不但是行为方面的准绳,且亦是思想方面的准绳,不但是处理社会现象的准绳,且亦是应付自然现象的准绳"[①]。本书不以"礼"之外延范围而以"礼"之本质内涵作为致思进路,以此揭示荀子"礼"所蕴含的精神实质。在荀子看来,礼之本质涉及两个方面的重要问题:(1)人禽之辨。"礼"是人异于禽兽的实质层面的族类特质,"辨""能群"与"礼"有着内在的逻辑联系。(2)作为人道最高原理的"礼"。"礼"以确定社会成员的各种名分为其"枢要",它所构筑的各种名分之间呈现一种差序化的等级结构。

## 第一节 人异于禽兽的族类特质

### 一 "人道莫不有辨"

"人的问题是儒学的基本问题,儒学的各个研究领域都围绕着'为人之道'而展开,关于人的性质、人的关系、人的理想的学说不但是它的伦理思想、道德理念、政治法律和经济思想的基本前提和逻辑内蕴,而且儒家文化作为中国传统文化的主干,还可以说,它决定着整个中国

---

① 陈大齐:《荀子学说》,商务印书馆1928年版,第140页。

传统文化总的面貌特征"①，而儒家文化所考察的人的问题正是以人禽之辨为它的首要任务，② 在荀子这里，人禽之辨被表述为"人之所以为人者"。

> 人之所以为人者何已也？曰：以其有辨也。饥而欲食，寒而欲暖，劳而欲息，好利而恶害，是人之所生而有也，是无待而然者也，是禹、桀之所同也。然则人之所以为人者，非特以二足而无毛也，以其有辨也。今夫狌狌形状亦二足而无毛也，然而君子啜其羹，食其胾。故人之所以为人者，非特以其二足而无毛也，以其有辨也。夫禽兽有父子而无父子之亲，有牝牡而无男女之别，故人道莫不有辨。辨莫大于分，分莫大于礼，礼莫大于圣王。③

"人之所以为人者"，即人异于禽兽的族类特质，也就是人区别于禽兽的本质规定。荀子明确指出，人异于禽兽的族类特质是"辨"，而不是形象层面的"二足而无毛"，其理由如下：首先，从"二足而无毛"来看，"狌狌"即猩猩也同样如此，显然这不可能成为人异于禽兽的族类特质；其次，与人类相比较而言，禽兽虽有父子之实，但无父子之亲，虽有雌雄之实，但无男女之别；它们之所以无父子之亲、男女之别，就是因为它们不具备人的分辨能力，而人的分辨能力正是父子之亲、男女之别所以可能的内在前提，换句话说，"动物有父与子牝与牡之间的区分，但是没有对这种区分的承认，正是这种反身性的承认使得人得以生存在共同

---

① 唐凯麟、曹刚：《重释传统——儒家思想的现代价值评估》，华东师范大学出版社 2000 年版，第 68 页。

② 从注重人禽之辨这一点来看，墨家与儒家有相似之处，不过，墨家认为人与禽兽的根本区别在于"力"，《墨子·非乐上》说："今之禽兽麋鹿、蜚鸟、贞虫，因其羽毛，以为衣裘，因其蹄蚤，以为绔屦，因其水草，以为饮食。故使雄邻不耕稼树艺，雌亦不纺绩织纴，衣食之财，固已具矣。今人与此异者也。赖其力者生，不赖其力者不生。"[（清）孙诒让：《墨子间诂》，中华书局 2001 年版，第 257 页] 与儒、墨两家不同，道家认为"道"是宇宙万物生成的究竟根本因，强调人与其他物类之间的统一性，《庄子·马蹄》说："至德之世，同于禽兽居，族与万物并。"[（清）郭庆藩：《庄子集释》，中华书局 2004 年版，第 336 页]

③ 《非相篇》，（清）王先谦：《荀子集解》，中华书局 1988 年版，第 78—79 页。

体之中，即生存于人伦关系之中"①。从一般意义来看，荀子所说的"辨"，我们可以理解成知识论层面的分辨能力，也就是形式意义的分辨能力，但是，"辨"不仅是知识论层面的形式分辨能力，而且也是伦理学意义的善恶分辨能力，后者主要指向生活世界中的人伦关系，如男女、父子、君臣、兄弟、朋友四种最基本的人伦关系，而礼则是调整这些人伦关系的伦理原则与规范系统的总和，也就是说，这种分辨能力不是无所依据而胡乱盲目的"辨"，必定是有所依据，礼就是人的分辨能力的依据与准则，"辨莫大于分，分莫大于礼"，因此蒙培元指出："它是一种含有道德意义的社会理性，其实际内容就是所谓'礼'。"②

## 二 "人能群，彼不能群"

除了拥有理性的分辨能力（"辨"）之外，人异于禽兽的族类特质同时还包括人能群而禽兽不能群。荀子说：

> 水火有气而无生，草木有生而无知，禽兽有知而无义，人有气、有生、有知，亦且有义，故最为天下贵也。力不若牛，走不若马，而牛马为用，何也？曰：人能群，彼不能群也。人何以能群？曰：分。分何以能行？曰：义。③

宇宙万物在这里被荀子划分为四种类型，即水火、草木、禽兽、人类，在这四者之中，人因为独自拥有"义"（礼）而成为最尊贵者；不仅如此，"义"还成为人能群而禽兽（牛马）不能群的依据。如第一章所述，和谐而有序的社会群体，是人类个体生存与发展的不可或缺的前提条件，但和谐而有序的社会群体不是天然形成的，而是依靠君主与民众共同构筑所造就的结果，在和谐而有序的社会群体的构筑过程中，"分"具有基础性的意义，因为唯有"明分"方能"使群"，而"义"正是"分"之

---

① 沈云波：《学不可以已——〈荀子〉思想研究》，博士学位论文，复旦大学，2008 年，第 179 页。
② 蒙培元：《人与自然——中国哲学生态观》，人民出版社 2004 年版，第 153 页。
③ 《王制篇》，（清）王先谦：《荀子集解》，中华书局 1988 年版，第 164 页。

所以能够确立的伦理原则与规范系统:"人何以能群?曰:分。分何以能行?曰:义。"

可以看出,无论是"辨"抑或"能群",都与"礼"有着内在的逻辑联系:"礼"不仅是人之分辨能力的依据与准则,而且也是人之所以"能群"的前提与基础。在这一意义上,我们可以说,"辨"与"能群"是人异于禽兽的形式层面的族类特质,而"礼"则是人异于禽兽的实质层面的族类特质:"学恶乎始?恶乎终?曰:其数则始乎诵经,终乎读礼;其义则始乎为士,终乎为圣人。真积力久则入,学至乎没而后止也。故学数有终,若其义则不可须臾舍也。为之,人也;舍之,禽兽也。"①"为之"即是学礼,学礼就意味着成为伦理学意义上的"人"即道德性的存在者,而"舍之"则是放弃学礼,放弃学礼则人无异于禽兽,所以荀子又说:"礼者,人之所履也,失所履,必颠蹶陷溺。所失微而其为乱大者,礼也。"②在荀子这里,"辨""能群""义"三者共同构筑起人异于禽兽的族类特质的整体结构,为了突出"义"的重要地位,我们可以将人类异于禽兽的整体结构统称为"义之辨"或"义辨",这更能突出"辨"的伦理倾向。但是,如果认为荀子的"义辨"就是孟子所说的"是非之心",则是不能够成立的。龙宇纯先生曾明确指出荀子的"义辨"就是孟子的"是非之心",他说:"非相篇所举'饥而欲食,寒而欲暖,劳而欲息,好利而恶害'四者,以见人独'辨',因为前三者人与禽兽实际并无不同,似乎其所谓'辨'只是一种'认识能力';但既云人知好利恶害,便当涉及价值判断,故终为人与禽兽之不同。而云'夫禽兽有父子而无父子之亲,有牝牡而无男女之别',荀子心目中人所独知的父子之亲及男女之别,当然也关系到价值标准。……显然荀子之所谓'义辨'其实也便是孟子的'是非之心'。在荀子的思想中,于人性肯定一个同于孟子说的'是非之心',这一点是极为重要的。"③龙氏的这一观点,显然是有待商榷的。孟子所说的"是非之心",是人先天就具有的道德意识萌芽:"恻隐之心,仁也。羞恶之心,义也。恭敬之心,礼也。是非之

---

① 《劝学篇》,(清)王先谦:《荀子集解》,中华书局1988年版,第11页。
② 《大略篇》,(清)王先谦:《荀子集解》,中华书局1988年版,第495页。
③ 龙宇纯:《荀子论集》,台湾学生书局1987年版,第66—67页。

心，智也。仁义礼智，非由外铄我也，我固有之也，弗思耳矣。"① 在这里，"是非之心"不是形式层面的一般分辨能力，而是具有实质意谓（以"是非"为旨归）的道德分辨能力。而荀子所谓的"义辨"则是说，"义"（礼）是"辨"的依据与准则。从先天性这方面来看，荀子的"辨"与孟子的"是非之心"无疑具有相同之处，同时它们之间也存在着根本性的差异：孟子的"是非之心"是道德意识的价值根源，而荀子的"辨"则难以成为道德意识的价值根源，因为作为人性内容的"辨"起初只是一般意义上的分辨能力，在荀子看来，唯有"礼义"才能充当道德意识的价值根源，据此，"义辨"就不可能是先天的道德意识萌芽，而只能是个体学习、践行"礼义"之后所塑造成的现实形态的善恶分辨能力，所以说，龙宇纯先生将荀子的"义辨"理解成孟子的"是非之心"是错误的。

## 三　荀、孟人禽之辨的异同

孟子也曾探讨过人禽之辨问题，但与荀子的如上看法有所不同。他首先指出了人与禽兽之间的族类差异是相当有限的。

> 人之所以异于禽兽者几希，庶民去之，君子存之。舜明于庶物，察于人伦，由仁义行，非行仁义也。②
>
> 人之有道也，饱食、煖衣、逸居而无教，则近于禽兽。圣人有忧之，使契为司徒，教以人伦：父子有亲，君臣有义，夫妇有别，长幼有序，朋友有信。③

如若只是吃得饱、穿得暖、住得安逸，而没有接受相应的人伦教化，那么，这便意味着人与禽兽相差无几，所以孟子说："人之所以异于禽兽者几希。"所谓的"几希"，就是很少的意思。那么，这相当有限的人异于

---

① 《孟子·告子上》，（宋）朱熹：《四书章句集注》，中华书局1983年版，第328页。
② 《孟子·离娄下》，（宋）朱熹：《四书章句集注》，中华书局1983年版，第293—294页。
③ 《孟子·滕文公上》，（清）朱熹：《四书章句集注》，中华书局1983年版，第259页。

禽兽的族类特质究竟为何呢？在孟子看来，就是"仁"："仁也者，人也。"① "'仁'使人成其为人，而'仁'只是在人对'人之所以异于禽兽者几希'有所觉悟并对这'几希'自觉予以提升、扩充时，才被人确认为'仁'的。"② 具体而言，作为"全德"的"仁"包括人与生俱来的"四心"："无恻隐之心，非人也；无羞恶之心，非人也；无辞让之心，非人也；无是非之心，非人也。恻隐之心，仁之端也。羞恶之心，义之端也。辞让之心，礼之端也。是非之心，智之端也。"③ 没有"恻隐之心""羞恶之心""辞让之心""是非之心"，人就不成其为人，因此与禽兽没有根本性的区别。此外，从孟子对于君子与一般人的本质差异的具体论述中，我们也不难看出人异于禽兽的族类特质。

> 君子所以异于人者，以其存心也。君子以仁存心，以礼存心。仁者爱人，有礼者敬人。爱人者人恒爱之，敬人者人恒敬之。有人于此，其待我以横逆，则君子必自反也：我必不仁也，必无礼也，此物奚宜至哉？其自反而仁矣，自反而有礼矣，其横逆由是也，君子必自反也：我必不忠。自反而忠矣，其横逆由是也，君子曰："此亦妄人也已矣。如此则与禽兽奚择哉？于禽兽又何难焉？"④

君子能做到以"仁""礼"存心，而一般人则难以做到，这是他们之间的本质差异，所以孟子说："庶民去之，君子存之。"正因为如此，在与他人相处的交往过程中，君子就会"爱人""敬人"，同时他人也就会以相同的态度对待他，即"人恒爱之""人恒敬之"。倘若君子已切实做到"爱人""敬人"，而他人却以"横逆"的方式对待他，那么，这样的人就是"妄人"，实际上与禽兽没有什么根本性的分别。而"妄人"之所以与禽兽相差无几，就是因为他们不能做到以"仁""礼"存心，从而难以"爱人""敬人"。也就是说，能否切实做到以"仁""礼"存心，这是判

---

① 《孟子·尽心下》，(清) 朱熹：《四书章句集注》，中华书局1983年版，第367页。
② 黄克剑：《孟荀之辨》，《哲学研究》2006年第10期，第36页。
③ 《孟子·公孙丑上》，(宋) 朱熹：《四书章句集注》，中华书局1983年版，第237—238页。
④ 《孟子·离娄下》，(宋) 朱熹：《四书章句集注》，中华书局1983年版，第298页。

分人与禽兽的根本依据：能切实地做到以"仁""礼"存心，就可以成为伦理学意义上的"人"即道德性的存在者，而如果难以做到如此的话，则近于禽兽。

孟子关于人禽之辨的以上看法，无疑是对孔子仁学思想的系统化推进，突出了"仁"的先天内在性，将"不忍人之心"（"恻隐之心""羞恶之心""辞让之心""是非之心"）①视为人异于禽兽的族类特质；而与此相异的是，荀子则重点发挥了孔子礼学思想②，将后天外在性的"礼"（义）与人禽之辨问题联系起来，认为"礼"是人异于禽兽的实质层面的族类特质，成为"辨"与"能群"的依据与准则，"它不是先验的内在的道德心理，而是区别人禽族类的外在的社会规范；不是个体自发的善良本性，而是对个体具有强制性质的群体要求"③。因此，人要想成为伦理学意义上的"人"即道德性的存在者，就必须努力地学习"礼"、践行"礼"："性不得则若禽兽，性得之则甚雅似者与？"④ 即是说，不接受"礼"的道德教化，人就无异于禽兽；而接受"礼"的道德教化，人就可以脱离其动物性而变得优雅起来，也就是从其存在的自然形态转化为文明化形态。正因为如此，杜维明说："在儒家学说的范围内，一个人如不经过'礼仪化'的过程而能成为一个真正的人，这是不可想象的。这个礼仪化在这里即是人性化。"⑤ 而后，《礼记》延续了荀子的这一看法："鹦鹉能言，不离飞鸟，猩猩能言，不离禽兽。今人而无礼，虽能言，不亦禽兽之心乎！夫唯禽兽无礼，故父子聚麀。是以圣人作，为礼以教人，使人以有礼，自别于禽兽。"⑥"凡人之所以为人者，礼

---

① 《孟子·公孙丑上》，（宋）朱熹：《四书章句集注》，中华书局1983年版，第237页。
② "克己复礼为仁。一日克己复礼，天下归仁焉。为仁由己，而由人乎哉？"[《论语·颜渊》，（宋）朱熹：《四书章句集注》，中华书局1983年版，第131页] 孔子在这里展示了以礼释仁的思维向度，荀子同样认为礼是通向"仁义"的具体道路："将原先王，本仁义，则礼正其经纬蹊径也。"[《劝学篇》，（清）王先谦：《荀子集解》，中华书局1988年版，第16页] 这是荀子对孔子以礼释仁的思维向度的继承。
③ 李泽厚：《中国古代思想史论》，安徽文艺出版社1999年版，第116页。
④ 《赋篇》，（清）王先谦：《荀子集解》，中华书局1988年版，第473页。
⑤ [美]杜维明：《人性与自我修养》，胡军、于民雄译，中国和平出版社1988年版，第28页。
⑥ 《礼记·曲礼上》，（清）阮元校刻：《十三经注疏》，中华书局1980年版，第1231页中。

义也。"① 循此可见,"儒家文化对人自身之'沉沦性'(纯生物性存在)无疑有着更为自觉的警醒,也正是这种怵惕之情使得儒家文化一再强调'礼样'生存以超越性自然性生存"②。

## 第二节 "等贵贱,分亲疏,序长幼":作为差序结构的礼

儒家所热衷讨论的人禽之辨问题旨在揭示人异于禽兽的族类特质,而人异于禽兽的族类特质的揭示以"人道"的确认为其依归,荀子曾明确指出:"道者,非天之道,非地之道,人之所以道也,君子之所道也。"③"道"是人类(尤其是君子)所应当遵循的规范系统,它既不是"天之道"也不是"地之道",而只能是"人之道"即"人道"。如前所述,"礼"是人异于禽兽的实质层面的族类特质,成为"辨"与"能群"的依据与准则,而人异于禽兽的族类特质的揭示指向"人道"的确认,在这一意义上,"礼"也就理所当然地被荀子规定为"人道"的最高原则:"礼者,人道之极也。"④

### 一 "礼法之枢要"贵在"定分"

"礼者,人道之极也",只是从一般层面揭示了礼的属人性:礼是人道而非天道地道。那么,作为人道的最高原则的"礼",究竟包括哪些领域的具体内容呢?在荀子看来,这主要涉及家庭、政治、社会三个领域。

> 请问为人君?曰:以礼分施,均遍而不偏。请问为人臣?曰:以礼待君,忠顺而不懈。请问为人父?曰:宽惠而有礼。请问为人子?曰:敬爱而致文。请问为人兄?曰:慈爱而见友。请问为人弟?曰:敬诎而不苟。请问为人夫?曰:致功而不流,致临而有辨。请

---

① 《礼记·冠义》,(清)阮元校刻:《十三经注疏》,中华书局1980年版,第1679页下。
② 成守勇:《礼乐生活——以文本〈礼记〉为中心》,博士学位论文,华东师范大学,2009年,第50页。
③ 《儒效篇》,(清)王先谦:《荀子集解》,中华书局1988年版,第122页。
④ 《礼论篇》,(清)王先谦:《荀子集解》,中华书局1988年版,第356页。

问为人妻？曰：夫有礼，则柔从听侍；夫无礼，则恐惧而自竦也。此道也，偏立而乱，俱立而治，其足以稽矣。请问兼能之奈何？曰：审之礼也。①

这里列举了生活世界中四种最基本的人伦关系，即君臣、父子、兄弟、夫妇；荀子认为这四种人伦关系不仅构成了人道的核心内容（"大本"），而且具有超越时空限制的恒常不变的特点："君臣、父子、兄弟、夫妇，始则终，终则始，与天地同理，与万世同久，夫是之谓大本。"② 在这四种人伦关系中，君臣属于政治名分，父子、兄弟、夫妇属于家庭名分，与这些名分相对应，他们所该遵守的伦理规范与所应履行的伦理义务都被统摄在客观的规范系统（"礼"）中，即是说，为人君者"以礼分施，均遍而不偏"，为人臣者"以礼待君，忠顺而不懈"；为人父者"宽惠而有礼"，为人子者"敬爱而致文"；为人兄者"慈爱而见友"，为人弟者"敬诎而不苟"；为人夫者"致功而不流，致临而有辨"，为人妻者"夫有礼，则柔从听侍；夫无礼，则恐惧而自竦"。

除了将政治名分与家庭名分纳入其规范系统，"礼"同时还规定了农夫、商贾、百工的社会职分即角色规范："农以力尽田，贾以察尽财，百工以巧尽械器。"③ 农夫、商贾、百工属于孟子所说的"劳力者"④，他们分别掌管不同的社会事务，也就是说，农夫"相高下，视墝肥，序五种"⑤，依靠劳力耕种田地；商贾"通货财，相美恶，辩贵贱"⑥，借助精明贩卖货物；百工"设规矩，陈绳墨，便备用"⑦，利用技艺制造器械。

显然，无论是君臣、父子、兄弟、夫妇，抑或农夫、商贾、百工，

---

① 《君道篇》，（清）王先谦：《荀子集解》，中华书局1988年版，第232—233页。
② 《王制篇》，（清）王先谦：《荀子集解》，中华书局1988年版，第163页。
③ 《荣辱篇》，（清）王先谦：《荀子集解》，中华书局1988年版，第71页。
④ "有大人之事，有小人之事。且一人之身，而百工之所为备。如必自为而后用之，是率天下而路也。故曰：或劳心，或劳力；劳心者治人，劳力者治于人；治于人者食人，治人者食于人；天下之通义也。"[《孟子·滕文公上》，（宋）朱熹：《四书章句集注》，中华书局1983年版，第258页]
⑤ 《儒效篇》，（清）王先谦：《荀子集解》，中华书局1988年版，第122页。
⑥ 同上。
⑦ 同上书，第123页。

他们都分别承担着不同的职分,而名分及职分的制度化便是"礼",所以荀子说:

> 君臣上下,贵贱长幼,至于庶人,莫不以是为隆正。然后皆内自省以谨于分,是百王之所同也,而礼法之枢要也。然后农分田而耕,贾分货而贩,百工分事而劝,士大夫分职而听,建国诸侯之君分土而守,三公总方而议,则天子共己而止矣。出若入若,天下莫不均平,莫不治辨,是百王之所同而礼法之大分也。①

"礼法之枢要"与"礼法之大分",是指礼与法的共同本质,它们以名分及职分的确立为其根本规定。既然"礼"规定了社会成员的各种名分及其应该履行的职分,"农分田而耕,贾分货而贩,百工分事而劝,士大夫分职而听,建国诸侯之君分土而守,三公总方而议,则天子共己而止",基于构筑"群居和一"的社会政治秩序的考虑,君臣上下、贵贱长幼、众庶百姓就应该自觉地将"礼"视为他们言行的规范系统,各安其位而互不僭越。唯有如此,社会成员之间才能融洽和睦,国家也就可以实现正理平治的理想目标。荀子说:

> 圣王财衍以明辨异,上以饰贤良而明贵贱,下以饰长幼而明亲疏,上在王公之朝,下在百姓之家,天下晓然皆知其非以为异也,将以明分达治而保万世也。故天子诸侯无靡费之用,士大夫无流淫之行,百吏官人无怠慢之事,众庶百姓无奸怪之俗,无盗贼之罪,其能以称义遍矣。②

若想实现国家的正理平治,最高统治者首先应该确立社会成员的不同名分,然后借助于教化和修养这一中间环节使得他们对于自身应该履行的职分有所了悟("内自省以谨于分"),实现社会成员对礼所赋予他们名分

---

① 《王霸篇》,(清)王先谦:《荀子集解》,中华书局1988年版,第220—221页。
② 《君道篇》,(清)王先谦:《荀子集解》,中华书局1988年版,第238页。

的自我认同,① 由此,天子诸侯、士大夫、百吏官人、众庶百姓就可以各司其职,各守其分:"天子诸侯无靡费之用,士大夫无流淫之行,百吏官人无怠慢之事,众庶百姓无奸怪之俗,无盗贼之罪。"这是"明分达治"所要传达的主要意思。从这一意义来看,"明分达治"与"明分使群"之间无疑表达了相同的理论内涵,它们都以构筑和谐而有序的社会政治秩序("群居和一")为理想目标,而这一理想目标的真正实现则以社会成员名分及职分的确立为其必要前提。如若不然,整个社会将陷入混乱不堪的失序状态,即"老弱有失养之忧,而壮者有分争之祸矣""人有树事之患,而有争功之祸矣""人有失合之忧,而有争色之祸矣"②,所以荀子又说:"无分者,人之大害也;有分者,天下之本利也。"③

值得一提的是,荀子上面所阐发的名分之有无与国家之治乱的内在联系的重要观点不禁让我们联想到《慎子·逸文》及《商君书·定分》④关于"名分"的看法。《慎子·逸文》说:"一兔走街,百人追之,贪人具存,人莫之非者,以兔为未定分也。积兔满市,过而不顾,非不欲兔也,分定之后,虽鄙不争。"⑤《商君书·定分》说:"一兔走,百人逐之,非以兔〔可分以为百也,由名分之未定〕⑥也。夫卖〔兔〕⑦者满市,而盗不敢取,由名分已定也。故名分未定,尧、舜、禹、汤且皆如鹜焉而逐之;名分已定,贪盗不取。今法令不明,其名不定,天下之人得议之,其议人异而无定。人主为法于上,下民议之于下,是法令不定,

---

① 教化与修养的主要目的在于为以名分为核心的礼在生活世界中的真正落实提供必要的人格担保,也就是说,社会成员唯有自觉地意识到礼所赋予他们的职分,并且自愿地恪守其职分,礼才能够得到有效的落实。此处只是简单说明教化与修养所蕴含的政治诉求,关于荀子的教化与修养的思想内容,本书第三章将给予系统性的阐发。
② 《富国篇》,(清)王先谦:《荀子集解》,中华书局1988年版,第176—177页。
③ 同上书,第179页。
④ 《定分》实非商鞅本人所撰写,这已成学界定论,但该篇论文成书于何时,学界至今尚无定论。有学者认为《定分》可能成书于秦统一天下之后,而不能根据"以吏为师"一语断定其下限在李斯建议秦始皇焚书之年。参见张林祥《〈商君书〉的成书与思想研究》,人民出版社2008年版,第72—76页。
⑤ 《慎子·逸文》,钱熙祚:《慎子》,中华书局1954年版,第7页。
⑥ 此处本无"可分以为百也,由名分之未定",依据《群书治要》增补,参见蒋礼鸿《商君书锥指》,中华书局1986年版,第145页。
⑦ 此处本无"兔"字,依据《群书治要》增补,参见蒋礼鸿《商君书锥指》,中华书局1986年版,第145页。

以下为上也。此所谓名分之不定也。夫名分不定，尧、舜犹将皆折而奸之，而况众人乎？此令奸恶大起，人主夺威势亡国灭社稷之道也。今先圣人为书传之后世，必师受之，乃知所谓之名。不师受之，而人以其心意议之，至死不能知其名与其意。故圣人必为法令置官也置吏也为天下师，所以定名分也。名分定，则大诈贞信，民皆愿悫而各自治也。夫名分定，势治之道也；名分不定，势乱之道也。故势治者不可乱，势乱者不可治。夫势乱而治之，愈乱[①]；势治而治之，则治。故圣王治治不治乱。"[②] 从思想发展的逻辑脉络来看，《商君书·定分》所论述的"名分"思想无疑是对《慎子·逸文》的进一步展开。在《商君书·定分》的作者看来，名分之确定与不确定在国家治理过程中起到了关键性的作用，它将决定君主安危与国家存亡，即是说，法令条文的具体含义不明确，老百姓私底下就会竞相议论，这也就意味着老百姓僭越自身职分行使君主议定法令的权力（"以下为上"），如此，君主势必失去他的权威，国家也将面临覆灭的危险，因此，名分不确定就是"人主夺威势亡国灭社稷之道"。而圣人一旦为法令条文设置法官及法吏，名分便得到了确立，如此，大骗子也会变得诚实守信，老百姓也都能够依照法令条文做自己应该做的事情。概言之，名分确定是国家必然得到治理的方法，而名分不确定则是国家必然发生混乱的方法，所以"圣王治治不治乱"。荀子也曾表达过"治治不治乱"的重要观点，他说："君子治治，非治乱也。曷谓邪？曰：礼义之谓治，非礼义之谓乱也。故君子者，治礼义者也，非治非礼义者也。然则国乱将弗治与？曰：国乱而治之者，非案乱而治之之谓也，去乱而被之以治；人污而修之者，非案污而修之之谓也，去污而易之以修。故去乱而非治乱也，去污而非修污也。治之为名，犹曰君子为治而不为乱，为修而不为污。"[③] 合乎礼义就是"治"，而不合乎礼义则是"乱"，由于礼以名分及职分的确立为其本质规定，所以合乎名分及职分就是"治"，而不合乎名分及职分则是"乱"。从重视名分对于国

---

① 两个"势乱"原为"世乱"，依据《群书治要》及上下文改定，参见高亨《商君书注译》，中华书局1974年版，第191页。

② 《商君书·定分》，蒋礼鸿：《商君书锥指》，中华书局1986年版，第145—146页。

③ 《不苟篇》，（清）王先谦：《荀子集解》，中华书局1988年版，第44—45页。

家治乱的重要意义来看，荀子与《商君书·定分》的作者之间确实没有丝毫分歧，他们一致认为，名分确定则国家治，名分不确定则国家乱；但是，他们之间也存在相当重要的不同之处，即荀子主张以"礼"定分，而《商君书·定分》的作者主张以"法"定分，这是我们应该要注意的地方。

实际上，荀子以"分"释"礼"思想，不仅是对早期法家代表人物慎子名分思想的继承与发展，而且在儒家创始人孔子那里也可以找寻到孕育它的思想养料。孔子曾经提出过著名的"正名"思想，《论语·子路》说："子路曰：'卫君待子而为政，子将奚先？'子曰：'必也正名乎！'子路曰：'有是哉，子之迂也！奚其正？'子曰：'野哉，由也！君子于其所不知，盖阙如也。名不正，则言不顺；言不顺，则事不成；事不成，则礼乐不兴；礼乐不兴，则刑罚不中；刑罚不中，则民无所措手足。故君子名之必可言也，言之必可行也。君子于其言，无所苟而已矣。'"① 这里的"名"，我们可以理解为"名分"，所以"正名"也就是"正名分"。冯友兰先生曾深刻揭示了孔子"正名"思想的真实含义，他说："在社会关系中，每个名都含有一定的责任和义务。君、臣、父、子都是这样的社会关系的名，负有这些名的人都必须相应地履行他们的责任和义务。"② 这就是说，"君""臣""父""子"分别由"名"和"实"两部分构成，"君""臣""父""子"之"名"规定了"君""臣""父""子"所应该履行的职责和义务，而"君""臣""父""子"之"实"则是"君""臣""父""子"在生活世界中所展示出来的实际表现，"正名分"就是指"君""臣""父""子"的实际表现应该符合"君""臣""父""子"之"名"所规定的职责和义务，也就是《论语·颜渊》所说的"君君、臣臣、父父、子子"③。其实，在孔子这里已经蕴含了荀子以"分"释"礼"的思想胚芽。在解释"唯器与名不可假于人"的具体原因时，孔子说："君之所司也，名以出信，信以守器，器

---

① 《论语·子路》，（宋）朱熹：《四书章句集注》，中华书局1983年版，第141—142页。
② 冯友兰：《中国哲学简史》，北京大学出版社1996年版，第37页。
③ 《论语·颜渊》，（宋）朱熹：《四书章句集注》，中华书局1983年版，第136页。

以藏礼，礼以行义，义以生利，利以平民，政之大节也。"① "名"指名位，它是社会成员在社会关系中的身份与地位；"器"是与"名"相对应的器物，而"礼"是与"名"相匹配的一系列仪节。显然，"名"处于第一位，而"器"和"礼"则是"名"的附属物。也就是说，有什么样的"名"就有什么样的"器"和"礼"，譬如，有天子之"名"，就可以享用到荀子所说的这些器物："天子大路越席，所以养体也；侧载睪芷，所以养鼻也；前有错衡，所以养目也；和鸾之声，步中武、象，趋中韶、护，所以养耳也；龙旗九斿，所以养信也；寝兕、持虎、蛟韅、丝末、弥龙，所以养威也；故大路之马必倍至教顺，然后乘之，所以养安也。"②

## 二 "等贵贱，分亲疏，序长幼"

如前所述，"群居和一"是荀子所要达到的理想的社会政治目标，而这一理想的社会目标的真正实现以各种名分及职分的确立（"分"）为其必要前提，鉴于此，依据某些标准，将社会成员划分为不同的阶层，确立他们的分界与边际，便是十分重要的。已如前述，在荀子看来，社会成员大致可以划分为三个阶层，即政治领域的君臣，家庭领域的父子、兄弟、夫妇，社会领域的农夫、商贾、百工，他们的名分及职分在"礼"当中都有明确的规定。这只是从横向维度对社会成员所做出的平面划分。而"群居和一"的社会政治秩序的真正实现，同时还要求最高统治者从纵向维度构筑社会成员之间的等级分野，因为政治统治从本质上看是自上而下的层级管理，也就是说，社会成员之间如若不存在严格而分明的等级分野（尤其是统属与被统属的政治关系），将难以构筑起服从与支配的政治统治机制。"两贵之不能相事，两贱之不能相使"③，而"无君以制臣，无上以制下，天下害生纵欲。欲恶同物，欲多而物寡，寡则必争矣"④。正因为有见于此，荀子指出：

---

① 《春秋左传·成公二年》，（清）阮元校刻：《十三经注疏》，中华书局1980年版，第1892页。
② 《礼论篇》，（清）王先谦：《荀子集解》，中华书局1988年版，第347—348页。
③ 《王制篇》，（清）王先谦：《荀子集解》，中华书局1988年版，第152页。
④ 《富国篇》，（清）王先谦：《荀子集解》，中华书局1988年版，第175页。

> 君子以德，小人以力。力者，德之役也。百姓之力，待之而后功；百姓之群，待之而后和；百姓之财，待之而后聚；百姓之执，待之而后安；百姓之寿，待之而后长。①

"君子"不是指人格境界意义上的有德者，而是指拥有政治地位、担任一定官职的统治者阶层，包括天子、诸侯、士大夫、官人百吏四个阶层："志意致修，德行致厚，智虑致明，是天子之所以取天下也。政令法，举措时，听断公，上则能顺天子之命，下则能保百姓，是诸侯之所以取国家也。志行修，临官治，上则能顺上，下则能保其职，是士大夫之所以取田邑也。循法则、度量、刑辟、图籍，不知其义，谨守其数，慎不敢损益也，父子相传，以持王公，是故三代虽亡，治法犹存，是官人百吏之所以取禄秩也。"②"小人"则是指没有任何政治地位的被统治者阶层，涵盖士、农、工、商"四民"，他们"孝弟原悫，軥录疾力，以敦比其事业而不敢怠傲"③。君子用德，小人用力，"力者，德之役也"，所以，君子与小人之间也就是统治与被统治的等级隶属关系，即小人理应被君子所支配役使。孟子曾表达过与荀子类似的看法，他说："有大人之事，有小人之事。且一人之身而百工之所为备，如必自为而后用之，是率天下而路也。故曰或劳心，或劳力。劳心者治人，劳力者治于人；治于人者食人，治人者食于人：天下之通义也。"④ "大人之事"就是"劳心者"所从事的事情，而"小人之事"则是"劳力者"所承担的事情；"劳心者"统治"劳力者"，"劳力者"供养"劳心者"。显然，"劳心者"和"劳力者"不仅是社会分工意义上的脑力劳动和体力劳动之别，而且也是政治意义上的统治与被统治的等级关系，应该说，后者才是孟子提出"劳心者"和"劳力者"之分别的真正目的。所以，葛兆光认为孟子以职业差异的合理性来论证阶层差异的合理性，混淆了职业差异与阶层差异。⑤

---

① 《富国篇》，（清）王先谦：《荀子集解》，中华书局1988年版，第181页。
② 《荣辱篇》，（清）王先谦：《荀子集解》，中华书局1988年版，第59页。
③ 同上。
④ 《孟子·滕文公上》，（宋）朱熹：《四书章句集注》，中华书局1983年版，第258页。
⑤ 参见葛兆光《中国思想史》（第1卷），复旦大学出版社2001年版，第162页。

与社会政治结构内部的层级统治相关联，荀子进一步揭示了礼本身所设定的各种等级内涵。

> 夫贵为天子，富有天下，是人情之所同欲也。然则从人之欲则势不能容，物不能赡也。故先王案为之制礼义以分之，使有贵贱之等，长幼之差，知愚、能不能之分，皆使人载其事而各得其宜，然后使谷①禄多少厚薄之称，是夫群居和一之道也。②
>
> 礼者，贵贱有等，长幼有差，贫富轻重皆有称者也。③
>
> 故尚贤使能，等贵贱，分亲疏，序长幼，此先王之道也。故尚贤、使能，则主尊下安；贵贱有等，则令行而不流；亲疏有分，则施行而不悖；长幼有序，则事业捷成而有所休。故仁者，仁此者也；义者，分此者也；节者，死生此者也；忠者，惇慎此者也。兼此而能之，备矣。④

"知愚、能不能之分"旨在给予社会成员以才智高低的等级划分，它是"贵贱有等"的重要依据。"贵贱有等"或"等贵贱"，是按照政治权力大小所给予的等级划分，它决定了人们在政治领域的地位，"长幼有差"或"序长幼""分亲疏"，是根据年岁大小和血缘远近所给出的等级划分，它决定了人们在家庭及社会领域的地位，也就是说，礼确立了贵与贱、长与幼、亲与疏之间的优越与从属的等级关系。"少事长，贱事贵，不肖事贤，是天下之通义"⑤，"贵者敬焉，老者孝焉，长者弟焉，幼者慈焉，贱者惠焉"⑥，因此，"礼有隆杀是儒家礼学的重要特征，这种等级礼学以血缘关系的亲疏和政治上的不同阶层为依据，有着

---

① "谷"原作"悫"，依据俞樾的说法改定，参见（清）王先谦《荀子集解》，中华书局1988年版，第70—71页。
② 《荣辱篇》，（清）王先谦：《荀子集解》，中华书局1988年版，第70—71页。
③ 《富国篇》，（清）王先谦：《荀子集解》，中华书局1988年版，第178页。
④ 《君子篇》，（清）王先谦：《荀子集解》，中华书局1988年版，第453—454页。
⑤ 《仲尼篇》，（清）王先谦：《荀子集解》，中华书局1988年版，第113页。
⑥ 《大略篇》，（清）王先谦：《荀子集解》，中华书局1988年版，第490页。

深厚的社会基础"①，而"贫富轻重皆有称"则是与政治、家庭、社会地位相适宜的物质资源的合理分配。显然，无论是政治领域的"贵贱有等"，家庭及社会领域的"长幼有差""分亲疏"，抑或经济层面的"贫富轻重皆有称"，都蕴含着强烈的等级观念。所以说，"礼以社会地位高低之等、政治权势尊卑贵贱之差、经济财富贫穷多寡之别为基本内容的等级理念及其等级制度为核心。礼的本质是等级制"②。"荀子这种三位一体形式的软控制规范体系，集中体现在一个核心上，即对社会等级的划分。"③ 所谓的"软控制规范体系"，就是指"礼"，它以社会等级的划分为核心。

　　不难看出，荀子以上所阐发的礼以等级理念及等级制度为本质内涵的看法，与《管子》的某些观点十分接近。《管子·五辅》说："上下有义，贵贱有分，长幼有等，贫富有度，凡此八者，礼之经也。"④《管子·禁藏》说："礼仪足以别贵贱。"⑤ "上下有义""贵贱有分""别贵贱"相当于荀子所说的"贵贱有等"或"等贵贱"，"长幼有等"即是荀子所说的"长幼有差"或"序长幼"，而"贫富有度"则接近于荀子所说的"贫富轻重皆有称"。继荀子及《管子》以后，《礼记·经解》更加明确地揭示了各种礼仪背后所蕴含的等级精神："朝觐之礼，所以明君臣之义也；聘问之礼，所以使诸侯相尊敬也；丧祭之礼，所以明臣子之恩也；乡饮酒之礼，所以明长幼之序也；昏姻之礼，所以明男女之别也。"⑥ 这些礼仪背后所蕴含的等级精神具有恒常不变的特点，所以《礼记·大传》又说："圣人南面而治天下，必自人道始矣。立权度量，考文章，改正朔，易服色，殊徽号，异器械，别衣服，此其所得与民变革者也。亲亲

---

　　① 李桂民：《荀子思想与战国时期的礼学思潮》，博士学位论文，西北大学，2006年，第165页。
　　② 张奇伟：《荀子礼学思想简论》，《中国哲学史》2002年第2期，第104页。
　　③ 韩进军：《荀子社会控制规范体系的基本构架》，《河北师范大学学报》（哲学社会科学版）1998年第3期，第24页。
　　④ 黎翔凤：《管子校注》，中华书局2004年版，第198页。
　　⑤ 同上书，第1012页。
　　⑥ 《礼记·经解》，（清）阮元校刻：《十三经注疏》，中华书局1980年版，第1610页中、下。

也，尊尊也，长长也，男女有别，此其不可得与民变革者也。"① 人道既统摄恒常不变的部分又包括灵活变通的部分："权""文章""正朔""服色""徽号""器械""衣服"具有历史性，不同朝代都有不同程度的损益革新，因此它们是"所得与民变革者"，而"亲亲""尊尊""长长""男女有别"则属于人道的恒常不变的部分，因此它们是"不可得与民变革者"。"亲亲""尊尊""长长"，分别以"分亲疏""等贵贱""序长幼"为其逻辑前提，也就是说，唯有先辨明亲疏、贵贱、长幼的等级分野，才有可能做到"亲亲""尊尊""长长"。

既然荀子极其重视礼所构筑的等级结构，那么，他对墨子思想展开理论批判也就是理所当然的事情了。

> 不知壹天下、建国家之权称，上功用、大俭约而僈差等，曾不足以容辨异、县君臣；然而其持之有故，其言之成理，足以欺惑愚众，是墨翟、宋钘也。②

荀子批判了墨子所提出的三种主张：一是不知齐一天下、建立国家的制度规范③；二是崇尚功用俭约，即"节用""节葬""非乐"④；三是轻僈等级差别，即"兼爱"⑤，这也就是《天论篇》所说的"墨子有见于齐，无见于畸"。既然墨子不容许人与人之间存在分异，这似乎也就意味着他可能主张取消君臣之间的等级悬殊，所以荀子说：

> 墨子大有天下，小有一国，将蹙然衣粗食恶，忧戚而非乐。若是则瘠，瘠则不足欲；不足欲则赏不行。墨子大有天下，小有一国，

---

① 《礼记·大传》，（清）阮元校刻：《十三经注疏》，中华书局1980年版，第1506页下。
② 《非十二子篇》，（清）王先谦：《荀子集解》，中华书局1988年版，第92页。
③ 墨子不反对齐一天下、建立国家，主张"尚同"之论；只不过，在荀子看来，他不懂得"礼"是君主齐一天下、建立国家的制度规范而已。
④ 墨子撰有《节用》《节葬》《非乐》上中下各三篇，但《节用》下、《节葬》上中、《非乐》中下五篇已缺失。参见（清）孙诒让《墨子间诂》，中华书局2001年版。
⑤ 墨子反对人与人之间的"交别"，主张"兼以易别"，提倡以"兼相爱、交相利"替代"别相恶、交相贼"。参见《兼爱》上中下三篇，（清）孙诒让《墨子间诂》，中华书局2001年版。

> 将少人徒，省官职，上功劳苦，与百姓均事业，齐功劳，若是则不威，不威则罚不行。赏不行，则贤者不可得而进也；罚不行，则不肖者不可得而退也。贤者不可得而进也，不肖者不可得而退也，则能不能不可得而官也。①

所谓的"与百姓均事业，齐功劳"，就是要求君主与民众从事同样的事情，分享同样的功劳，这与农家许行所表达的"贤者与民并耕而食，饔飧而治"的观点极其相似。朱熹认为，许行此言可能是为了破坏孟子所提出的君子野人之分。② 而墨子的这一主张从根本上破坏了君民之间的等级秩序，妨碍到政治命令的贯彻执行：奖赏不能实行，贤者便得不到提拔任用，刑罚无法执行，不肖者也得不到罢免辞退，如此，贤者、不肖者也就与职位失称，所以说："有齐而无畸，则政令不施。"③

---

① 《富国篇》，（清）王先谦：《荀子集解》，中华书局1988年版，第186页。
② 参见《孟子·滕文公上》，（宋）朱熹：《四书章句集注》，中华书局1983年版，第258页。
③ 《天论篇》，（清）王先谦：《荀子集解》，中华书局1988年版，第319—320页。

# 第三章

# 礼之道德功用

如前所述，荀子将名分的确立规定为"礼法"之"枢要"，而"礼"所设定的不同名分应当而且必须在日常的生活世界中得到贯彻落实。但是，人的感性情欲存在趋"恶"的自发倾向，如何保证个体自觉地践行"礼"所设定的伦理义务呢？对此，荀子提出了"礼及身而行修"的道德实践，进一步从"涂之人可以为禹"的先天根据、"不教无以理民性"的社会道德教化和"积善成德"的个体道德修养、"始乎为士，终乎为圣人"的人格境界三个层面揭示了"礼"之"修身"功用的实践过程。

## 第一节 "涂之人可以为禹"的先天根据

按照荀子的理解，圣贤与普通人的自然禀赋或先天潜能都是相同的，就这一意义来看，他们之间显然不存在本质性的差异。

> 圣人之所以同于众，其不异于众者，性也。[1]
> 凡人之性者，尧舜之与桀跖，其性一也；君子之与小人，其性一也。[2]
> 材性知能，君子小人一也。[3]

---

[1] 《性恶篇》，（清）王先谦：《荀子集解》，中华书局1988年版，第438页。
[2] 同上书，第441页。
[3] 《荣辱篇》，（清）王先谦：《荀子集解》，中华书局1988年版，第61页。

尽管尧舜与桀跖、君子与小人之间的内在德性及外在言行存在根本性的差异，但他们在自然本性方面却是完全一致的，"材性知能，君子小人一也"，即充分地说明了这一点。所谓的"材性知能"，是指"君子"与"小人"之间共同拥有的人性内容，这涉及三个层面：（1）"饥而欲食，寒而欲暖，劳而欲息，好利而恶害"的自然欲望；（2）"目辨白黑美恶，耳辨声音清浊，口辨酸咸甘苦，鼻辨芬芳腥臊，骨体肤理辨寒暑疾痒"的感知能力；（3）"所以知之在人者""可以知之质"的先天认知能力与"所以能之在人者""可以能之具"的先天实践能力。在以上三者之中，第一层面的"自然欲望"蕴含趋"恶"的非反思性倾向，"今人之性，生而有好利焉，顺是，故争夺生而辞让亡焉；生而有疾恶焉，顺是，故残贼生而忠信亡焉；生而有耳目之欲，有好声色焉，顺是，故淫乱生而礼义文理亡焉"①，在这一意义上，荀子提出了"人之性恶"的命题。既然感性欲望蕴含趋"恶"的非反思性倾向，那么，它就不可能成为个体成就德性的内在根据。而第二层面的五种感知能力虽然不具有"恶"的属性，但是它们同样不是个体成就德性的内在根据。个体无法凭借"自然欲望"与"感知能力"进行内在德性的培养与修持，那么，第三层面的先天认知能力与先天实践能力，是否可以承担起个体成就德性的内在根据这一重任呢？显然这是我们势必要追问的理论问题。对此，以往的研究者通常认为荀子所论及的后天道德修为（"伪"）缺乏内在的主观根据，实际上，这是曲解荀子人性论所造成的错误结论。在荀子本人看来，对于如上问题的回答无疑是肯定的，即是说，个体与生俱来的认知能力与实践能力可以成为他们成就德性的内在根据。

"涂之人可以为禹"，曷谓也？曰：凡禹之所以为禹者，以其为仁义法正也。然则仁义法正有可知可能之理，然而涂之人也，皆有可以知仁义法正之质，皆有可以能仁义法正之具，然则其可以为禹明矣。今以仁义法正为固无可知可能之理邪？然则唯禹不知仁义法正，不能仁义法正也。将使涂之人固无可以知仁义法正之质，而固无可以能仁义法正之具邪？然则涂之人也，且内不可以知父子之义，

---

① 《性恶篇》，（清）王先谦：《荀子集解》，中华书局1988年版，第434页。

外不可以知君臣之正。今不然。涂之人者，皆内可以知父子之义，外可以知君臣之正，然则其可以知之质，可以能之具，其在涂之人明矣。今使涂之人者以其可以知之质，可以能之具，本夫仁义法正之可知之理，可能之具，然则其可以为禹明矣。①

禹并非天生就是圣人，"尧、禹者，非生而具者也"②，他之所以能够成为圣人，就是因为他坚持不懈地践行"仁义法正"。"仁义法正"存在"可知可能之理"，而"涂之人"与禹一样都具有相同的认知"仁义法正"的资质与践行"仁义法正"的条件，所以说，假如"涂之人"积极而充分地发挥他们与生俱来的认知能力（"可以知仁义法正之质"）与实践能力（"可以能仁义法正之具"），专心致志地学习、锲而不舍地践行"仁义法正"的"可知可能之理"，他们就可以成为大禹那样的圣人。正因为如此，荀子说："涂之人可以为禹。"

不难看出，"本恶之性不可能为成人过程提供内在根据"③，然而，性恶论毕竟只是荀子人性论的一部分，实际上，荀子人性论的另外一部分（"可以知仁义法正之质"与"可以能仁义法正之具"）为个体成就德性设定了内在的主观根据，所以，如果从一般意义上说荀子在成人之道当中忽视了人格培养的内在根据，显然这是不够准确的论断。"事实上，荀子的礼义道德，依然是源于人的心性，同时亦具有认知并完成善的能力，唯与过去儒学传统所熟习的孟子性善论相较，这种道德实践的进路是完全不同的。"④ 换句话说，我们只能说荀子的性恶论而不能说他的整个人性论忽视了人格培养的内在根据，"在荀子的观念体系里，'辨'和'义'即是涂之人可以为禹、可以'伪'而成善之内在根据和价值之源"⑤。按照路德斌的理解，"辨"即个体先天就具有的辨别能力，也就是《性恶篇》所说的"可以知仁义法正之质"，这是"涂之人可以为禹"

---

① 《性恶篇》，（清）王先谦：《荀子集解》，中华书局1988年版，第442—443页。
② 《荣辱篇》，（清）王先谦：《荀子集解》，中华书局1988年版，第63页。
③ 杨国荣：《善的历程——儒家价值体系研究》，上海人民出版社2006年版，第101—102页。
④ 田富美：《清代荀子学研究》，博士学位论文，台湾政治大学，2005年，第29页。
⑤ 路德斌：《荀子与儒家哲学》，齐鲁书社2010年版，第120页。

的先天根据，而"义"即"礼"则是"涂之人可以为禹"的价值之源。循此可见，假使"涂之人"想成为禹一样的圣人，那么，他们至少应该同时拥有如下两个方面的必要条件：（1）内在的主观根据——"可以知仁义法正之质"与"可以能仁义法正之具"；（2）客观的普遍规范——"礼义"。既然自然欲望蕴含趋"恶"的倾向，人性里面当然也就不可能存在"礼义"，而"礼义"是圣王"上取象于天，下取象于地，中取则于人"①所制定起来的客观规范；而"顺从与尧、禹的生活方式相联系的'先王之道、仁义之统'，乃是实现等级地位的上升，充分满足物质欲望的最好办法"②，这里的"先王之道、仁义之统"就是"礼义"，所以个体为了满足自身生命机体所必需的感性欲望势必要转向外学习、实践"礼义"，在此基础上，个体就可以凭借"礼义"矫正、疏导他们的自然情欲，使之保持在合理的界限内，进而以圣贤境界的修持与养成为最终旨归，这正是"礼义"所彰显的道德功用。

## 第二节 "礼及身而行修"的道德工夫

如前所述，从缘起或起源这一角度来考察，礼正是以人的自然情感为内在基础的，荀子在阐释三年之丧的理论根据时所提出来的"称情而立文"命题，即清楚说明了这一点。尽管自然情感是圣人或圣王制礼的内在根据，但是这不等于说人们就可以毫无节制地释放自己的内在情感，实际上，人的自然欲望具有"欲多而不欲寡"的强烈趋向，若一味地顺从放纵自然欲望的满足，必然导致激烈而残酷的社会纷争，正因为如此，人们在日常的生活世界中就必须依凭客观的礼文规范制约自然欲望的无限满足，否则，将陷入子游所说的"戎狄之道"："有直情而径行者，戎狄之道也。"③对于个体而言，礼的首要功用在于为他们的言行提供合理的规范与界限，同时以此作为行为评价的客观依据，荀子在考察礼的起

---

① 《礼论篇》，（清）王先谦：《荀子集解》，中华书局1988年版，第373页。
② ［日］片仓望：《荀子的欲望论和等级制研究》，载廖名春《荀子二十讲》，华夏出版社2009年版，第383页。
③ 《礼记·檀弓下》，（清）阮元校刻：《十三经注疏》，中华书局1980年版，第1340页中。

源问题时曾说："人生而有欲，欲而不得，则不能无求，求而无度量分界，则不能不争，争则乱，乱则穷。先王恶其乱也，故制礼义以分之，以养人之欲，给人之求。"① 先王制礼的根本目的就是制定客观的"度量分界"，借此消解个体之间的争夺与残害，从而实现"正理平治"与"群居和一"的理想社会。作为"度量分界"的"礼"之所以具有如此强大的社会整合功用，按照杨国荣的理解，就是因为："礼的特点在于为每一个社会成员规定一定的权利和义务，这种规定构成了行为的'度'或界限……正是不同的权利界限和行为界限，使社会形成为一种有序的结构，从而避免了荀子所说的社会纷争。"② 礼规定了社会成员的权利和义务，个体依礼而行，其言行就会得体雅观，所以荀子说："礼及身而行修。"③ 围绕这一命题，荀子系统而具体地阐释了礼对于个体所具有的道德功用。

### 一 "礼者，所以正身也"

荀子首先规定了"行""说""名"所应当遵循的基本原则，即"唯其当之为贵"，"当"指"行""说""名"必须合乎"礼义"所设定的客观规范。

> 君子行不贵苟难，说不贵苟察，名不贵苟传，唯其当之为贵。故怀负石而投河，是行之难为者也，而申徒狄能之；然而君子不贵者，非礼义之中也。山渊平，天地比，齐、秦袭，入乎耳，出乎口，钩有须，卵有毛，是说之难持者也，而惠施、邓析能之；然而君子不贵者，非礼义之中也。盗跖吟口，名声若日月，与舜、禹俱传而不息；然而君子不贵者，非礼义之中也。故曰：君子行不贵苟难，说不贵苟察，名不贵苟传，唯其当之为贵。④

申徒狄怀抱石头坠河虽然难能可贵，但是由于该行为不合乎"礼义之中，

---

① 《礼论篇》，（清）王先谦：《荀子集解》，中华书局1988年版，第346页。
② 杨国荣：《伦理与存在——道德哲学研究》，华东师范大学出版社2009年版，第45页。
③ 《致士篇》，（清）王先谦：《荀子集解》，中华书局1988年版，第260页。
④ 《不苟篇》，（清）王先谦：《荀子集解》，中华书局1988年版，第37—39页。

时止则止，时行则行"① 的要求，所以君子不以此类行为为贵；惠施和邓析从逻辑层面证明了"山渊平，天地比，齐、秦袭，入乎耳，出乎口，钩有须，卵有毛"，虽然这是一般人难以企及的，但是由于他们"不法先王，不是礼义，甚察而不急②，辩而无用，多事而寡功"③，所以君子不以此种言论为贵；盗跖凶贪如虎豹④，虽然他与舜、禹同传而不息，但是由于他的名声"非礼义之中"，所以君子不以此类名声为贵。荀子这里所论及的"君子行不贵苟难，说不贵苟察，名不贵苟传，唯其当之为贵"的"不苟"思想在《儒效篇》中得到了充分的展开与发挥。

> 凡事行，有益于理者立之，无益于理者废之，夫是之谓中事。凡知说，有益于理者为之，无益于理者舍之，夫是之谓中说。事行失中谓之奸事；知说失中谓之奸道。奸事奸道，治世之所弃，而乱世之所从服也。⑤

在荀子这里，"理"概念具有多重内涵：有时指"物之理"，如"可以知，物之理也"⑥；有时指"事理"，如"务事理者也"⑦；有时指"人伦之理"，如"辞让之节得矣，长少之理顺矣"⑧；等等。但是，在这些内涵当中，唯有"人伦之理"才是荀子"理"概念的核心内涵。所谓的"人伦之理"，主要就是指称君臣、父子、兄弟、夫妇之间的伦理规范："请问为人君？曰：以礼分施，均遍而不偏。请问为人臣？曰：以礼待君，忠顺而不懈。请问为人父？曰：宽惠而有礼。请问为人子？曰：敬爱而致恭。请问为人兄？曰：慈爱而见友。请问为人弟？曰：敬诎而不苟。请问为人夫？曰：致功而不流，致临而有辨。请问为人妻？曰：夫

---

① 参见杨倞的注释，（清）王先谦：《荀子集解》，中华书局1988年版，第37页。
② "急"原作"惠"，依据王念孙的说法校改，参见（清）王先谦《荀子集解》，中华书局1988年版，第93—94页。
③ 《非十二子篇》，（清）王先谦：《荀子集解》，中华书局1988年版，第93—94页。
④ 参见俞樾的注释，（清）王先谦：《荀子集解》，中华书局1988年版，第39页。
⑤ 《儒效篇》，（清）王先谦：《荀子集解》，中华书局1988年版，第124页。
⑥ 《解蔽篇》，（清）王先谦：《荀子集解》，中华书局1988年版，第406页。
⑦ 《非十二子篇》，（清）王先谦：《荀子集解》，中华书局1988年版，第100页。
⑧ 《正名篇》，（清）王先谦：《荀子集解》，中华书局1988年版，第424页。

有礼，则柔从听侍；夫无礼，则恐惧而自竦也。"① 而且这些伦理规范是亘古不变、始终如一的，"君臣、父子、兄弟、夫妇，始则终，终则始，与天地同理，与万世同久，夫是之谓大本"②，因此荀子说："礼也者，理之不可易者也。"③ "理之不可易者"，就是指君臣、父子、兄弟、夫妇之间的伦理规范，在荀子看来，唯有"礼"才能够同时兼具这些伦理规范，"此道也，偏立而乱，俱立而治，其足以稽矣。请问兼能之奈何？曰：审之礼也"④。"凡事行，有益于理者立之，无益于理者废之，夫是之谓中事。凡知说，有益于理者为之，无益于理者舍之，夫是之谓中说"，这段话中所涉及的"理"⑤ 就是指"礼义"，这是"事行"与"知说"的客观标准，也就是说，凡是有益于"礼义"的事情与行为（"事行"）就要去实施，不然就舍弃它；凡是有益于"礼义"的知识与辩说（"知说"）就要取用，不然就抛弃它。这些都是"治世"应该做到的事情，而"乱世"正好与之相反。在《儒效篇》中，荀子再次论及个体言行的界限与标准，提出了"君子言有坛宇，行有防表"的命题。

> 君子言有坛宇，行有防表，道有一隆。言政治⑥之求，不下于安存；言志意之求，不下于士；言道德之求，不二后王。道过三代谓之荡，法二后王谓之不雅。高之下之，小之巨⑦之，不外是矣，是君子之所以骋志意于坛宇宫廷也。故诸侯问政不及安存，则不告也；匹夫问学不及为士，则不教也；百家之说不及后王，则不听也。夫是之谓君子言有坛宇，行有防表也。⑧

---

① 《君道篇》，（清）王先谦：《荀子集解》，中华书局1988年版，第232—233页。
② 《王制篇》，（清）王先谦：《荀子集解》，中华书局1988年版，第163页。
③ 《乐论篇》，（清）王先谦：《荀子集解》，中华书局1988年版，第382页。
④ 《君道篇》，（清）王先谦：《荀子集解》，中华书局1988年版，第233页。
⑤ 此段引文中的四个"理"字，皆当作"治"，为唐朝人所改。参见杨柳桥《荀子诂译》，齐鲁书社2009年版，第159页。但是，这一说法缺乏充分的依据，本书仍按"理"字处理。
⑥ "政治"原作"道德"，依据杨倞的说法校改，参见（清）王先谦《荀子集解》，中华书局1988年版，第146页。
⑦ "巨"原作"臣"，依据杨倞的说法校改，参见（清）王先谦《荀子集解》，中华书局1988年版，第146页。
⑧ 《儒效篇》，（清）王先谦：《荀子集解》，中华书局1988年版，第146—147页。

王念孙注曰："坛,堂基也。宇,屋边也。言有坛宇,犹言'言有界域'。"① 杨倞注曰："防,堤防。表,标也。行有防表,谓有标准也。"② 由此,"言有坛宇,行有防表"表达了个体言行所应该遵循的界限与标准。在荀子看来,这一界限与标准主要表现在以下三个方面:(1)从"政治之求"看,"不下于安存";(2)从"志意之求"看,"不下于士";(3)从"道德之求"看,"不二后王"。因此,对于超脱在这三个界限与标准以外的辩说与行为,君子理当采取"不告""不教""不听"的态度。《非相篇》也说,"凡言不合先王,不顺礼义,谓之奸言,虽辩,君子不听"③,换句话说,逃逸在这三个界限与标准以外的辩说与行为,则是我们应该止步的地方。"夫坚白、同异、有厚无厚之察,非不察也,然而君子不辩,止之也;倚魁之行,非不难也,然而君子不行,止之也。"④ 不难看出,"言有坛宇,行有防表"具有明显的规范伦理学意蕴,也就是说,个体应该以客观的礼文规范("礼义")来约束自身的日常言行,将它们控制在合理的范围内,而这正是判分"士""君子""圣人"与一般人("民")的重要准则。"人有是,士君子也;外是,民也;于是其中焉,方皇周挟,曲得其次序,是圣人也。"⑤ 在此基础上,荀子进一步指出了个体辩说应当遵守的礼文规范,即"言而仁之中"。

> 凡人莫不好言其所善,而君子为甚焉。是以小人辩言险而君子辩言仁也。言而非仁之中也,则其言不若其默也,其辩不若其呐也;言而仁之中也,则好言者上矣,不好言者下也。故仁言大矣。⑥

"君子"与"小人"都是能言会道之人("凡人莫不好言其所善"),但是,他们所乐于辩说的内容无疑存在天壤之别,即小人善于辩说险恶,而君子善于辩说仁道。如果辩说不合乎"仁之中",那么,说话不如缄

---

① 参见王念孙的注释,(清)王先谦:《荀子集解》,中华书局1988年版,第146页。
② 参见杨倞的注释,(清)王先谦:《荀子集解》,中华书局1988年版,第146页。
③ 《非相篇》,(清)王先谦:《荀子集解》,中华书局1988年版,第83页。
④ 《修身篇》,(清)王先谦:《荀子集解》,中华书局1988年版,第31页。
⑤ 《礼论篇》,(清)王先谦:《荀子集解》,中华书局1988年版,第358页。
⑥ 《非相篇》,(清)王先谦:《荀子集解》,中华书局1988年版,第87页。

默,巧辩不如口拙;而如果辩说合乎"仁之中",那么,"好言者"与"不好言者"之间必然存在高下之分,"好言者上矣,不好言者下也"即说明了这一点。实际上,"言而仁之中"的"仁"就是以"礼义"为它的核心内容。《儒效篇》说,"先王之道,仁之隆也,比中而行之。曷谓中?曰:礼义是也"①,顺从"礼义"而行,就是仁道的最高原则;《君子篇》说,"故尚贤使能,等贵贱,分亲疏,序长幼,此先王之道也。故尚贤、使能,则主尊下安;贵贱有等,则令行而不流;亲疏有分,则施行而不悖;长幼有序,则事业捷成而有所休。故仁者,仁此者也"②,杨倞解释说:"仁,谓爱说也。此,谓赏贤、使能、等贵贱、分亲疏、序长幼五者也。爱说此五者,则为仁也。"③"尚贤、使能、等贵贱、分亲疏、序长幼",既是先王之道,也是"礼义"的本质规定,所以"言而仁之中"就是"言而礼义之中",即《不苟篇》所谓的"说不贵苟察,唯其当之为贵"。

礼不仅设置了个体言行的界限与标准,而且规定了主体间交往必须遵循的根本原则,即"必由其道至,然后接之,非其道则避之","道"在这里指"礼义",也就是说,主体间交往必须遵循客观的"礼义"规范。

> 问楛者勿告也,告楛者勿问也,说楛者勿听也,有争气者勿与辩也。故必由其道至,然后接之,非其道则避之。故礼恭而后可与言道之方,辞顺而后可与言道之理,色从而后可与言道之致。故未可与言而言谓之傲,可与言而不言谓之隐,不观气色而言谓之瞽。故君子不傲,不隐,不瞽,谨顺其身。《诗》曰:"匪交匪舒,天子所予。"此之谓也。④

熊公哲注曰:"楛,恶也,此借言非礼之事。"⑤荀子在这段话中主要讲述

---

① 《儒效篇》,(清)王先谦:《荀子集解》,中华书局1988年版,第121页。
② 《君子篇》,(清)王先谦:《荀子集解》,中华书局1988年版,第453页。
③ 参见杨倞的注释,(清)王先谦:《荀子集解》,中华书局1988年版,第453页。
④ 《劝学篇》,(清)王先谦:《荀子集解》,中华书局1988年版,第17—18页。
⑤ 熊公哲:《荀子今注今译》,台湾商务印书馆1976年版,第14页。

了主体之间相互交流所应该坚守的基本原则，即对方依顺"礼义"之道而来，就可以与之交流，否则，不依顺"礼义"之道而来，就可以避而不见（"必由其道至，然后接之，非其道则避之"）。也就是说，一方礼貌恭敬、言辞谦顺、面色内含从善之意，另一方就可以和他谈论学习"礼义"的方法（"道之方"）、"礼义"的具体内容（"道之理"）、"礼义"的深层内涵（"道之致"）。与之相反，如果不可以和对方谈论却谈论了，这就是急躁（"傲"）；可以和对方谈论却不谈论，这就是隐瞒（"隐"）；不观察对方的面色就匆忙地进行交流，这就是瞎子（"瞽"）。基于如上两组行为方式的对比可知：君子必须在观察对方实际表现的基础上给予适宜的行为回应，从而做到"不傲""不隐""不瞽"。荀子对于君子所设置的这一行为规范，与孔子表现出极其近似的致思趋向。《论语·季氏》说："侍于君子有三愆：言未及之而言，谓之躁；言及之而不言，谓之隐；未见颜色而言，谓之瞽。"[1] 在孔子看来，"躁""隐""瞽"是君子身边的侍者们容易犯下的三种过错，这些行为都是不被允许的，所以他们一定要尽可能地阻止这些行为的发生，而"不傲""不隐""不瞽"则是君子身边的侍者们应该具备的理想行为类型。虽然"不傲""不隐""不瞽"是孔子与荀子都相当认可并乐于提倡的行为方式，但他们之间还是存在着一定程度的差异，即"不傲""不隐""不瞽"所针对的主体对象有所不同，"孔子就学者言，荀子就教者言"[2]。而且，荀子这里所设定的"君子不傲，不隐，不瞽，谨顺其身"的行为规范，实际上也潜藏着道家所崇尚的"因循"思想。[3] 从方法论上说，"因循"意味着行为主体依循他者（包括他人与他物）的内在本性或外部表现而有所行为，郝懿行注解"谨顺其身"时曾经指出："谨顺其身，身，犹人也。此谓君子言与不言，皆顺其人之可与不可，所谓'时然后言，人不厌其言'也。"[4]

---

[1] 《论语·季氏》，（宋）朱熹：《四书章句集注》，中华书局1983年版，第172页。
[2] 熊公哲：《荀子今注今译》，台湾商务印书馆1976年版，第14页。
[3] 关于"因循"思想，许建良教授曾给予了系统的考察，具体参见其专著《魏晋玄学伦理思想研究》（人民出版社2003年版）、《先秦道家的道德世界》（中国社会科学出版社2006年版），以及论文《为"因循"翻案》，载《新世纪的哲学与中国——2004年中国哲学大会文集》（上卷），中国社会科学出版社2005年版，第575—585页。
[4] 参见郝懿行的注释，（清）王先谦：《荀子集解》，中华书局1988年版，第18页。

从上下文的具体语境来看，郝懿行的这一解释十分契合荀子的本有之义。"顺其身"就是"顺其人之可与不可"，这是"君子言与不言"的客观出发点，而"未可与言而言"的"傲"（"躁"）、"可与言而不言"的"隐"、"不观气色而言"的"瞽"则是主体根据自己的主观臆想所发出的错误行为。"君子不傲，不隐，不瞽，谨顺其身"也就意味着君子应该以他人的具体言行而不是自己的主观臆想为行为的出发点，也就是说，君子不先人而为，其行为具有被动性的特征。"因也者，舍己而以物为法者也。感而后应，非所设也。缘理而动，非所取也"①，"但从实践上说，因、顺的行为又不是单纯的被动，它是在因、顺中实现着行为主体的自由意志"②，"君子不傲，不隐，不瞽，谨顺其身"无疑体现了道家所倡导的"因循"思想。应该说，这是荀子借鉴、改造道家思想的理论结晶。

对于个体而言，礼除了限定他们的言行以外，同时也扩散性地渗入到日常生活的其余领域。

> 凡用血气、志意、知虑，由礼则治通，不由礼则勃乱提僈；食饮、衣服、居处、动静，由礼则和节，不由礼则触陷生疾；容貌、态度、进退、趋行，由礼则雅，不由礼则夷固僻违，庸众而野。故人无礼则不生，事无礼则不成，国家无礼则不宁。《诗》曰："礼仪卒度，笑语卒获。"此之谓也。③

礼在这里几乎涵盖了个体生活的所有领域，既涉及内在的"血气""志意""知虑"，又指向外在的"食饮""衣服""居处""动静"，以及"容貌""态度""进退""趋行"。在日常生活中，个体如果做到依礼而行，他就会通达自如、雍容优雅，否则，他将懈怠散漫、庸俗粗野，所以人不依礼而行的话就难以在社会上立足生存（"人无礼则不生"），换句

---

① 《管子·心术上》，黎翔凤：《管子校注》，中华书局2004年版，第776页。
② 许建良：《魏晋玄学伦理思想研究》，人民出版社2003年版，第513页。
③ 《修身篇》，（清）王先谦：《荀子集解》，中华书局1988年版，第22—23页。

话说,"人是一个礼仪性的存在"①。孔子也曾说过,"不学礼,无以立"②,"兴于《诗》,立于礼,成于乐"③。可见,荀子的如上看法正是对孔子"不学礼,无以立"的承袭与发展。对于个人而言,他是注定要进入到现实社会并且过群居生活的人,"人之生,不能无群,群而无分则争,争则乱,乱则穷矣"④,所以,人们如果想存活于世,就必须努力地学习为人处世之道,在生活世界中学会处理纷繁复杂的人际关系,在现实的人际交往过程中,人的内在性情的修炼程度决定了个体能否妥当地处理好人际关系。因为"一个人内部自行分家吵闹,愁苦由此起,心理变态由此起,罪恶行为也由此起"⑤,所以荀子说:"桀、纣者,其知虑至险也,其志意至暗也,其行为至乱也,亲者疏之,贤者贱之,生民怨之。"⑥"知虑至险""志意至暗""行为至乱"之间具有内在的因果联系,就是说,内在层面的"知虑至险"与"志意至暗"是外在层面的"行为至乱"的原因,而"行为至乱"的最终结果则是"亲者疏之,贤者贱之,生民怨之"。

## 二 "不教无以理民性"的道德教化论

对于个体来说,尽管礼为他们的言行举止提供了客观的"度量分界",但如果仅限于此的话,礼只能被他们视为一种异己的客观规范系统,因而也就难以真正地发挥它所具有的道德功用,所以"礼要行于万物之中无不恰当,首先必须使人的内心与礼达到合一"⑦,也就是说,为了真正地发挥礼所具有的道德功用,个体致力于超越礼的异己性和外在性,将客观的规范系统("礼")内化为主观的道德意识,便是理所当然的选择。在客观的规范系统内化为主观的道德意识过程当中,主要涉及

---

① [美]赫伯特·芬格莱特:《孔子:即凡而圣》,彭国翔、张华译,江苏人民出版社2002年版,第12页。
② 《论语·季氏》,(宋)朱熹:《四书章句集注》,中华书局1983年版,第174页。
③ 《论语·泰伯》,(宋)朱熹:《四书章句集注》,中华书局1983年版,第104—105页。
④ 《富国篇》,(清)王先谦:《荀子集解》,中华书局1988年版,第179页。
⑤ 朱光潜:《乐的精神与礼的精神》,载贺麟《儒家思想新论》,正中书局1947年版,第47页。
⑥ 《正论篇》,(清)王先谦:《荀子集解》,中华书局1988年版,第325页。
⑦ 方尔加:《荀子修身论简析》,《北京社会科学》1993年第2期,第47页。

社会层面的道德教化和个体层面的道德修养两个基本问题，而这正是荀子要致力解决的重要课题。在这里，我们首先论述荀子所构筑的道德教化理论。

**（一）"以善先人者谓之教"：道德教化的本质意涵**

"教化"是儒家哲学的核心观念，其价值旨归指向德性教养与民俗敦化，而并非专注于认知性的理论建构，[①] 以"法仲尼、子弓之义"[②] 自居的荀子也表现出对"教化"问题的密切关注，并且系统构筑了独具特色的道德教化理论。

何谓"教化"，这是荀子构筑道德教化理论的逻辑起点。在《修身篇》中，荀子曾清楚界定了"教化"概念的本质意涵。

> 以善先人者谓之教，以善和人者谓之顺；以不善先人者谓之谄，以不善和人者谓之谀。[③]

这里的"善"就是"礼义"。荀子说："凡古今天下之所谓善者，正理平治也；所谓恶者，偏险悖乱也。是善恶之分也矣。"[④] "正理平治"是"善"，而"偏险悖乱"则是"恶"。那么，"治"与"乱"的具体内涵又是什么呢？荀子做了如下规定："君子治治，非治乱也。曷谓邪？曰：礼义之谓治，非礼义之谓乱也。故君子者，治礼义者也，非治非礼义者也。"[⑤] 合乎"礼义"就是"治"，而背离"礼义"则是"乱"。我们由此便可推导出："善"就是"礼义"，而"恶"则是"非礼义"。所以说，我们把"善"的具体内容理解为"礼义"，是契合荀子本有之义的。既然"善"是"礼义"，那么，施教者依凭"礼义"引导受教者向善的道德实践过程就是"教化"："以善先人者谓之教。"可见，教化能否顺利地达到施教者的预期目标，则取决于"礼义"是否可以被受教者自愿地接受及

---

[①] 参见李景林《哲学的教化与教化的哲学——论儒学精神的根本特质》，《天津社会科学》2005年第6期，第19—26页。

[②] 《非十二子篇》，（清）王先谦：《荀子集解》，中华书局1988年版，第97页。

[③] 《修身篇》，（清）王先谦：《荀子集解》，中华书局1988年版，第23—24页。

[④] 《性恶篇》，（清）王先谦：《荀子集解》，中华书局1988年版，第439页。

[⑤] 《不苟篇》，（清）王先谦：《荀子集解》，中华书局1988年版，第44页。

畅通无阻地践行，即"礼义不行，教化不成"①，显然，"礼义"是"教化"得以展开的必要条件。

（二）道德教化的必要性、可能性及其对象

荀子既然规定了"教化"概念的本质内涵，这说明他已预设了一个重要的理论前提，即教化的施行具有必要性与迫切性，不然的话，他根本没有必要界定"教化"概念。实际上，在荀子看来，教化的施行确实具有必要性与迫切性，《性恶篇》就是从人性层面专门地探讨了这一问题。荀子认为，人天生具有"目好色""耳好声""口好味""心好利""骨体肤理好愉佚"等欲望，而且这些欲望蕴含趋"恶"的自然倾向，如若一味地顺从这些欲望的尽情满足，人们必然陷入无休止的纷争，社会也就会动荡不安，在此意义上，荀子提出了"人之性恶"的命题，正因为"人之性恶"，所以"人无礼义，不知礼义"②。既然人自身内部不存在"礼义"的先天根据，他们也就不知道"礼义"，因而若要切实发挥"礼义"范导个体言行的道德功用，社会层面的道德教化也就十分有必要了："故必将有师法之化，礼义之道，然后出于辞让，合于文理，而归于治。"③唯有接受"师法""礼义"的转化与引导，个体才能懂得相互辞让，遵循文理而行，由此，整个社会也就安宁和谐，从而归于太平盛世。不难看出，在个体内在德性的涵养与社会外部秩序的整治过程中，道德教化无疑扮演了相当重要的角色。可见，"人之性恶"是"君师"或"圣王"推行教化的重要缘由之一，所以说："不教无以理民性。"④

此外，战国晚期的社会历史境遇也加剧了"君师"或"圣王"推行道德教化的必要性。一方面，"邪说""奸言"盛行于世，天下百姓受到它们的欺骗蒙蔽，迷茫不知所措，从而严重地动摇了儒家以"礼义"为核心的价值观念和生活方式，"假今之世，饰邪说，文奸言，以枭乱天下，矞宇嵬琐，使天下浑然不知是非治乱之所在者有人矣"⑤，所以荀子

---

① 《尧问篇》，（清）王先谦：《荀子集解》，中华书局1988年版，第553页。
② 《性恶篇》，（清）王先谦：《荀子集解》，中华书局1988年版，第439页。
③ 同上书，第435页。
④ 《大略篇》，（清）王先谦：《荀子集解》，中华书局1988年版，第498页。
⑤ 《非十二子篇》，（清）王先谦：《荀子集解》，中华书局1988年版，第89—90页。

不但猛烈地批判了"六说""十二子"①，而且还表现出更加极端的敌对态度，将他们看作"圣王"先要诛杀的"奸人之雄"："听其言则辞辩而无统，用其身则多诈而无功，上不足以顺明王，下不足以和齐百姓，然而口舌之均，应唯则节，足以为奇伟偃却之属，夫是之谓奸人之雄，圣王起，所以先诛也。然后盗贼次之。盗贼得变，此不得变也。"②另一方面，世人信奉诸种迷信观念（相面术、天人感应、鬼神等）成为普遍的社会风尚，司马迁将战国晚期的这一现象概括为"不遂大道而营于巫祝，信机祥"，《史记·孟子荀卿列传》说："荀卿嫉浊世之政，亡国乱君相属，不遂大道而营于巫祝，信机祥，鄙儒小拘，如庄周等又滑稽乱俗，于是推儒墨道德之行事兴坏，序列著数万言而卒。"③由于"消极地看待吉凶，在客观上妨碍了人们在当下过一种积极的符合礼的生活。只有揭示那些迷信观念的虚妄性，才有可能在根上拔除有害于'道'的行为方式"④，所以荀子在《非相篇》《天论篇》《礼论篇》等篇章中曾沉重地批判了世人"不遂大道而营于巫祝，信机祥"的社会现象。⑤综上所述，无论是个体内在的自然本性，还是社会历史领域的现实遭遇，分别从不同维度彰显了"君师"或"圣王"教化民众的必要性与迫切性。

　　道德教化不仅存在必要性与迫切性，而且必须拥有内在的可能性作为相应的支撑。教化可能性涉及深层次的人性问题，即教化的施行是否存在可能性，与受教者的行善意愿及行善能力休戚相关：受教者如果具有一定程度的行善意愿，并且拥有相应的行善能力，他们就会接受施教者的教化，教化的施行也就具有可能性，否则施教者便难以向受教者推行教化，教化的施行因此也就失去了可能性。既然教化可能性问题处于如此重要的理论位置，荀子就不会不考察这一问题。荀子指出，人们不仅具有趋"恶"的自然情欲，而且还拥有知善行善的天赋能力，即"可以知仁义法正之质"与"可以能仁义法正之具"⑥，在这一意义上，他提

---

① 参见（清）王先谦《荀子集解》，中华书局1988年版，第89—97页。
② 《非相篇》，（清）王先谦：《荀子集解》，中华书局1988年版，第88—89页。
③ 《史记·孟子荀卿列传》，（汉）司马迁：《史记》，中华书局1959年版，第2348页。
④ 陈文洁：《荀子的辩说》，华夏出版社2008年版，第38页。
⑤ 参见陈文洁《荀子的辩说》，华夏出版社2008年版，第22—38页。
⑥ 《性恶篇》，（清）王先谦：《荀子集解》，中华书局1988年版，第443页。

出了"涂之人可以为禹"①的命题,也正因如此,廖名春说:"全面地看《性恶》篇,显然它不仅仅只是一篇系统地阐明'性恶论'的基本观点,批判孟轲'性善论'的重要论文,它还包含了更广泛、更深刻的内容,也就是说,它还从人性的内在自然机制和后天的人为这两个方面论述了人性改造的深层原因。"② 关于"涂之人可以为禹"的内在人性根据,前文已有论述,此处不再赘言。毋庸置疑,"可以知仁义法正之质"与"可以能仁义法正之具"的确为"君师"或"圣王"推行教化奠定了内在的人性根基,它们是教化得以顺畅展开的主观因素和必要条件,如果人们自身内部缺失这样两种天赋能力,教化可能性也就无从谈起。

尽管教化存在客观必要性与内在可能性,但如果没有教化对象也是行不通的。按照荀子的看法,在教化过程中,"君师"或"圣王"应该担当起施教者(教化主体)的重要角色,这几乎是不言自明的事实;但是,受教者(教化对象)究竟包括哪些人呢?这倒是必须交代清楚的问题,因为倘若不规定教化对象的外延范围,教化的施行就会无的放矢,缺乏针对性。荀子认为,人们具有相同的自然情欲,而且自然情欲蕴含趋"恶"的倾向,所以从理论上说所有人都应该成为"君师"或"圣王"施行教化的对象。

> 人之生固小人,无师无法则唯利之见耳。人之生固小人,又以遇乱世,得乱俗,是以小重小也,以乱得乱也。君子非得势以临之,则无由得开内焉。③

"生"与"性"互通,"人之生固小人"即"人之性固小人",就是说,人性(自然情欲)生来就包含趋"恶"的自然倾向。④ 与此同时,他们又遭遇到战国晚期"乱世"及"乱俗"的熏染,其为恶的内在意愿也就变得越发强烈,正因为如此,君子唯有依靠外在的客观权势才能诱导小

---

① 《性恶篇》,(清)王先谦:《荀子集解》,中华书局1988年版,第442页。
② 廖名春:《荀子人性论的再考察》,载廖名春《荀子二十讲》,华夏出版社2009年版,第286页。
③ 《荣辱篇》,(清)王先谦:《荀子集解》,中华书局1988年版,第64页。
④ 参见王先谦的注释,(清)王先谦:《荀子集解》,中华书局1988年版,第64页。

人接受"礼义"之道。尽管所有人都被荀子当作"君师"或"圣王"施行教化的对象，但是这并不代表他们都会自愿地接受"君师"或"圣王"的教化，譬如朱、象就是这类人："尧、舜，至天下之善教化者也，南面而听天下，生民之属莫不振动从服以化顺之；然而朱、象独不化，是非尧、舜之过，朱、象之罪也。尧、舜者，天下之英也；朱、象者，天下之嵬，一时之琐也。"① 虽然尧、舜擅长教化百姓，但由于朱、象同为天下"嵬琐"之人，所以尧、舜对他们也束手无策，难以教化他们。

**（三）"以待无方，曲成制象"：道德教化的实践原则**

无论是教化概念的理论界定，还是教化必要性与可能性的论证，抑或教化对象的规定，这些都只是对于教化问题所给出的理论性的探讨，假使仅驻足于此的话，这无异于"纸上谈兵"，教化也就不可能落到实处。作为注重经验实用性的荀子来说，他必定会从实践层面进一步考察"君师"或"圣王"推行教化所需要的原则与方法。教化的切实展开，首要的问题就是设立具有实际操作性的基本原则。在这一问题上，荀子提出了施教者（教化主体）所应该依循的"曲"和"因"的原则。

> 彼君子则不然。佚而不惰，劳而不僈，宗原应变，曲得其宜，如是，然后圣人也。②

"宗原应变，曲得其宜"是圣人人格的主要特质，"曲得其宜"是以"宗原应变"为它的前提条件的，这里的"原"就是"礼义"。生活在现实社会中，人们必定面临复杂的人伦关系，相应地，也就扮演着多重的社会角色，同时再加上变化多端的社会境遇，所以，当一般人遭遇到许多新情况的时候，他们可能就会茫然不知所措，但圣人能够以"礼义"为本原，依照"类推"之法处理这些新情况，因此他可以"举措应变而不穷"。"饰动以礼义，听断以类，明振毫末，举措应变而不穷"③，"举措应变而不穷"就是"曲得其宜"。在处理新情况方面，大儒和圣人之间表

---

① 《正论篇》，（清）王先谦：《荀子集解》，中华书局1988年版，第336—337页。
② 《非十二子篇》，（清）王先谦：《荀子集解》，中华书局1988年版，第105页。
③ 《王制篇》，（清）王先谦：《荀子集解》，中华书局1988年版，第158页。

现出明显的一致性,大儒同样能够做到"持险应变曲当"。

> 其言有类,其行有礼,其举事无悔,其持险应变曲当,与时迁徙,与世偃仰,千举万变,其道一也。是大儒之稽也。①

"其持险应变曲当",杨倞注曰:"其持险应变,皆曲得其宜。"② 也就是说,大儒扶持危难应对事变,能够做到恰到好处;之所以如此,就是因为大儒在扶持危难应对事变之际,能遵循"礼义"之道,与时迁化,与世推移,这与"倚物怪变,所未尝闻也,所未尝见也,卒然起一方,则举统类而应之,无所儗怍,张法而度之,则晻然若合符节,是大儒者也"③ 可以相互发明:未尝听闻、未尝见过的"奇物怪变",即是指上面引文所说的"突发事变",当这些突发事变骤然出现在某一个地方的时候,大儒就会利用"统类"响应它们而毫无迟疑不安,施张礼法测度它们而犹如符节相合一般。而且,荀子也以"推类接誉,以待无方,曲成制象"刻画"圣臣"的行为特征。

> 上则能尊君,下则能爱民,政令教化,刑下如影,应卒遇变,齐给如响,推类接誉,以待无方,曲成制象,是圣臣者也。④

在忠君爱民方面,"圣臣"和"功臣"⑤ 具有相通之处;但是,他们之间仍然存在着重大的差别:圣臣拥有强大的应变能力,可以迅捷地应对突发事变,如响之应声;推类接与,以待非常之事,曲得其宜,垂为法象,因此杨倞说:"圣者,无所不通之谓也。"⑥ 在这方面,"功臣"显然无法与"圣臣"相媲美。

---

① 《儒效篇》,(清)王先谦:《荀子集解》,中华书局1988年版,第138页。
② 参见杨倞的注释,(清)王先谦:《荀子集解》,中华书局1988年版,第138页。
③ 《儒效篇》,(清)王先谦:《荀子集解》,中华书局1988年版,第140—141页。
④ 《臣道篇》,(清)王先谦:《荀子集解》,中华书局1988年版,第248页。
⑤ "内足使以一民,外足使以距难,民亲之,士信之,上忠乎君,下爱百姓而不倦,是功臣者也。"[《荀子·臣道篇》,(清)王先谦:《荀子集解》,中华书局1988年版,第247—248页]
⑥ 参见杨倞的注释,(清)王先谦:《荀子集解》,中华书局1988年版,第248页。

虽然荀子关于"大儒""圣人""圣臣"的规定不尽相同，但是他们都拥有很强的应变能力，皆可以从容自如地应对突发情况，这与他们对因循（"因"）原则的遵循不无关系，也就是说，因循他者（包括他人、他物、他事）是"大儒""圣人""圣臣"适宜地回应突发情况的前提条件。

> 调而不流，柔而不屈，宽容而不乱，晓然以至道而无不调和也，而能化易，时关内之，是事暴君之义也。若驭朴马，若养赤子，若食餧人，故因其惧也，而改其过；因其忧也，而辨其故；因其喜也，而入其道；因其怒也，而除其怨：曲得所谓焉。①

杨倞注曰："所谓，即化易君性也。"② "曲得所谓焉"则是说，在臣下与暴君所构筑的人伦关系中，臣下曲折周到地实现了迁化暴君弃恶向善的目的，而这一目的的顺利实现，正是以暴君表现在外面的各种情感形态为依托的。在荀子看来，臣下侍奉暴君就应该像驾驭尚未受训的野马、养育无知无欲的婴孩、喂食久饿之人一样，他们必须"顺从其意，与之推移，因而逆遏其邪，施之梏闭，庶令回心易向，日迁善而不自知也"③。具体地说，臣下所要采取的行为策略就是：依凭暴君的恐惧而令其改正过错；依凭暴君的忧虑而令其变革旧习；依凭暴君的喜悦而令其步入正道；依凭暴君的愤怒而令其消除怨恨。在这里，暴君的"惧""忧""喜""怒"，正是臣下迁化暴君弃恶向善的关键所在，因循暴君的"惧""忧""喜""怒"，臣下就能顺利地实现迁化暴君弃恶向善的目的。不但臣下应当因循君主性情的外部表现，施予相应的行为举措，而且统治者也必须因循老百姓。

> 彼贵我名声，美我德行，欲为我民，故辟门除涂以迎吾入。因其民，袭其处，而百姓皆安，立法施令莫不顺比。是故得地而权弥

---

① 《臣道篇》，（清）王先谦：《荀子集解》，中华书局1988年版，第253页。
② 同上书，第253页。
③ 同上。

重，兼人而兵俞强，是以德兼人者也。①

兼并他人共有三种方法："以德兼人""以力兼人""以富兼人"，② 这里所论及的便是"以德兼人者"。君主拥有高尚的德行，他国的老百姓就会尊重他、爱戴他，愿意做他的臣民，因而他们也就会打开国门扫除道路欢迎他的到来。然而，一旦君主入驻他国以后，他首先要思考的问题就是，究竟应该采取何种方式管理该国的老百姓？能否把本国所积累的管理经验用来治理该国呢？不同的自然环境形成不同的风土民情，因此老百姓在价值取向、生活习惯、行为方式等方面自然就会有所差别："干、越、夷、貉之子，生而同声，长而异俗，教使之然也。"③ "干""越""夷""貉"，皆是诸侯国的名称，出生在这些地方的婴孩，起初都是一样的，但由于他们生活在不同地方，受到不同文化的熏陶和教养，所以长大以后就形成了各异的生活习俗。既然各国老百姓的生活习俗大不相同，当君主入驻他国以后，他就难以援引本国所积累的管理经验来治理他国的老百姓，此时他能够做的事情就是，因循他国老百姓的生活习俗，不变动他们的生活居所（"因其民，袭其处"），老百姓由此便过上安宁清静的生活，就此而言，荀子与老子之间表现出相通的致思路径，老子说："我无为而民自化，我好静而民自正，我无事而民自富，我无欲而民自朴。"④ 荀子所说的"因其民，袭其处"，实际上近似于老子所说的"无为"和"无事"，而"百姓皆安"则相当于"民自化"和"民自富"，所以从思想之间的内在联系上看，荀子的"因其民，袭其处，而百姓皆安"

---

① 《议兵篇》，（清）王先谦：《荀子集解》，中华书局1988年版，第289页。
② "凡兼人者有三术：有以德兼人者，有以力兼人者，有以富兼人者。彼贵我名声，美我德行，欲为我民，故辟门除涂以迎吾人。因其民，袭其处，而百姓皆安，立法施令莫不顺比。是故得地而权弥重，兼人而兵俞强，是以德兼人者也。非贵我名声也，非美我德行也，彼畏我威，劫我势，故民虽有离心，不敢有畔虑，若是，则戎甲俞众，奉养必费，是故得地而权弥轻，兼人而兵俞弱，是以力兼人者也。非贵我名声也，非美我德行也，用贫求富，用饥求饱，虚腹张口来归我食，若是，则必发夫廪窌之粟以食之，委之财货以富之，立良有司以接之，已期三年，然后民可信也，是故得地而权弥轻，兼人而国俞贫，是以富兼人者也。"［《荀子·议兵篇》，（清）王先谦：《荀子集解》，中华书局1988年版，第289—290页］
③ 《劝学篇》，（清）王先谦：《荀子集解》，中华书局1988年版，第2页。
④ 《老子》57章，（魏）王弼著，楼宇烈校释：《王弼集校释》，中华书局1980年版，第150页。

的政治策略应该是对老子"为无为,事无事"① 思想的吸收与改造。

### (四)"君子居必择乡,游必就士":道德教化的人文环境

教化主体除了应当遵循"曲"和"因"的教化原则以外,他们还必须密切地关注社会环境在个体道德人格养成过程中的重要作用。当然,这里的"社会环境",不仅包括社会习俗,同时也涉及道德楷模的示范效应。对于这两个方面,荀子都曾做过大量的论述。在这里,我们首先考察社会习俗与个体道德人格养成之间的具体关系。荀子认为,就像不同的自然环境会给植物生长造成不同的影响一样,与之相类,不同的社会环境及其生活习俗也会给个人成长带来不同的影响。

> 蓬生麻中,不扶而直;〔白沙在涅,与之俱黑〕。② 兰槐之根是为芷,其渐之滫,君子不近,庶人不服,其质非不美也,所渐者然也。故君子居必择乡,游必就士,所以防邪辟而近中正也。③

荀子在这里首先从不同的自然环境对植物生长及其性质变化的重要影响说起:蓬草生长在麻田中,无须依凭其他外力的扶持自然就能挺直;白沙混杂在黑土("涅")里面,也会变为黑色。兰槐原初是一种香草,它的根部名为"芷",可是,一旦把它长久地浸渍在脏水("滫")中,它的香味不仅荡然无存,而且变得刺鼻难忍,因此君子就不愿意接近它,庶人也就不再佩戴它;之所以如此,不是因为兰槐的质地不美,而是因为它长久地浸渍在脏水当中。把自然界中所观察到的不同自然环境对植物生长的不同影响延伸至人类社会,荀子认为,社会环境在个人社会化(在儒家看来,主要是道德化)过程中也扮演着同等重要的角色,所以他明确指出,君子居处必定要选择风俗仁厚淳美的乡邻,交游必定要亲近有道德有学问之士,这样做的目的就是为了防止邪僻的影响而接近中正之道。荀子的"君子居必择乡,游必就士"的说法,与孔子具有一脉相

---

① "为无为,事无事,味无味。"[《老子》63章,(魏)王弼著,楼宇烈校释:《王弼集校释》,中华书局1980年版,第164页]

② 此处原文无"白沙在涅,与之俱黑",依据王念孙的说法增补,参见(清)王先谦《荀子集解》,中华书局1988年版,第5—6页。

③ 《劝学篇》,(清)王先谦:《荀子集解》,中华书局1988年版,第5—6页。

承性，可以说，这是他对孔子相关思想的更为具体的展开和发挥。孔子认为，人在刚出生的时候基本上没有太大的分别，后来由于生活在不同的社会环境当中，受到不同生活习俗的熏染，他们之间的差距也就逐渐地拉大了："性相近也，习相远也。"① 孔子所说的"习"，既包括习俗，同时也涵盖习行，在这里，我们只是考察习俗对个体德性所带来的重要影响。孔子说："里仁为美。择不处仁，焉得知？"②"里仁为美"是孔子基于"习相远"所给予的价值设定，也就是说，仁德淳厚的居民组织（"里"）具有正面的道德价值，它可以引导人们向善，因此孔子说："里仁为美。"既然"里仁为美"，选择不住在仁德淳厚的居民组织中，就是不明智的做法。

荀子和孔子之所以都强调人们应当主动地选择居住环境及其生活习俗，则是因为它们在个体道德人格养成过程中起到了关键性的作用。荀子认为，不同的"注错习俗"可以造就出不同道德境界的人，如"君子"和"小人"。

> 夫不知其与己无以异也，则君子注错之当，而小人注错之过也。故孰察小人之知能，足以知其有余，可以为君子之所为也。譬之越人安越，楚人安楚，君子安雅，是非知能材性然也，是注错习俗之节异也。③

从"知能材性"来看，"君子"和"小人"都是相同的，他们别无二致："材性知能，君子小人一也。"④ 既然"君子"和"小人"不是天生如此，他们之间的差别就只能取决于后天的道德修炼（"伪"），"所以异而过众者，伪也"⑤，"注错习俗"就属于"伪"的概念。即是说，"君子"之所以为"君子"，是因为他们的行为正当（"注错之当"），而"小人"之所以为"小人"，则是因为他们的行为错误（"注错之过"）；"君子"和

---

① 《论语·阳货》，（宋）朱熹：《四书章句集注》，中华书局1983年版，第175页。
② 《论语·里仁》，（宋）朱熹：《四书章句集注》，中华书局1983年版，第69页。
③ 《荣辱篇》，（清）王先谦：《荀子集解》，中华书局1988年版，第61—62页。
④ 同上书，第61页。
⑤ 《性恶篇》，（清）王先谦：《荀子集解》，中华书局1988年版，第438页。

"小人"的行为举止的巨大悬殊,正是缘于他们所选择的居住环境及其生活习俗的深刻影响。一言以蔽之,"注错习俗之节异"决定了"君子"和"小人"之间的根本分殊。

另外,"乐"作为社会习俗的延伸,它在推行教化过程中也具有重要的作用。荀子曾指出过,"乐"可以引导民心向善。

> 乐者,圣王之所乐也,而可以善民心,其感人深,其移风易俗易①,故先王导之以礼乐而民和睦。②

从音乐("乐")的缘起或起源来看,人的内心充盈喜悦快乐之情必然要通过"声音"和"动静"表现在外面:"乐则必发于声音,形于动静"③,但是,表现在外面的"声音"和"动静"应当符合一定的规则和程序,"在诗乐的创作及取舍上,要以是否符合礼义为标准,凡是符合礼义的都要保留,反之则就是'奸'、'邪',理应被剔除"④,"声音"和"动静"一旦脱离"礼义"之道的合理范导,则会产生偏险悖乱,"形而不为道,则不能无乱"⑤,"乐"就是"先王"所制定的用以调控"声音"和"动静"的规则和程序。既然如此,"乐"一旦被制定出来以后,"先王"可以用它来教化老百姓,引导民心向善,它不但能够深入地感化人心,而且可以很轻松地移风易俗。当然,也并不是所有的"声音"都可以"善民心",唯有"正声"或"雅声"才能如此,因为"正声"或"雅声"符合"礼义"之道,具有"中和"的特质,"故乐者,天下之大齐也,中和之纪也,人情之所必不免也"⑥,它们才是真正意义上的"乐",而"奸声"或"邪音"由于违背"礼义"之道,非但不可以"善民心",反而会迷乱民心。荀子说:

---

① "移风易俗易"原作"移风易俗",依据梁启雄的说法增补,参见梁启雄《荀子简释》,中华书局1983年版,第280页。
② 《乐论篇》,(清)王先谦:《荀子集解》,中华书局1988年版,第381页。
③ 同上书,第379页。
④ 刘延福:《荀子诗乐理论与实践研究》,博士学位论文,山东师范大学,2010年,第141页。
⑤ 《乐论篇》,(清)王先谦:《荀子集解》,中华书局1988年版,第379页。
⑥ 同上书,第380页。

　　　　凡奸声感人而逆气应之，逆气成象而乱生焉；正声感人而顺气应之，顺气成象而治生焉。唱和有应，善恶相象，故君子慎其所去就也。君子以钟鼓道志，以琴瑟乐心，动以干戚，饰以羽旄，从以磬管。故其清明象天，其广大象地，其俯仰周旋有似于四时。故乐行而志清，礼修而行成，耳目聪明，血气和平，移风易俗，天下皆宁，美善相乐。①

外在的"声音"与内在的"血气"之间存在着相互感应的关系，犹如唱和响应一般：以"奸声"（如郑、卫之音②）感化人，内在的逆道之气（"逆气"）就会响应它，当内在的"逆气"外显为"声音"和"动静"时，它们则会诱惑人们追求物质层面的情欲享受，偏险悖乱因此而生；而以"正声"（如韶、武之乐③）感化人，内在的顺道之气（"顺气"）就会响应它，当内在的"顺气"外显为"声音"和"动静"时，它们则会引导人们亲近"礼义"之道，正理平治也因此而生，因此，君子应该主动地趋向"正声"而竭力地远离"奸声"。如果能够做到这样的话，那么，对于君子来说，则耳聪目明，血气平和；对于社会来说，则移风易俗，天下安宁。

　　重视师友对个体道德人格养成的积极影响，这是儒家所秉持的基本主张。孔子就曾说过："三人行，必有我师焉。择其善者而从之，其不善者而改之。"④"益者三友，损者三友。友直，友谅，友多闻，益矣。友便

---

① 《乐论篇》，（清）王先谦：《荀子集解》，中华书局1988年版，第381—382页。
② "故齐衰之服，哭泣之声，使人之心悲；带甲婴胄，歌于行伍，使人之心伤；姚冶之容，郑、卫之音，使人之心淫；绅端章甫，舞韶歌武，使人之心庄。故君子耳不听淫声，目不视邪色，口不出恶言。此三者，君子慎之。"[《荀子·乐论篇》，（清）王先谦：《荀子集解》，中华书局1988年版，第381页]
③ "故齐衰之服，哭泣之声，使人之心悲；带甲婴胄，歌于行伍，使人之心伤；姚冶之容，郑、卫之音，使人之心淫；绅端章甫，舞韶歌武，使人之心庄。故君子耳不听淫声，目不视邪色，口不出恶言。此三者，君子慎之。"[《荀子·乐论篇》，（清）王先谦：《荀子集解》，中华书局1988年版，第381页]"子谓《韶》，'尽美矣，又尽善也。'谓《武》，'尽美矣，未尽善也'。"[《论语·八佾》，（宋）朱熹：《四书章句集注》，中华书局1983年版，第68页]
④ 《论语·述而》，（宋）朱熹：《四书章句集注》，中华书局1983年版，第98页。

辟，友善柔，友便佞，损矣。"① 在孔子看来，每个人在自然本性上都相差不大，而他们的道德人格之所以具有如此大的悬殊（如，君子和小人之别），则是因为后天习染不同所导致的，在这一意义上，孔子强调良师益友的正面引导作用也就十分有必要了。荀子继承并且丰富了孔子的这一思想，首先从"师""友""贼"对待"我"的不同态度谈起。

> 故非我而当者，吾师也；是我而当者，吾友也；谄谀我者，吾贼也。故君子隆师而亲友，以致恶其贼。好善无厌，受谏而能诫，虽欲无进，得乎哉！小人反是，致乱而恶人之非己也，致不肖而欲人之贤己也，心如虎狼、行如禽兽而又恶人之贼己也。谄谀者亲，谏争者疏，修正为笑，至忠为贱②，虽欲无灭亡，得乎哉！③

在现实的社会境遇中，"我"可能接触到以下三种人："非我者""是我者"和"谄谀我者"，这三种人对待"我"的态度是截然不同的，即是说，能够恰当地批评"我"的错误之处的人，就是鞭策"我"的良师（"吾师"）；能够恰当地称誉"我"的正确之处的人，就是激励"我"的益友（"吾友"）；阿谀奉承"我"的人，就是谋害"我"的谗贼（"吾贼"）。因此，君子应该尊重良师，亲近益友，极度地憎恶谗贼。当面对良师的批评时，君子能够从谏如流而有所警觉，坚持不懈地增进自己的内在德性；而小人则恰恰相反：他们疏远劝谏自己错误的人，讥笑修身正行的人，鄙视极端忠诚的人，"吾师"和"吾友"就属于这三类人，亲近阿谀奉承的人，"吾贼"正是这类人。"吾师"之所以能够恰当地批评"我"的过错，根源在于"人师典范的生存方式必须是正当的，这种生存方式从而为学生树立了学道的榜样"④，人师典范所秉持的生存方式的正当性基础就是，人师以"礼义"为自己的言行准则，他们是"礼义"的

---

① 《论语·季氏》，（宋）朱熹：《四书章句集注》，中华书局1983年版，第171页。
② "贱"原作"贼"，依据梁启雄的说法校改，参见梁启雄《荀子简释》，中华书局1983年版，第14页。
③ 《修身篇》，（清）王先谦：《荀子集解》，中华书局1988年版，第21页。
④ ［美］赫伯特·芬格莱特：《孔子：即凡而圣》，彭国翔、张华译，江苏人民出版社2002年版，第93页。

人格化存在与化身："夫师，以身为正仪而贵自安者也。"① 人师不仅把自己当成正确的仪则及他人的典范，而且更以自己恪守"礼义"为贵，也就是说，"他们通过行为举止、通过言传身教的方式传递一种核心的价值诉求，这种价值诉求依托于行为准则、社会制度、风俗习惯等广义上的'礼'，从而传递于民"②。不难看出，一个人若想成为受他人尊敬的"师"，首先必须具备崇高的道德人格，遵循"礼义"而行，如果只是拥有广博的学识还不足以担当起"师"的角色："师术有四，而博习不与焉：尊严而惮，可以为师；耆艾而信，可以为师；诵说而不陵不犯，可以为师；知微而论，可以为师。故师术有四，而博习不与焉。"③ 按照荀子的看法，具备这样四个条件中的任意一个就有资格成为"师"：一是尊严而为他人所敬畏，圣君和贤相即是如此；二是年纪大而有威信；三是诵说经典有条理而不违背"礼义"之道；四是懂得精深的道理而又能阐发清楚；而学识广博显然不包括在这里，因为"博闻强志，不合王制，君子贱之"④。

"贤师"与"益友"的生存方式根深蒂固地植立于"礼义"之道，"诚心守仁则形，形则神，神则能化矣；诚心行义则理，理则明，明则能变矣"⑤，所以他们所展示的具体化的人格典范"对那些具有潜质的人散发出一种完全非强迫但却富于强大吸引力的力量，继而，那些具有潜质的人受到典范的鼓舞，从而能够做出一种真诚的努力，通过掌握典范的生活方式并以这种方式艺术地生活，去学习参与到那种典范的生活方式之中"⑥，基于此，荀子说：

> 夫人虽有性质美而心辩知，必将求贤师而事之，择良友而友之。得贤师而事之，则所闻者尧、舜、禹、汤之道也；得良友而友之，

---

① 《修身篇》，（清）王先谦：《荀子集解》，中华书局1988年版，第34页。
② 顾炯：《儒家视域下的修身之道——荀子身体思想研究》，博士学位论文，华东师范大学，2011年，第116页。
③ 《致士篇》，（清）王先谦：《荀子集解》，中华书局1988年版，第263—264页。
④ 《解蔽篇》，（清）王先谦：《荀子集解》，中华书局1988年版，第409页。
⑤ 《不苟篇》，（清）王先谦：《荀子集解》，中华书局1988年版，第46页。
⑥ [美]赫伯特·芬格莱特：《孔子：即凡而圣》，彭国翔、张华译，江苏人民出版社2002年版，第94页。

则所见者忠信敬让之行也。身日进于仁义而不自知也者，靡使然也。今与不善人处，则所闻者欺诬诈伪也，所见者污漫、淫邪、贪利之行也，身且加于刑戮而不自知者，靡使然也。传曰："不知其子视其友，不知其君视其左右。"靡而已矣，靡而已矣。①

熊公哲注曰："靡通摩，读磨，谓相习而同化也。"② 与"贤师"和"良友"这样的善人生活在一起，人们所听到的是"尧、舜、禹、汤之道"，也就是"先王之道"（"礼义"），所见到的是忠诚、守信、恭敬、谦让的道德行为，在他们的耳濡目染之下，人们就会在不知不觉中逐渐地趋近于"仁义"，这是由于相习而同化的缘故；与"不善人"（"小人"）相处，人们所听到的是欺骗诡诈，所见到的是污秽卑鄙、淫乱邪恶、贪图货利的不道德行为，这同样是由于相习而同化的缘故。由此可见，"贤师"与"良友"在个体道德人格养成过程中起到了正面的引导作用，并且这种引导作用具有潜移默化的特点，所以说："学莫便乎近其人。学之经莫速乎好其人。"③ 在此意义上，荀子指出选择同道中人作为朋友是个体道德人格养成的重要基础。

> 君人者不可以不慎取臣，匹夫不可不慎取友。友者，所以相有也。道不同，何以相有也？均薪施火，火就燥；平地注水，水流湿。夫类之相从也，如此其著也，以友观人，焉所疑？取友善人，不可不慎，是德之基也。诗曰："无将大车，维尘冥冥。"言无与小人处也。④

"所以相有"的"有"，"通'佑'，帮助"⑤。所谓"友"，即是指互相帮助的人。朋友之间能够互相帮助，就是因为他们信守相同的"道"，由于信守相同的"道"，因此他们也就是同类之人。由此，我们可以推知：个

---

① 《性恶篇》，（清）王先谦：《荀子集解》，中华书局1988年版，第449页。
② 熊公哲：《荀子今注今译》，台湾商务印书馆1976年版，第495页。
③ 《劝学篇》，（清）王先谦：《荀子集解》，中华书局1988年版，第14页。
④ 《大略篇》，（清）王先谦：《荀子集解》，中华书局1988年版，第514页。
⑤ 北京大学《荀子》注释组：《荀子新注》，中华书局1979年版，第468页。

体若想成就崇高的道德人格，相应地，他就必须选取"良友"帮助他，因为"良友"依"礼义"而行，在日常生活中践行着"忠信敬让"的道德行为；反过来说，"良友"可以帮助他人向善，这正是个体成就崇高的道德人格的重要基础。

### 三 "积善成德"的道德修养论

在荀子看来，个体成就内在德性，构筑理想的道德人格，是一个内外兼修的道德实践过程，确切地说，这一实践过程是"从外到内的积习的过程"①，即是说，首先教化主体凭借自身的说教与示范向民众传达"礼义"所设定的价值观念与规范系统。因为人性不存在先天的道德禀赋，"今人之性，固无礼义"②，所以它不可能成为道德世界的价值根据。既然如此，人们只能把目光转向自身以外的客观世界，到这里面找寻道德世界的价值根据，最终荀子将道德世界的价值根据安顿在"圣王"所制定的"礼义"上。这就是外在层面的道德教化，它的主要目的在于为民众提供生活世界所必须遵循的言行规范。而道德实践是"化规范为德性""化德性为德行"的"积习"过程，显然光靠道德教化是难以实现个体成就内在德性、构筑理想的道德人格这一价值目标的，同时更需要个体从内在层面增进、提升自身的道德修养，把道德教化过程所获得的外在于己的价值观念与规范系统（"礼义"）转化为实有诸己的道德品格，进而以自我统合的境界形态展示理想的道德人格，借用孔子的话语说，就是"为仁由己，而由人乎哉？"③ 在荀子这里，"学"实际上是指伦理学意义上的道德修养："在荀子看来，学习的过程就是生命不断塑造和提升的过程，或者一个道德生命成就的过程。"④ 围绕如何成就圣贤境界、养成道德人格这一主题，荀子提出了一系列富有操作性的道德修养方法，从而系统地构筑了以"学"与"行"为重心的道德修养理论。

---

① 张静互：《儒家礼教论——论"仁"、"人性"、"文"和"礼"的关系》，《湖南大学学报》（社会科学版）2003年第2期，第16页。
② 《性恶篇》，（清）王先谦：《荀子集解》，中华书局1988年版，第439页。
③ 《论语·颜渊》，（宋）朱熹：《四书章句集注》，中华书局1983年版，第131页。
④ 王博：《论〈劝学篇〉在〈荀子〉及儒家中的意义》，《哲学研究》2008年第5期，第59页。

**(一)"始乎为士,终乎为圣人":道德修养的人格境界**

成就内在德性,塑造理想的道德人格,这是儒家伦理学的共同旨趣。对此,荀子当然也不能例外,他曾做过大量的探讨。

> 学恶乎始?恶乎终?曰:其数则始乎诵经,终乎读礼;其义则始乎为士,终乎为圣人。①
>
> 故学者固学为圣人也,非特学为无方之民也。②
>
> 故学也者,固学止之也。恶乎止之?曰:止诸至足。曷谓至足?曰:圣王③也。圣也者,尽伦者也;王也者,尽制者也。两尽者,足以为天下极矣。④

这三段话共同阐发了荀子思想的一个基础性观念:"学"以提升内在的精神境界与塑造理想的道德人格为它的价值旨归。这是荀子"接着"孔子所确立的"君子学以致其道"⑤的"学道"教育理念⑥讲的。在荀子这里,理想的人格境界主要包括以下三个层次:"士""君子""圣人"。"彼学者,行之,士也;敦慕焉,君子也;知之,圣人也。"⑦ 从道德境界上说,他们之间构成了由低到高的人格序列,"圣人"处在这一人格序列的最高点,他是"学"所要实现的最高目标。关于道德人格三个层级的具体内容,下文将会给出专门性的论述,此处暂不展开。由于"学"的价值旨归被界定为提升内在的精神境界与塑造理想的道德人格而不是赢得外在的功利价值(如声誉、利益、权势等),所以荀子认为真正意义上的"学"应该是"为己之学"而不是"为人之学"。

---

① 《劝学篇》,(清)王先谦:《荀子集解》,中华书局1988年版,第11页。
② 《礼论篇》,(清)王先谦:《荀子集解》,中华书局1988年版,第357页。
③ 此处原无"王"字,依据杨倞的说法增补,参见(清)王先谦《荀子集解》,中华书局1988年版,第407页。
④ 《解蔽篇》,(清)王先谦:《荀子集解》,中华书局1988年版,第406—407页。
⑤ 《论语·子张》,(宋)朱熹:《四书章句集注》,中华书局1983年版,第189页。
⑥ .在《论语》中,孔子确立了儒家以"君子"理念为核心的"学道"教育,参见陈来《论儒家教育思想的基本理念》,《北京大学学报》(哲学社会科学版)2005年第5期,第200—201页。
⑦ 《儒效篇》,(清)王先谦:《荀子集解》,中华书局1988年版,第125页。

> 君子之学也，入乎耳，著乎心，布乎四体，形乎动静，端而言，蝡而动，一可以为法则。小人之学也，入乎耳，出乎口。口耳之间则四寸耳，曷足以美七尺之躯哉！古之学者为己，今之学者为人。君子之学也，以美其身；小人之学也，以为禽犊。①

"君子之学"与"小人之学"之间存在着根本性的分野："君子之学"以内在德性的培育与涵养为目的（"美其身"），也就是说，君子在日常生活中把所学到的内容（主要是"礼义"）用于指导身心修养，他的内在德性一旦养成之后，必然会透过自己的言行表现在外，这些表现在外的言行可以成为他人所效法的准则；而"小人之学"则以外在的功利价值（"禽犊"）为目的，从不关心内在德性的培育与涵养，"言无常信，行无常贞，唯利所在，无所不倾，若是，则可谓小人矣"②，因此"小人之学"只是"入乎耳""出乎口"而不"著乎心"，不足以"美七尺之躯"。概而言之，从本质层面来看，"君子之学"是"为己之学"，而"小人之学"则是"为人之学"，"君子之德与小人之德的区别就在于君子之治礼义以成德，君子之德乃是君子对于共同体生活的反身性承认和守护，小人则是直接地（无意识地）生活于共同体之中"③，正因为如此，荀子推崇"君子之学"而贬抑"小人之学"。

从阶段性或间断性看，荀子所塑造的道德人格主要分为三种，就是前文所提及的"士""君子""圣人"；同时，荀子还立足于整体性视野将理想的道德人格统称为"成人"。

> 君子知夫不全不粹之不足以为美也，故诵数以贯之，思索以通之，为其人以处之，除其害者以持养之，使目非是无欲见也，使耳非是无欲闻也，使口非是无欲言也，使心非是无欲虑也。及至其致

---

① 《劝学篇》，（清）王先谦：《荀子集解》，中华书局1988年版，第12—13页。
② 《不苟篇》，（清）王先谦：《荀子集解》，中华书局1988年版，第51页。
③ 沈云波：《学不可以已——〈荀子〉思想研究》，博士学位论文，复旦大学，2008年，第215页。

好之也，目好之五色，耳好之五声，口好之五味，心利之有天下。是故权利不能倾也，群众不能移也，天下不能荡也。生乎由是，死乎由是，夫是之谓德操。德操然后能定，能定然后能应，能定能应，夫是之谓成人。天见其明，地见其光，君子贵其全也。①

作为儒家伦理学的重要话题之一，"成人"概念发端于儒家经典《论语·宪问》篇："子路问成人。子曰：'若臧武仲之知，公绰之不欲，卞庄子之勇，冉求之艺，文之以礼乐，亦可以为成人矣。'曰：'今之成人者何必然？见利思义，见危授命，久要不忘平生之言，亦可以为成人矣。'"②依照朱熹的理解，孔子所说的"成人"就是"全人"，③即是说，兼具"臧武仲之知""孟公绰之不欲""卞庄子之勇""冉求之艺"，然后"文之以礼乐"的人，就可以称得上"成人"；另外，一个人如果能够做到"见利思义，见危授命"，经历长久贫困的生活都不会忘记平日所许下的诺言，也可以勉强算得上"成人"。尽管前一种"成人"比后一种"成人"更加完满，但是他们之间存在相通之处："'成人'这一概念所蕴含着的就不只是人生的一个阶段，而是人对于必然成熟过程的创造性适应的多方面的表现，它是已被证实了的使人更进一步成熟的能力，也是成熟本身的鲜明的标志。"④在这里，荀子借鉴了孔子的"成人"概念，将它界定为个人道德修养所要达到的完满的道德人格，以"全"和"粹"为基本的人格特征。按照他的理解，内具崇高的道德情操（"德操"）是"成人"的本质规定，"成人"由于具备崇高的道德情操，所以就会拥有坚定不移的意志力，拥有坚定不移的意志力就可以不为外部世界所诱惑，从而能够自由地应付变化多端的社会境遇。"德操"是"成人"的内在特质，是"体"，而"能定""能应"则是"成人""德操"的外部展示，是"用"；也就是说，当"成人"接触到外部世界的时候，其坚定不移的意志力就可以抵制住形形色色的诱惑，并且以"礼义"为宗本妥当地应

---

① 《劝学篇》，（清）王先谦：《荀子集解》，中华书局1988年版，第18—20页。
② 《论语·宪问》，（宋）朱熹：《四书章句集注》，中华书局1983年版，第151页。
③ 参见朱熹的注释，（宋）朱熹：《四书章句集注》，中华书局1983年版，第151页。
④ ［美］杜维明：《人性与自我修养》，中国和平出版社1988年版，第35页。

对万千变化的社会现实。"权利不能倾也,群众不能移也,天下不能荡也",无疑就是对"能定"和"能应"的最好注解。从这一意义上看,荀子的"成人"与孟子的"大丈夫"具有明显的共通性。孟子说:"居天下之广居,立天下之正位,行天下之大道。得志与民由之,不得志独行其道。富贵不能淫,贫贱不能移,威武不能屈。此之谓大丈夫。"① "成人"和"大丈夫"之所以拥有如此强劲的定力而不容易被外物所牵绊役使,在荀子看来,正是因为:"志意修则骄富贵,道义重则轻王公,内省而外物轻矣。"② 如前所述,"君子之学"是"为己之学",其目的指向内在德性的培育与涵养,而不是外在的功利价值,在义利观上秉持"以义制利"的基本观点,所以当"成人"直面富贵、王公及其他外物的时候就会表现出傲慢与轻视的态度:"骄富贵""轻王公""轻外物"。孟子也曾表达过与此相似的看法,认为"公卿大夫"是"人爵"而"忠信仁义,乐善不倦"是"天爵",在"人爵"与"天爵"上,孟子强调"修天爵":"有天爵者,有人爵者。仁义忠信,乐善不倦,此天爵也。公卿大夫,此人爵也。古之人修其天爵,而人爵从之。今之人修其天爵,以要人爵,既得人爵,而弃其天爵,则惑之甚者也。终亦必亡而已矣。"③ 可见,无论是荀子还是孟子,他们都强调道德价值的独立性与自主性,并且以此调控外在的功利价值,这是"成人"与"大丈夫"所具备的最为重要的人格特征。

### (二)"虚壹而静,谓之大清明":道德修养的理智主体

在荀子看来,不仅道德教化与人性学说之间存在着密切的联系,而且道德修养也是如此。如前所述,人情"欲多而不欲寡"④,如若顺从其尽情满足,则势必流于"偏险悖乱"的社会恶果,由此,荀子得出了"人之性恶"的命题。在"性恶论"的基础上,人们为了化性向善就必须努力向外追寻"礼义",这样,道德修养在荀子思想系统中就占据了相当重要的位置:"今人之性,固无礼义,故强学而求有之也;性不知礼义,

---

① 《孟子·滕文公下》,(宋)朱熹:《四书章句集注》,中华书局1983年版,第265—266页。
② 《修身篇》,(清)王先谦:《荀子集解》,中华书局1988年版,第27页。
③ 《孟子·告子上》,(宋)朱熹:《四书章句集注》,中华书局1983年版,第336页。
④ 《正论篇》,(清)王先谦:《荀子集解》,中华书局1988年版,第345页。

故思虑而求知之也。"① 在"强学而求有之""思虑而求知之"的过程中，人的理智能力无疑扮演了十分重要的角色，基于此，韦政通先生将"理智主义"概括为荀子思想的四大特征之一，以此与孟子的"道德主义"相区分。② 认知能力是人心所具有的特别属性，如若想切实地发挥人心的这一功能，则必须涵养一个清醒的理智主体作为其载体："人何以知道？曰：心。心何以知？曰：虚壹而静。"③ 人心所要达到的"虚壹而静"的心灵境界便是清醒的理智主体。我们究竟应该如何做才能够为认知能力的切实发挥提供一个清醒的理智主体呢？显然，这一问题的解答径直地指向了荀子的心术理论，这是荀子区别于孔、孟的重要特色之一。

在实际的认识过程中，认知主体容易受到某些因素的阻碍与遮蔽而形成对认知对象的片面理解乃至错误理解，影响认知主体的内外因素十分广泛，包括五类内容十个方面："欲"与"恶"；"始"与"终"；"远"与"近"；"博"与"浅"；"古"与"今"。荀子说：

> 故为蔽：欲为蔽，恶为蔽，始为蔽，终为蔽，远为蔽，近为蔽，博为蔽，浅为蔽，古为蔽，今为蔽。凡万物异则莫不相为蔽，此心术之公患也。④

荀子在这里昭示了这样一个观点，即凡物必有两面性。为了更加清晰地说明这一观点，下面选择"欲"与"恶"、"博"与"浅"作为进一步的分析对象。"欲"与"恶"是人的自然性情的两面，人既欲求某些东西（如"刍豢""文绣""舆马"等），又厌恶某些东西（如劳作、贫穷、低贱等）；而"博"与"浅"则是人的认识广度的两面，见闻愈多认识愈广博，见闻愈寡认识愈浅陋："多闻曰博，少闻曰浅；多见曰闲，少见曰

---

① 《性恶篇》，（清）王先谦：《荀子集解》，中华书局1988年版，第439页。
② 以孟子思想作为参照系，韦政通先生将荀子思想概括为四个方面的基本特征，即理智主义、礼义之统、天生人成、批判精神，指出"理智主义"是"荀子思想最重要的特征，他思想系统中所显示的各种特色，莫不由此而来"。参见韦政通《中国思想史》，台北水牛出版社1985年版，第303—306页。
③ 《解蔽篇》，（清）王先谦：《荀子集解》，中华书局1988年版，第395页。
④ 同上书，第387—388页。

陋。"① 由此，我们不难推知：在认识事物的过程中，认知主体如果一味地偏执于事物的一方面而忽视另一方面，则难以对事物形成全面的认识："凡人之患，蔽于一曲而暗于大理。"②

"凡人之患，蔽于一曲而暗于大理"，只是从一般意义上揭发了人们在认识过程中所极易出现的通病，但荀子并未止步于此，他进一步考察了人心之"蔽"在政治领域与思想领域的严重危害。就政治领域而言，在"蔽塞之祸"与"不蔽之福"正反两方面的强烈对比下，荀子深刻地披露了君、臣"蔽于一曲而暗于大理"所造成的恶果，即从人君来看，凡蔽于美色、佞臣者，则国灭身亡，而以道正心、任贤使能者，则天下太平；从人臣来看，凡蔽于权位者，则身遭刑戮，性命不保，而仁知且不蔽者，则可以成就丰功伟业，名利福禄双收。③ 紧接其后，荀子同样从"蔽塞之祸"与"不蔽之福"正反两个方面扼要地评述了当时思想界所存在的具体情况，④ 认为墨翟、宋钘、慎到、申不害、惠施、庄子都是"曲

---

① 《修身篇》，（清）王先谦：《荀子集解》，中华书局1988年版，第24页。
② 《解蔽篇》，（清）王先谦：《荀子集解》，中华书局1988年版，第386页。
③ "昔人君之蔽者，夏桀、殷纣是也。桀蔽于末喜、斯观，而不知关龙逢，以惑其心而乱其行；纣蔽于妲己、飞廉，而不知微子启，以惑其心而乱其行。故群臣去忠而事私，百姓怨非而不用，贤良退处而隐逃，此其所以丧九牧之地而虚宗庙之国也。桀死于亭山，纣县于赤斾，身不先知，人又莫之谏，此蔽塞之祸也。成汤监于夏桀，故主其心而慎治之，是以能长用伊尹而身不失道，此其所以代夏王而受九有也。文王监于殷纣，故主其心而慎治之，是以能长用吕望而身不失道，此其所以代殷王而受九牧也。远方莫不致其珍，故日视备色，耳听备声，口食备味，形居备宫，名受备号，生则天下歌，死则四海哭，夫是之谓至盛。诗曰：'凤凰秋秋，其翼若干，其声若箫。有凤有凰，乐帝之心。'此不蔽之福也。昔人臣之蔽者，唐鞅、奚齐是也。唐鞅蔽于欲权而逐载子，奚齐蔽于欲国而罪申生，唐鞅戮于宋，奚齐戮于晋。逐贤相而罪孝兄，身为刑戮，然而不知，此蔽塞之祸也。故以贪鄙、背叛、争权而不危辱灭亡者，自古及今，未尝有之。鲍叔、宁戚、隰朋仁知且不蔽，故能持管仲而名利福禄与管仲齐；召公、吕望仁知且不蔽，故能持周公而名利福禄与周公齐。传曰：'知贤之为明，辅贤之谓能。勉之强之，其福必长。'此之谓也。此不蔽之福也。"[《解蔽篇》，（清）王先谦：《荀子集解》，中华书局1988年版，第388—391页]
④ "昔宾孟之蔽者，乱家是也。墨子蔽于用而不知文，宋子蔽于欲而不知得，慎子蔽于法而不知贤，申子蔽于势而不知知，惠子蔽于辞而不知实，庄子蔽于天而不知人。故由用谓之道，尽利矣；由欲谓之道，尽嗛矣；由法谓之道，尽数矣；由势谓之道，尽便矣；由辞谓之道，尽论矣；由天谓之道，尽因矣；此数具者，皆道之一隅也。夫道者体常而尽变，一隅不足以举之。曲知之人，观于道之一隅而未之能识也，故以为足而饰之，内以自乱，外以惑人，上以蔽下，下以蔽上，此蔽塞之祸也。孔子仁知且不蔽，故学乱术足以为先王者也。一家得周道，举而用之，不蔽于成积也。故德与周公齐，名与三王并，此不蔽之福也。"[《解蔽篇》，（清）王先谦：《荀子集解》，中华书局1988年版，第391—394页]

知之人",只窥见了"道"的一部分,却以为这就是道的全体,他们不仅内心自乱,而且还把自己的思想传播给世人,因此造成了"天下浑然不知是非治乱之所在"① 的混乱局面。

除了容易受到外界物事的干扰、遮蔽以外,人心还具有"无定志"的重要特点。荀子说:

> 故人心譬如盘水,正错而勿动,则湛浊在下而清明在上,则足以见鬓眉而察理矣。微风过之,湛浊动乎下,清明乱于上,则不可以得大形之正也。心亦如是矣。②

王先谦注曰:"'大形',疑当为'本形'。"③ "本形"就是"原形"的意思,这里把"大形"理解为"本形",于义甚妥。盘水安放不动,泥渣下沉而清明上浮;以此照人,则足以清晰地窥见须眉与肤理。可是,一旦微风吹过,盘水就会摇晃不定,泥渣动乎下而清明动乎上,则难以透过它来获知人的本身的真实映像。在这里,荀子以盘水喻指人心,以微风喻指外物,盘水受到微风的拂动就如同人心受到外物的干扰一样,在此意义上,荀子说:"心亦如是矣。"在人心所具有的变化不定这一特性上,荀子与郭店竹简《性》(《性自命出》)④ 的作者表达了相似的观点。《性》开篇即言:"凡人虽有性,心无定志,待物而后作,待教而后行,待习而后定。"⑤ 又说:"凡心有志也,无与〔不可。人之不可独〕行,犹口之不可独言也。牛生而长,雁生而伸,其性〔使然。人〕而学或使之也。"⑥ "心无定志"是说,原初形态的人心没有固定的方向,而"凡心有志,无与不可"则是说,由于教化与学习的缘故,人心便树立了固定的方向,显然,这个时候的人心已不再是原初形态的人心了。在解说

---

① 《非十二子篇》,(清)王先谦:《荀子集解》,中华书局1988年版,第90页。
② 《解蔽篇》,(清)王先谦:《荀子集解》,中华书局1988年版,第401页。
③ 参见王先谦的注释,(清)王先谦:《荀子集解》,中华书局1988年版,第401页。
④ 李零先生把《性自命出》重新命名为《性》,以后文中凡是出现《性》就是指《性自命出》,参见李零《郭店楚简校读记》(增订本),北京大学出版社2002年版。
⑤ 《性》(原题"性自命出"),李零:《郭店楚简校读记》(增订本),北京大学出版社2002年版,第105页。
⑥ 同上。

"性情"与"心志"的不同点时,李零先生也曾指出"心志"是变化不定的东西:"'性情'是人内在固有的东西,而'心志'则受制于外物的刺激和主观的感受,是由后天习惯培养,变化不定的东西。"① "心无定志"意味着人心好像告子所说的人性一样,"决诸东方则东流,决诸西方则西流"②,既可以为善也可以为不善,"楚简以无定志的心去取性,着眼于决,其结果应该是:可以为善可以为不善"③。既然"心无定志",那么人究竟是为善还是为不善,则取决于后天的教化与学习:"四海之内,其性一也。其用心各异,教使然也。"④ 从"心无定志"以及强调后天的教化与学习来看,《性》的作者与荀子之间的确表现出显著的一致性,但是,他们对于人性的理解仍然存在重大的分歧,即荀子认为人性是恶的,这是他强调教化与学习的人性基础;而《性》的作者尽管没有明确地给予人性以善或恶的价值判定,但其人性论带有含混、复杂的特点,也就是说,既有自然人性的一面,又有道德人性的一面。在《性》的上篇中,作者沿袭了以气言性的思维进路,对人性的内涵及其生成做了以下界说:"喜怒哀悲之气,性也。及其见于外,则物取之也。性自命出,命自天降。"⑤ "好恶,性也。所好所恶,物也。"⑥ 所以梁涛说:"不论是'喜怒哀悲之气'还是'好恶',它们均是一种自然人性,是气性。这种性本身不具有善、不善的规定,但在后天的作用、影响下,却有成为善、不善的可能。"⑦ 与上篇截然不同的是,作者在《性》的下篇中似乎传达了人性具有可以为善的价值倾向:"仁,性之方也,性或生之。"⑧ "爱类七,唯性爱为近仁。"⑨ 但是,作者表达这种思想倾向的理论态度则不够坚定,

---

① 李零:《郭店楚简校读记》(增订本),北京大学出版社2002年版,第117页。
② 《孟子·告子上》,(宋)朱熹:《四书章句集注》,中华书局1983年版,第325页。
③ 庞朴:《孔孟之间——郭店楚简的思想史地位》,《中国社会科学》1998年第5期,第95页。
④ 《性》(原题"性自命出"),李零:《郭店楚简校读记》(增订本),北京大学出版社2002年版,第105页。
⑤ 同上。
⑥ 同上。
⑦ 梁涛:《郭店竹简与思孟学派》,中国人民大学出版社2008年版,第145页。
⑧ 《性》(原题"性自命出"),李零:《郭店楚简校读记》(增订本),北京大学出版社2002年版,第107页。
⑨ 同上。

"性或生之"就说明这一点,廖名春说:"'或'为不定代词,表不肯定的意思。"①

无论是揭示"凡人之患,蔽于一曲而暗于大理"的症结、披露人心之"蔽"在政治领域与思想领域的严重危害,抑或是指出人心所具有的变化不定的特性,这些都只是荀子"解蔽论"的一个方面。既然我们已经把这些问题的原因揭示清楚,那么,接下来要思考的问题就是,究竟应该采取什么样的方法才能够把这些问题彻底地解决掉,这构成了荀子"解蔽论"的另一重要方面。在如何"解蔽"这一问题上,荀子确立了两条道路:一是外在的道路,即"兼陈万物而中县衡";一是内在的道路,即"导之以理,养之以清"。

针对认识之"蔽"形成的存在论根据,即"凡万物异则莫不相为蔽,此心术之公患也",荀子提出了"兼陈万物而中县衡"的解决方案,这就是"外在的道路"。

> 圣人知心术之患,见蔽塞之祸,故无欲无恶,无始无终,无近无远,无博无浅,无古无今,兼陈万物而中县衡焉。是故众异不得相蔽以乱其伦也。何谓衡?曰:道。故心不可以不知道。②

所谓的"心术之患",即是说,凡物都有两面性,人在认识事物的过程中往往偏执于事物的某一方面而忽视它的另一方面,因此就会出现"蔽于一曲而暗于大理"的认识弊病;而所谓的"蔽塞之祸",则是指认识之"蔽"在政治领域与思想领域的严重危害,这在前文已做过阐发,此处不再赘言。在认清"心术之患"与"蔽塞之祸"的基础上,荀子提出了"兼陈万物而中县衡"的解决方案。关于"兼陈万物而中县衡",孔繁先生曾给出精彩的诠释:"兼陈万物是将事物全体陈列出来加以比较衡量,这近似我们今天所采用的归纳法;中县衡,即以科学类推作出正确判断,这近似我们今天所采用的演绎法。兼陈万物而中县衡,亦可谓归纳法和

---

① 廖名春:《郭店楚简〈性自命出〉篇校释》,载《清华简帛研究》(第1辑),清华大学思想文化研究所,2000年,第53页。

② 《解蔽篇》,(清)王先谦:《荀子集解》,中华书局1988年版,第394页。

演绎法并重,而众异不得相蔽以乱其伦,伦即伦类。"① 可以说,孔先生的这一解释,既有新颖之意,又接近荀子本义。总之,人们若想消解"心术之患"、避开"蔽塞之祸",就必须把"礼义"之道当作"兼陈万物"的客观标准,全面周密地认识事物而不偏执于事物的任何一方面,即"无欲无恶,无始无终,无近无远,无博无浅,无古无今",否则,人们必将遭遇"偏伤之患"。荀子说:

> 欲恶取舍之权:见其可欲也,则必前后虑其可恶也者;见其可利也,则必前后虑其可害也者;而兼权之,孰计之,然后定其欲恶取舍。如是,则常不失陷矣。凡人之患,偏伤之也。见其可欲也,则不虑其可恶也者;见其可利也,则不虑其可害也者。是以动则必陷,为则必辱,是偏伤之患也。②

在日常生活中人们经常遭遇"偏伤之患":见到某事可欲,则不考虑它是否也有可恶之处;见到某事有利,则不考虑它是否也有危害之处,所以一旦行动起来就容易犯错,一旦有所作为就必然受辱。基于"偏伤之患"所造成的严重危害,荀子开出了"兼权之,孰计之,然后定其欲恶取舍"的良方,也就是说,人们必须兼顾权衡事物的两面性,譬如"可欲"与"可恶"、"可利"与"可害",逮深思熟虑以后再定夺"欲恶取舍",一旦真正落实"兼权之,孰计之,然后定其欲恶取舍"的良方,"偏伤之患"所造成的严重危害也就烟消云散。

如果人们想真正落实"兼陈万物而中县衡"这一"解蔽"方案,就应该积极发掘人心与生俱来的认知能力向外学习"礼义"之道;尽管人心拥有与生俱来的认知能力,但是它容易受到外物及私见的影响,所以向外学习"礼义"之道以前人心则是需要被人们转化的对象,于是荀子提出了"导之以理,养之以清"的"养心"工夫,这就是"内在的道路"。

---

① 孔繁:《荀子评传》,南京大学出版社1997年版,第145页。
② 《不苟篇》,(清)王先谦:《荀子集解》,中华书局1988年版,第51页。

故人心譬如盘水，正错而勿动，则湛浊在下而清明在上，则足以见鬓眉而察理矣。微风过之，湛浊动乎下，清明乱于上，则不可以得大形之正也。心亦如是矣。故导之以理，养之以清，物莫之倾，则足以定是非，决嫌疑矣。小物引之则其正外易，其心内倾，则不足以决庶理矣。①

"定是非，决嫌疑"，这是人心所应该具有的重要功用，而一旦受到外物及私见的裹挟与扰动，人心就容易失去平衡，导致其思虑不清，所以也就难以决断各种事理："中心不定，则外物不清，吾虑不清，则未可定然否也。"② 正因为如此，荀子提出了以"礼义"引导人心，以"清明"涵养人心的修养工夫。所谓的"大清明"，则是指人心必须要达到的"虚壹而静"的心灵境界，这是人们学习"礼义"之道的主体担保，所以荀子说：

人何以知道？曰：心。心何以知？曰：虚壹而静。心未尝不臧也，然而有所谓虚；心未尝不两③也，然而有所谓一；心未尝不动也，然而有所谓静。心④生而有知，知而有志。志也者，臧也，然而有所谓虚，不以所已臧害所将受谓之虚。心生而有知，知而有异，异也者，同时兼知之。同时兼知之，两也，然而有所谓一，不以夫一害此一谓之一。心，卧则梦，偷则自行，使之则谋。故心未尝不动也，然而有所谓静；不以梦剧乱知谓之静。未得道而求道者，谓之虚壹而静。作之，则将须道者之虚则入⑤，将事道者之一则尽，将

---

① 《解蔽篇》，（清）王先谦：《荀子集解》，中华书局1988年版，第401页。
② 同上书，第404页。
③ "两"原作"满"，依据杨倞的说法校改，参见（清）王先谦《荀子集解》，中华书局1988年版，第395页。
④ "心"原作"人"，依据陶鸿庆的说法校改，廖名春对此曾做过详细的理论分析，参见廖名春《"虚壹而静"说新释》，《孔子研究》2009年第1期，第36—37页。
⑤ "入"原作"人"，依据王引之的说法校改，参见（清）王先谦《荀子集解》，中华书局1988年版，第397页。

思道者之静则察①。知道察,知道行,体道者也。虚壹而静,谓之大清明。②

"虚壹而静,谓之大清明",是作为认知主体之人心所要实现的心灵境界,因为唯有处在"大清明"的"虚壹而静"的状态之下,人心才可以认识外在的"礼义"之道;而"虚壹而静"理论内涵的揭示,正是荀子这段话的思想主旨所在。"虚""一""静",是分别针对人心的三种本然状态——"臧"(藏)"两""动"——而言的。"虚"就是"不以所已臧害所将受",即是说,心天生就有认知能力,有认知能力就会有记忆,有记忆就会把知识藏在心里,而"虚"就是不以已储藏的旧知识妨碍将要接受的新知识。"一"就是"不以夫一害此一",即是说,心天生就有认知能力,有认知能力就会辨别不同的事物,能辨别不同的事物同时就会知道不同的事物,而"一"就是不以对另一事物的认识而妨害对这一事物的认识。"静"就是"不以梦剧乱知",即是说,人心在睡觉的时候就会做梦,在思想懈怠的时候就会胡思乱想,使用它可以谋划事情,而"静"就是不让胡思乱想与烦躁焦虑扰乱人的认识活动。在此基础上,"虚""一""静"有机地整合为一个整体就是"大清明"的心灵境界,这既是人们认识"礼义"之道的主体担保,也是从事道德修养的必要条件。③ 因此,对于未得道而求道之人来说,就应该告诉他们"虚壹而静"。"虚""静"原本是道家思想的重要概念,而荀子所说的"虚""静"应该就是对道家"虚""静"的借鉴与转化。"虚""静"是老子首先提出来的主要用于描述心境的两个概念,他说:"致虚极,守静笃,万物并

---

① "将思道者之静则察",原作"尽将思道者静则察",依据龙宇纯的说法校改,参见龙宇纯《荀子论集》,台湾学生书局1986年版,第161—162页。
② 《解蔽篇》,(清)王先谦:《荀子集解》,中华书局1988年版,第395—397页。
③ "荀子的'大清明'之心主要不是从个体的德行修养上言说,而是就知'道'者洞察古今天下一切是非善恶、社会治乱而言。"(唐琳:《荀子的知"道"心与"养心"》,《理论月刊》2012年第4期)"大清明"是人们凭借"虚""壹""静"工夫所达到的心灵境界,它旨在阐明人心之所以能够认识"道"的内在根据。而一旦达到"大清明"的心灵境界,人们既可以从事个体的德行修养,也可以用于社会治理,因为无论是德行修养还是社会治理,都以礼义之道的学习为其必要条件,如此,"大清明"之心既可能就社会治理而言,也可能对德行修养立论。与唐琳以上观点正好相反,本书主要从德行修养这一层面来诠释"大清明"的伦理学意义。

作,吾以观复。"① "重为轻根,静为躁君,是以圣人终日行不离辎重。"②
后来,庄子在吸收老子这一思想的基础上给出了一定程度的发挥:"圣人之静也,非曰静也善,故静也;万物无足以铙心者,故静也。……夫虚静恬淡寂漠无为者,天地之平而道德之至,故帝王圣人休焉。休则虚,虚则实,实者伦矣。虚则静,静则动,动则得矣。"③ "唯道集虚,虚者,心斋也。"④ 老庄所阐发的"虚""静"思想在稷下道家中得到了更加深入的展开,⑤ 这主要体现在《管子》的《内业》《心术上》《心术下》《白心》四篇之中。《心术上》说:"虚者,无藏也。故曰:去知则奚率求矣,无藏则奚设矣。无求无设则无虑,无虑则反复虚矣。"⑥ "动则失位,静乃自得。"⑦《内业》说:"静则得之,躁则失之。"⑧ "虚"就是"无藏","无藏"就是内心不抱持成见,"《管子》所谓的'无藏'并非绝对排斥'藏',它要排斥的是主观成见和各种情感障碍"⑨,在此意义上,"虚"也就等同于"因",陈鼓应先生曾说:"'因'即是'虚'。意指排除个人主观的好恶与偏见,以无私之心顺应外在事物之实情而行事。"⑩ "静"就是指内心的不躁动,换句话说,"静"不是寂然不动而是特殊形态的"动","凡民之生,必以正平。所以失之者,必以喜乐哀怒"⑪,"正平"就是"静",而"喜乐哀怒"所造成的"正平"的丧失就是"躁"。可见,《管子》的《内业》《心术上》《心术下》《白心》四

---

① 《老子》16章,(魏)王弼著,楼宇烈校释:《王弼集校释》,中华书局1980年版,第35—36页。
② 《老子》26章,(魏)王弼著,楼宇烈校释:《王弼集校释》,中华书局1980年版,第69—70页。
③ 《天道》,(清)郭庆藩:《庄子集释》,中华书局2004年版,第457页。
④ 《人间世》,(清)郭庆藩:《庄子集释》,中华书局2004年版,第147页。
⑤ "虚""静"在《老子》中既有天道的意义,也有人道的意义,这两个方面在稷下道家代表作《管子》中都得到了充分的展开,本书主要从认识论层面考察《管子》对《老子》"虚""静"思想的发挥与引申。
⑥ 《心术上》,黎翔凤:《管子校注》,中华书局2004年版,第769页。
⑦ 同上书,第758页。
⑧ 《内业》,黎翔凤:《管子校注》,中华书局2004年版,第950页。
⑨ 白奚:《稷下学研究——中国古代的思想自由与百家争鸣》,生活·读书·新知三联书店1998年版,第290页。
⑩ 陈鼓应:《管子四篇诠释——稷下道家代表作解析》,商务印书馆2006年版,第161页。
⑪ 《心术下》,黎翔凤:《管子校注》,中华书局2004年版,第786页。

篇主要是把老庄"虚""静"概念移植到人们的认识过程中,重点揭示了"虚""静"概念的认识论内涵,即是说,"虚""静"是主体认识对象所必须具备的内在担保,是主体获得知识的必要条件,这是《管子》对老庄"虚""静"概念的创造性转化,这与荀子对"虚""静"概念的理解具有一致性。"道家讲静,讲虚,是要把心知的活动消纳下去,使其不致影响、扰乱作为人的生命根源的自然。荀子则在于用虚静来保障心知的活动、发挥心知的活动。所以荀子在不承认心是道德(以仁义为内容的道德)之心的这点上,与道家相同;但在发挥心的知性活动的这一点上,与道家反知的倾向,是完全相反的"[1],因此,确切地说,荀子所说的"虚""静"应该就是对《内业》《心术上》《心术下》《白心》四篇"虚""静"概念的借鉴与转化。

### (三)"礼义"的功利化诠释

如前所述,透过"虚壹而静"的修持工夫,人们就能够达到"大清明"的心灵境界,这正是他们从事道德修养的必要条件与内在担保;然而,即使人们达到了"大清明"的心灵境界,这也难以确保他们必然向外学习"礼义"之道,进而在现实的生活世界中将之付诸实践,有些人宁愿做"小人"也不愿成为"君子",便说明了这一点。因此,如果想充分发挥"礼义"对于个体的教化功用,就必须确保人们"知道""可道""守道"的必然性,而这涉及人们"知道""可道""守道"的动力机制问题,也就是说,"规范是计较利益的,道德的理想只有与利益之上的策略相统一,才能为正义和仁爱的追求带来动力"[2]。在这一问题上,荀子提出了一种现实主义的解决方案,就是将"礼义"理解为人们满足感性情欲的工具与手段,"故人莫贵乎生,莫乐乎安,所以养生安乐者莫大乎礼义。人知贵生乐安而弃礼义,辟之是犹欲寿而刎颈也,愚莫大焉"[3],开启了先秦儒家伦理学的另一发展路径,即后果论(目的论)伦理学,其基本观点是:"道德是实现目的的一种手段,道德的标准就

---

[1] 徐复观:《中国人性论史》(先秦篇),上海三联书店 2001 年版,第 218 页。
[2] 韩东育:《日本近世新法家研究》,中华书局 2003 年版,第 6 页。
[3] 《强国篇》,(清)王先谦:《荀子集解》,中华书局 1988 年版,第 299 页。

是它的目的和效果"①,"如果热爱德性不是于我们有利,就不会有任何德性"②,无疑这与孔、孟所构筑的道义论(义务论)伦理学迥然有别,以孔、孟为代表的先秦儒家道义论伦理学认为,道德具有内在价值,它本身就是目的,而不是实现目的的工具与手段。

荀子之所以将"礼义"理解为人们满足感性情欲的工具与手段,这与他对人性的独特理解有关。在荀子看来,人首先表现为一种感性的生命存在,以肉身之躯为他的物质载体,"天职既立,天功既成,形具而神生"③,而肉身之躯的存续决定了人们必须满足多样性的生理需求,譬如,饿了就要吃东西,冷了就要穿衣服,累了就要休息,"饥而欲食,寒而欲暖,劳而欲息,好利而恶害,是人之所生而有也,是无待而然者也,是禹、桀之所同也"④。因此,凡是增进感性生命存续的事物,就属于"利"的范畴,凡是妨碍感性生命存续的事物,就属于"害"的范畴,在这两者中,人们的自然倾向就是"好利而恶害",这是荀子关于人性的基本原理。既然人的感性生命所衍生出来的生理需求具有先天的正当性,那么,如何合理地满足人的生理需求,便成为荀子所要思考的不容回避的重要问题。人的生理需求具有先天的正当性,这是毋庸置疑的,但是由于它们"欲多而不欲寡"⑤的自然直接性,而且人也是社会性的存在者,必须过群居性的生活,"人之生,不能无群"⑥,如果顺从生理需求的尽情满足,人们就会陷入争夺、残害的旋涡,因此,为了消除主体间的争夺与残害,达到维护社会正常秩序、合理满足个体生理需求的双重目的,先王制定了可普遍化的礼义规范:"礼起于何也?曰:人生而有欲,欲而不得,则不能无求;求而无度量分界,则不能不争;争则乱,乱则穷。先王恶其乱也,故制礼义以分之,以养人之欲,给人之求,使欲必不穷于物,物必不屈于欲。两者相持而长,是礼之所起也。"⑦按照荀子

---

① [美]弗兰克·梯利:《伦理学导论》,何意译,广西师范大学出版社2001年版,第80页。

② 同上书,第172页。

③ 《天论篇》,(清)王先谦:《荀子集解》,中华书局1988年版,第309页。

④ 《荣辱篇》,(清)王先谦:《荀子集解》,中华书局1988年版,第63页。

⑤ 《正论篇》,(清)王先谦:《荀子集解》,中华书局1988年版,第345页。

⑥ 《富国篇》,(清)王先谦:《荀子集解》,中华书局1988年版,第179页。

⑦ 《礼论篇》,(清)王先谦:《荀子集解》,中华书局1988年版,第346页。

的理解,"礼作为人所选择、创设的价值不仅是因欲而起,更是以人的欲求的有效实现为归宿和目的"①,也就是说,"礼义乃是指导和保证人们求得真正长久安利、实现更好的生存和发展的工具和手段"②,循此而言,梁启雄先生所说的"荀子自我教育的推动力不是来自学习者之内心,而是来自外缘的客体"③,则是值得商榷的。只不过,荀子将人们践行礼义之道的动力机制设定为人的情欲需求,也就是"好利恶害",很明显这与孟子将人们行善的根本动机设定为"四心"截然不同。

与"好利恶害"相关,荀子还论及"好荣恶辱"。从宽泛的意义来看,"荣"属于"利"的范畴,而"辱"属于"害"的范畴,人们"好利恶害"也势必会"好荣恶辱":"好荣恶辱,好利恶害,是君子小人之所同也,若其所以求之之道则异矣。"④那么,"荣"与"辱"的判分标准为何?

> 荣辱之大分,安危利害之常体:先义而后利者荣,先利而后义者辱;荣者常通,辱者常穷;通者常制人,穷者常制于人:是荣辱之大分也。材悫者常安利,荡悍者常危害;安利者常乐易,危害者常忧险,乐易者常寿长,忧险者常夭折:是安危利害之常体也。⑤

"荣辱之大分",即判分"荣""辱"的主要标准:"先义而后利"就能荣耀加身,荣耀者常通达、常统治他人;而"先利而后义"则会招致屈辱,受辱者常穷困、常被他人所统治。而且,"荣""辱"也涉及个人自身的安危利害。"材悫者"虽然为"仁义德行",但这只是"常安之术",他们也可能遭遇到危险,"仁义德行,常安之术也,然而未必不危也"⑥,孔子周游列国困于蔡就是明显的例子。与之相反,"荡悍者"虽然污秽卑

---

① 储昭华:《明分之道——从荀子看儒家文化与民主政道融通的可能性》,商务印书馆2007年版,第149页。
② 同上。
③ 梁启雄:《荀子思想述评》,载廖名春《荀子二十讲》,华夏出版社2009年版,第178页。
④ 《荣辱篇》,(清)王先谦:《荀子集解》,中华书局1988年版,第61页。
⑤ 同上书,第58—59页。
⑥ 同上书,第62页。

鄙、巧取豪夺（"污僈、突盗"），但这只是"常危之术"，他们也可能获得一时的安乐，"污僈、突盗，常危之术也，然而未必不安也"①，桀、跖这类人的所作所为就是如此，所以荀子说："材悫者常安利，荡悍者常危害。""材悫者"不仅安全获利，而且内心快乐舒坦，延年益寿；而"荡悍者"不仅危险受害，而且内心忧虑重重，容易夭折。

既然人们"好利恶害""好荣恶辱"，而"材悫者常安利，荡悍者常危害"②、"为君子则常安荣矣，为小人则常危辱"③，那么，为什么有些人仍然依循"桀、跖之道"而愿意为"小人"呢？倘若此问题得不到恰当的说明，有些人就会一如既往地生活在礼义所设定的界限之外。事实上，荀子已充分认识到此问题的严重性，而且给出了自己的解释。他认为，有些人之所以愿意为"小人"，正是出于他们认识上的无知（"陋"）。

> 为尧、禹则常安荣，为桀、跖则常危辱；为尧、禹则常愉佚，为工匠农贾则常烦劳。然而人力为此而寡为彼，何也？曰：陋也。④
>
> 今以夫先王之道，仁义之统，以相群居，以相持养，以相藩饰，以相安固邪？以夫桀、跖之道，是其为相县也，几直夫刍豢稻粱之县糟糠尔哉！然而人力为此而寡为彼，何也？曰：陋也。陋也者，天下之公患也，人之大殃大害也。故曰：仁者好告示人。告之示之，靡之儇之，铅之重之，则夫塞者俄且通也，陋者俄且僩也，愚者俄且知也。⑤

依"先王之道"（"礼义"）而行，可以成为尧、禹一样的圣人，为尧、禹则"常安荣""常愉佚"；依"桀、跖之道"而行，可以成为桀、跖一样的恶人，为桀、跖则"常危辱"，所以，圣人与恶人之间的差距远胜过"刍豢稻粱"与"糟糠"之间的悬殊。尽管如此，但有些人还是期望成为

---

① 《荣辱篇》，（清）王先谦：《荀子集解》，中华书局 1988 年版，第 62—63 页。
② 同上书，第 58 页。
③ 《儒效篇》，（清）王先谦：《荀子集解》，中华书局 1988 年版，第 144 页。
④ 《荣辱篇》，（清）王先谦：《荀子集解》，中华书局 1988 年版，第 63 页。
⑤ 同上书，第 65—66 页。

桀、跖一样的人而很少愿意成为尧、禹一样的人，在荀子看来，这缘于他们认识上的浅陋无知（"陋"）："然而人力为此而寡为彼，何也？曰：陋也。陋也者，天下之公患也，人之大殃大害也。"那么，究竟如何做才能够使得人们摆脱"无知"的愚昧状态进入到"有知"的澄明状态呢？荀子认为，解决这一问题的关键在于"仁者"所施予的礼义教化，"仁者"既要将"先王之道"即礼义之道告诉浅陋无知者，也要发挥示范表率作用来引导他们，透此使得他们遵从"先王之道"并逐渐养成行为习惯。在此基础上，一旦清楚地认识到"礼义"的价值所在，人们不仅不可能犯错，而且还会心甘情愿地成为尧、禹一样的圣人而不愿意继续成为桀、跖那样的恶人："君子博学而日参省乎己，则知明而行无过矣。"[①]"凡人莫不从其所可，而去其所不可。知道之莫之若也，而不从道者，无之有也。"[②] 在这里，荀子表达了"知必然落实于行"的看法，"知明而行无过""知道之莫之若也，而不从道者，无之有也"，即表明了这一点。应该说，这与苏格拉底的相关看法极为相似。在《普罗泰戈拉篇》[③] 中，苏格拉底阐发了"无人自愿作恶"的观点，他说："我本人确信无疑，没有一个聪明人会相信有人自愿犯罪，或自愿作恶，或实施任何邪恶的行为。他们非常明白，一切恶行都是不自愿地犯下的。"[④] 在苏格拉底看来，追求长远的快乐、避免长远的痛苦是人的本性，[⑤] 而快乐本身都是善事，痛苦本身都是恶事，所以，人们势必趋善而避恶。现实生活中，有些人之所以选择做邪恶的事情，则是缘于他们缺乏对善恶的真实认识，即把恶的事情误认为善的事情，把善的事情误认为恶的事情，"那些不知道什

---

① 《劝学篇》，（清）王先谦：《荀子集解》，中华书局1988年版，第2页。
② 《正名篇》，（清）王先谦：《荀子集解》，中华书局1988年版，第429页。
③ 《普罗泰戈拉篇》是柏拉图的早期对话篇之一，而研究古希腊哲学史的学者们一般都认为柏拉图的早期对话篇代表着苏格拉底本人的思想，在此意义上，本书把《普罗泰戈拉篇》视为苏格拉底思想的文本载体。
④ 《普罗泰戈拉篇》，[古希腊] 柏拉图：《柏拉图全集》（第一卷），王晓朝译，人民出版社2002年版，第470页。
⑤ 陈真区分了短视的心理学快乐主义与有远见的心理学快乐主义，他认为，短视的心理学快乐主义主张人的本性是追求眼前的快乐，避免眼前的痛苦，而有远见的心理学快乐主义则主张人的本性是追求长远的快乐，避免长远的痛苦，基于此，他便指出苏格拉底是有远见的心理学快乐主义者。参见陈真《苏格拉底为何认为"无人自愿作恶"？》，《南京师范大学学报》（社会科学版）2010年第5期，第7—8页。

么是恶的人并不想得到恶，而是想得到他们认为是善的事物，尽管实际上它们是恶的；而那些由于无知而误将坏事物当作好事物的人想要得到的显然是善"[1]，也就是说，只要获得了关于善恶的真实认识，人们必然为善而不为恶："无人会选择恶或想要成为恶人。想要去做那些他相信是恶的事情，而不是去做那些他相信是善的事情，这似乎违反人的本性。"[2] 不难看到，无论是荀子还是苏格拉底，他们一致认为：人们不会明知故犯，之所以做邪恶的事情，就是因为他们对善恶缺乏真实的认识，换言之，人们一旦获得关于善恶的真实认识，必然会落实到实际行为上，不存在知而不行的现象，即所谓的"意志软弱"[3]。

**（四）"学不可以已"：道德修养诸环节**

众所周知，成就圣贤境界是儒家道德修养的共同追求，尽管儒者们的目标都是一样的，但是在成就圣贤境界的具体工夫上，儒家内部则表现出明显的不一致，从先秦儒学来看，孟子和荀子就是典型的代表。孟子立足于"性善论"，把圣贤境界的培育与涵养理解为个体对内在善端或先天潜能的"存养"与"扩充"，换句话说，圣贤境界的培育与涵养就是辩证地复归本然之性的过程；而荀子则与此截然相反，在"性恶论"的基础上，把圣贤境界的培育与涵养设定成"反性而悖情"的过程："济而材尽，长迁而不反其初则化矣。"[4] "初"在这里指人的自然性情，"不反其初"就是不返回原初形态的自然性情，即是说，圣贤境界的培育与涵养唯有借助于后天的勤勉习行才能够把个别性的自然性情转化为受道德理性陶冶的普遍化的性情。在这一意义上，王博将孟子及荀子的以上两种道德修养路径分别概括为"思以致圣"与"学以致圣"，认为他们代表

---

[1] 《美诺篇》，[古希腊]柏拉图：《柏拉图全集》（第一卷），王晓朝译，人民出版社2002年版，第501—502页。

[2] 《普罗泰戈拉篇》，[古希腊]柏拉图：《柏拉图全集》（第一卷），王晓朝译，人民出版社2002年版，第484页。

[3] 在日常生活中，我们经常会遭遇到"意志软弱"的问题，杨国荣认为，从知行关系看，意志软弱主要表现为"知而不行"；从理性与意欲的关系看，意志软弱则主要涉及理性与意欲之间的张力。参见杨国荣《论意志软弱》，《哲学研究》2012年第8期，第98—106页。

[4] 《不苟篇》，（清）王先谦：《荀子集解》，中华书局1988年版，第48页。

了儒学内部的学思两途。① 从孟、荀思想的总体趋向上看，这一说法可以成立。不过必须申明的是，尽管荀子特别强调"学"在个体成就圣贤境界过程中的重要功用，但他没有从一般意义上反对"思"，因为他所否定的"思"只是特定形态的"苦思冥想"（不以"学"为基础的"思"）："吾尝终日而思矣，不如须臾之所学也。"② 同时荀子也在一定程度上肯定了"思"的重要价值："君子知夫不全不粹之不足以为美也，故诵数以贯之，思索以通之。"③ "愚款端悫，则合之以礼乐，通之以思索。"④ "思"可以把学到的经典知识（以《诗》《书》《春秋》《乐》《礼》为主）实现逻辑层面的融会贯通。在这里，荀子所肯定的"思"是以人们所掌握的经典知识为具体对象的"思"，它难以脱离"学"而独自运行，应该以"学"为前提和基础，这与孔子的学思观一脉相承。在"学"与"思"的关系问题上，孔子不但主张"学""思"并举，两者不可偏废，"学而不思则罔，思而不学则殆"⑤，"博学而笃志，切问而近思，仁在其中矣"⑥，而且认为"学"比"思"更为基础、重要："吾尝终日不食，终夜不寝，以思，无益，不如学也。"⑦ "在孔丘那里，'生而知之'只是虚悬一格，他是更加重视'学而知之'这一知识的实际来源的。"⑧ 孔子同时还认为"学"的重要性还体现在纠正诸种德性的流弊上："好仁不好学，其弊也愚；好知不好学，其弊也荡；好信不好学，其弊也贼；好直不好学，其弊也绞；好勇不好学，其弊也乱；好刚不好学，其弊也狂。"⑨

徐复观先生说："人的修养的根本问题，乃在生命里有情与理的对立。礼是要求能得情与理之中，因而克服这种对立所建立的生活形态。……久而久之，情随理转，情可以成为实现理的一股力量，而情亦

---

① 参见王博《论〈劝学篇〉在〈荀子〉及儒家中的意义》，《哲学研究》2008年第5期，第63—65页。
② 《劝学篇》，（清）王先谦：《荀子集解》，中华书局1988年版，第4页。
③ 同上书，第18—19页。
④ 《修身篇》，（清）王先谦：《荀子集解》，中华书局1988年版，第26页。
⑤ 《论语·为政》，（宋）朱熹：《四书章句集注》，中华书局1983年版，第57页。
⑥ 《论语·子张》，（宋）朱熹：《四书章句集注》，中华书局1983年版，第189页。
⑦ 《论语·卫灵公》，（宋）朱熹：《四书章句集注》，中华书局1983年版，第167页。
⑧ 方克立：《中国哲学史上的知行观》，人民出版社1982年版，第13页。
⑨ 《论语·阳货》，（宋）朱熹：《四书章句集注》，中华书局1983年版，第178页。

是理。完整的生命，便在这一修养过程中升进。"① 可见，道德修养不是盲目自发的本能过程，而是接受理性范导的自觉过程，"道德价值有别于其他价值的根本标志就在于它的自觉性，而这种自觉性实现的核心则在于人对道德本质的体认"②。在荀子这里，道德修养的自觉性首先表现为人们向外学习"礼义"，因为"情欲"之性潜藏趋恶的自发倾向，而"知能"之性也只是形式意义上的认知能力与实践能力，人性根本不可能成为道德价值的内在源头，所以，道德修养也就只能被理解为人们向外学习"礼义"的过程。"学"不仅包括通常意义上的经典知识的学习，而且指向道德人格的涵养，即"学就是学做人"③。荀子说：

> 学恶乎始？恶乎终？曰：其数则始乎诵经，终乎读礼；其义则始乎为士，终乎为圣人。真积力久则入，学至乎没而后止也。故学数有终，若其义则不可须臾舍也。④

在这里，"学"的概念内涵可以分作两个层次来理解：首先，从内容（"数"）上看，"学"意味着学习儒家经典六经（《诗》《书》《礼》《乐》《易》《春秋》），而且六经的学习也存在一个循序渐进的过程，即"始乎诵经，终乎读礼"，这里的"经"就是指《礼》以外的其余五经。就此而言，"学"既有"始"也有"终"。其次，从意义或旨趣（"义"）上看，"学"又指向道德人格的涵养，所涵养的道德人格主要包括以下三个等第："士""君子""圣人"，即"始乎为士，终乎为圣人"，这一意义上的"学"被荀子称作"为己之学"："古之学者为己，今之学者为人。"⑤ 相对于儒家经典六经的学习来说，个体道德人格的涵养无疑是更加漫长而艰难的历程，正因为如此，人们必须把更多的时间和精力用在

---

① 徐复观：《谈礼乐》，载李维武《中国人文精神之阐扬——徐复观新儒学论著辑要》，中国广播电视出版社 1996 年版，第 128—129 页。
② 赵馥洁：《儒家的道德价值自觉论探析》，《孔子研究》2012 年第 5 期，第 4 页。
③ [美] 杜维明：《儒家思想新论——创造性转换的自我》，江苏人民出版社 1996 年版，第 50 页。
④ 《劝学篇》，（清）王先谦：《荀子集解》，中华书局 1988 年版，第 11 页。
⑤ 同上书，第 13 页。

自身道德人格的涵养上，直到自然生命终结为止："真积力久则入，学至乎没而后止也。"除了以圣人为最高价值旨归以外，荀子同时还指出了"学"的另一最高价值追求，即"王"。

> 故学也者，固学止之也。恶乎止之？曰：止诸至足。曷谓至足？曰：圣王①也。圣也者，尽伦者也；王也者，尽制者也。两尽者，足以为天下极矣。故学者，以圣王为师，案以圣王之制为法，法其法，以求其统类，以务象效其人。②

荀子论"学"以"圣"与"王"为终极的价值旨归与理想目标（"至足"）。所谓的"圣"，就是通晓万物之理的人（"尽伦者"）；而所谓的"王"，则是通晓礼义法度的人（"尽制者"）。不论是"圣"还是"王"，他们都堪称天下之极则，所以，凡是求学之人，都应当以"圣""王"为师，不但要遵守他们所制定的礼义法度进而探寻它们的统类，而且更要学习他们的为人，或许缘于此，荀子说："学不可以已。"③

此外，道德修养的自觉性也表现在"道"是人们意志选择的客观标准上。

> 道者，古今之正权也，离道而内自择，则不知祸福之所托。易者，以一易一，人曰无得亦无丧也；以一易两，人曰无丧而有得也；以两易一，人曰无得而有丧也。计者取所多，谋者从所可。以两易一，人莫之为，明其数也。从道而出，犹以一易两也，奚丧！离道而内自择，是犹以两易一也，奚得！④

在现实的交易过程中，可能出现这样三种情形，即"以一易一""以一易两""以两易一"。基于"欲多而不欲寡"的利益权衡，人们势必主动选

---

① 此处本无"王"字，依据杨倞的说法增补，参见（清）王先谦《荀子集解》，中华书局1988年版，第407页。
② 《解蔽篇》，（清）王先谦：《荀子集解》，中华书局1988年版，第406—407页。
③ 《劝学篇》，（清）王先谦：《荀子集解》，中华书局1988年版，第1页。
④ 《正名篇》，（清）王先谦：《荀子集解》，中华书局1988年版，第430页。

择"以一易两",而全力回避"以两易一",因为前者必定有所收获,而后者注定亏损无益。与此相应,人们如果把"道"作为自己行为的客观标准,这就好比是"以一易两",必定有所获益,而如果绕开"道"单凭意志作决定,则好比"以两易一",注定一无所获。在荀子看来,"礼"不仅是人道的最高原则,"礼者,人道之极也"①,而且也是不可改易的常理,"礼也者,理之不可易者也"②,因此,"从道而出"便意味着以理性范导意志。

与人们把"道"作为意志选择的客观标准相关,荀子进一步从"心之所可"是否"中理"揭示了道德修养的自觉性。

> 人之所欲,生甚矣,人之所恶,死甚矣,然而人有从生成死者,非不欲生而欲死也,不可以生而可以死也。故欲过之而动不及,心止之也。心之所可中理,则欲虽多,奚伤于治!欲不及而动过之,心使之也。心之所可失理,则欲虽寡,奚止于乱!故治乱在于心之所可,亡于情之所欲。不求之其所在,而求之其所亡,虽曰我得之,失之矣。③

"治乱在于心之所可,亡于情之所欲",即是说,"治乱"取决于"心之所可",与自然情欲的多寡无关:"心之所可"如果契合于"理",即使欲望再多也不妨碍社会稳定,而"心之所可"如果乖违于"理",即使欲望再少也可以引发秩序混乱。"正理平治"是"善",而"偏险悖乱"是"恶":"凡古今天下之所谓善者,正理平治也;所谓恶者,偏险悖乱也"④,所以,"治乱在于心之所可,亡于情之所欲"也就可以顺利地转换为"善恶在于心之所可,亡于情之所欲",这一命题揭示了道德修养的自觉性,即"善恶"取决于"心之所可",与自然情欲的多寡毫无干系,也就是说,"心之所可""中理"属于"善",而"心之所可""失理"

---

① 《礼论篇》,(清)王先谦:《荀子集解》,中华书局1988年版,第356页。
② 《乐论篇》,(清)王先谦:《荀子集解》,中华书局1988年版,第382页。
③ 《正名篇》,(清)王先谦:《荀子集解》,中华书局1988年版,第428页。
④ 《性恶篇》,(清)王先谦:《荀子集解》,中华书局1988年版,第439页。

则属于"恶"。

人们向外学习"礼义",这只是道德修养的表层,从更内在的层面来看,道德修养进一步展示为"积善成德"的积淀历程。荀子说:

> 积土成山,风雨兴焉;积水成渊,蛟龙生焉;积善成德,而神明自得,圣心备焉。故不积跬步,无以致千里;不积小流,无以成江海。骐骥一跃,不能十步;驽马十驾,功在不舍。锲而舍之,朽木不折;锲而不舍,金石可镂。①

从个体层面来看,成就内在德性,构筑理想的道德人格,是道德修养的最终目的。在荀子看来,由于人性根本不存在孟子所说的"善端",为了达到道德修养的最终目的,人们首先必须向外学习"礼义",然后再把已获取的"礼义"凝聚为内在的德性,简言之,即所谓的"积善成德,而神明自得,圣心备焉"。正因为道德修养是漫长而又艰难的积淀过程,并非一蹴而就之举,所以在从事道德修养的过程中,人们必须具备坚定的意志力,唯有持之以恒、锲而不舍,才能够成就崇高的内在德性,"神明""圣心"也就随之而至。

道德修养不仅是理性范导的自觉过程,而且也关涉主体意志的自由选择,因为真正的道德行为应该以主体意志的自由选择为逻辑前提,"具有道德意义的行为,亦离不开自我的抉择和决定;这种自我决定,是对行为的道德评价所以可能的前提:对自我无法支配和控制的行为,便很难作出善或恶的具有道德意义的判断,亦无法要求自我对其负责"②,先秦儒家早已关注到了这一点。孔子说:"为仁由己,而由人乎哉?"③"为仁"就是道德行为的践履,这缘于主体意志的自由选择,所以与他人无关,张岱年先生曾指出此一观点肯定了道德意志的自由④。孟子说:"自暴者,不可与有言也;自弃者,不可与有为也。言非礼义,谓之自暴也;

---

① 《劝学篇》,(清)王先谦:《荀子集解》,中华书局1988年版,第7—8页。
② 杨国荣:《伦理与存在——道德哲学研究》,华东师范大学出版社2009年版,第135页。
③ 《论语·颜渊》,(宋)朱熹:《四书章句集注》,中华书局1983年版,第131页。
④ 参见张岱年《中国伦理思想研究》,上海人民出版社1989年版,第176页。

吾身不能居仁由义，谓之自弃也。"① 无论是"非礼义"的"自暴者"，还是"吾身不能居仁由义"的"自弃者"，他们的所作所为皆出于自己意志的主观选择，即使有圣人相伴，也难以改变他们。荀子继承了孔、孟的以上看法，并给出了进一步的发挥，认为个体能否进行道德修养主要取决于自身意志的主观选择。

> 故跬步而不休，跛鳖千里；累土而不辍，丘山崇成；厌其源，开其渎，江河可竭；一进一退，一左一右，六骥不致。彼人之才性之相县也，岂若跛鳖之与六骥足哉？然而跛鳖致之，六骥不致，是无他故焉，或为之，或不为尔。②

> 故圣人者，人之所积而致矣。曰："圣可积而致，然而皆不可积，何也？"曰：可以而不可使也。故小人可以为君子而不肯为君子，君子可以为小人而不肯为小人。小人、君子者，未尝不可以相为也，然而不相为者，可以而不可使也。……用此观之，然则可以为，未必能也；虽不能，无害可以为。然则能不能之与可不可，其不同远矣，其不可以相为明矣。③

从本性来看，"跛鳖"爬行极其缓慢，而"六骥"奔跑相当迅疾，但是，"跛鳖"可以爬到千里之外的地方，而"六骥"难以跑到同样远的地方，其缘由在于"跛鳖"有为（"跬步而不休"）而"六骥"不为（"一进一退，一左一右"）。与"跛鳖""六骥"相比而言，人与人之间的才性悬殊甚微，所以从理论可能性来说，"涂之人"皆可以积学而成圣，而现实生活中"涂之人"之所以不能够积学而成圣，则是因为"可以而不可使"的缘故。这里的"可以而不可使"，李涤生先生曾解释说："'可以'，就理言，亦即就先天条件言。'不可使'，就意志言，亦即就后天人为言。"④ 从先天条件上说，"涂之人"皆可以成为圣人，这是荀子本人曾

---

① 《孟子·离娄上》，（宋）朱熹：《四书章句集注》，中华书局1983年版，第281页。
② 《修身篇》，（清）王先谦：《荀子集解》，中华书局1988年版，第32页。
③ 《性恶篇》，（清）王先谦：《荀子集解》，中华书局1988年版，第443—444页。
④ 李涤生：《荀子集释》，台湾学生书局1994年版，第554页。

明确表述的观点，也是"可以"所要传达的理论内涵；而从现实层面上说，"涂之人"则未必能够成为圣人，原因主要在于"涂之人"主观层面的"不肯为"，"'不肯'指的是意志的自愿品格，故不可强使之"①。换句话说，"涂之人"究竟成为什么类型的人，这在相当程度上取决于他们意志的主观选择，"小人可以为君子而不肯为君子，君子可以为小人而不肯为小人"，便表明了这一点，更进一步说，"小人之'不肯'为君子、为圣人，更多的是为欲望所主宰以及意志力的缺乏所致，而君子'不肯'为小人，即将'心之所可'所包含的理性、意志和价值评价作了进一步交融"②。

道德修养既需要接受理性的范导，又涉及主观意志的自由选择，同时也需要意志专一的精神品格，荀子对此多有论述。

> 蚓无爪牙之利，筋骨之强，上食埃土，下饮黄泉，用心一也。蟹六跪而二螯，非蛇蟺之穴无可寄托者，用心躁也。是故无冥冥之志者无昭昭之明，无惛惛之事者无赫赫之功。行衢道者不至，事两君者不容。目不能两视而明，耳不能两听而聪。螣蛇无足而飞，梧鼠五技而穷。诗曰："尸鸠在桑，其子七兮。淑人君子，其仪一兮。其仪一兮，心如结兮。"故君子结于一也。③

> 性也者，吾所不能为也，然而可化也；情也者，非吾所有也，然而可为也。注错习俗，所以化性也；并一而不二，所以成积也。习俗移志，安久移质。并一而不二则通于神明，参于天地矣。④

> 故好书者众矣，而仓颉独传者，一也；好稼者众矣，而后稷独传者，一也；好乐者众矣，而夔独传者，一也；好义者众矣，而舜独传者，一也。倕作弓，浮游作矢，而羿精于射；奚仲作车，乘杜作乘马，而造父精于御。自古及今，未尝有两而能精者也。⑤

---

① 东方朔：《"可以而不可使"——以荀子〈性恶篇〉为中心的诠释》，《邯郸学院学报》2012年第4期，第8页。
② 同上书，第15页。
③ 《劝学篇》，（清）王先谦：《荀子集解》，中华书局1988年版，第8—10页。
④ 《儒效篇》，（清）王先谦：《荀子集解》，中华书局1988年版，第143—144页。
⑤ 《解蔽篇》，（清）王先谦：《荀子集解》，中华书局1988年版，第401页。

"君子结于一""并一而不二""未尝有两而能精者",这些命题皆充分地说明了意志专一在道德修养过程中所起到的重要功效。如前所述,在荀子看来,"学"不仅涉及经典知识的学习,而且也指向道德人格的涵养,在这一意义上,"学"又被理解为"积善成德"的过程,相对于前者来说,后者无疑是更加漫长而又艰难的历程,"安久移质""积善而不息"即说明了这一点,这决定了意志专一的重要意义。由于意志专一的缘故,个体在道德修养过程中就能够把注意力全部贯注在内在德性的涵养上,从而抵制住外部世界的诱惑,"不诱于誉,不恐于诽,率道而行,端然正己,不为物倾侧"①,使得自己恒定地行走在成就圣贤境界的道路上,唯有如此,个体才可以达到荀子所说的"通于神明,参于天地"的至高境界。

意志专一与"诚"之间也有内在的关联性,按照荀子的理解,"诚"的内容就是"唯仁之为守,唯义之为行",即意志专一地守仁行义。

> 君子养心莫善于诚,致诚则无它事矣,唯仁之为守,唯义之为行。诚心守仁则形,形则神,神则能化矣;诚心行义则理,理则明,明则能变矣。变化代兴,谓之天德。天不言而人推其高焉,地不言而人推其厚焉,四时不言而百姓期焉。夫此有常,以至其诚者也。君子至德,嘿然而喻,未施而亲,不怒而威。夫此顺命,以慎其独者也。善之为道者,不诚则不独,不独则不形,不形则虽作于心,见于色,出于言,民犹若未从也,虽从必疑。天地为大矣,不诚则不能化万物;圣人为知矣,不诚则不能化万民;父子为亲矣,不诚则疏;君上为尊矣,不诚则卑。夫诚者,君子之所守也,而政事之本也。唯所居以其类至,操之则得之,舍之则失之。操而得之则轻,轻则独行,独行而不舍则济矣。济而材尽,长迁而不反其初则化矣。②

---

① 《非十二子篇》,(清)王先谦:《荀子集解》,中华书局1988年版,第102页。
② 《不苟篇》,(清)王先谦:《荀子集解》,中华书局1988年版,第46—48页。

这段话主要讲述了"诚"的理论内涵与奇妙功用。在荀子看来,"诚"是君子从事道德修养的最佳工夫("养心莫善于诚"),它的理论内涵就是"唯仁之为守,唯义之为行"。"唯"即"一","唯仁之为守,唯义之为行"则是说,"诚"的内容在于全神贯注地守仁行义。从"诚"的"守仁"意义上看,荀子与《中庸》及孟子秉持相似的看法,徐复观先生曾说过,《中庸》与《孟子》所阐发的"诚"皆以仁为真实内容。① 不过,必须指明的是,荀子所说的"诚"与"性恶论"具有内在的逻辑联系,即是说,情欲之性蕴含着趋"恶"的自发倾向,难以成为道德价值的基础,所以荀子把"诚"规定为一种外向型的道德修养工夫,"唯仁之为守,唯义之为行",而"仁义"的内容则是指外在于人的可普遍化的规范系统即"礼","将原先王,本仁义,则礼正其经纬蹊径也"②,由此,守仁行义也就等价于循礼而行。与荀子不同,《中庸》的作者③与孟子皆抱持性善论的立场,认为人性拥有先天的道德观念萌芽,所以人们向本然之性的辩证复归,便成为道德修养的根本目标。"自明诚,谓之教"④,"学问之道无他,求其放心而已矣"⑤,与之相应,"诚"也就被理解为内向型的道德修养工夫。"诚之者,人之道也"⑥,"万物皆备于我,反身而诚,乐莫大焉"⑦。概言之,尽管荀子、孟子及《中庸》的作者都把仁规定为"诚"的实际内容,但是他们之间也存在重大的理论分歧:与各自所执持的人性论相应,荀子把"诚"规定为守仁行义,由于礼是仁义的

---

① 参见徐复观《中国人性论史》(先秦篇),上海三联书店2001年版,第131—132页。
② 《劝学篇》,(清)王先谦:《荀子集解》,中华书局1988年版,第16页。
③ 关于《中庸》的作者,学术界存在着不一致的看法,总体上可以归纳为两种观点:子思说与非子思说。前者以司马迁、徐复观等人为代表,他们认为子思是《中庸》的作者,参见徐复观《中国人性论史》(先秦篇),上海三联书店2001年版,第91—94页。后者则以冯友兰、侯外庐等人为代表,他们对子思作《中庸》说提出了不同程度的质疑:冯友兰认为,《中庸》可能是秦汉时孟子一派之儒者的作品,参见冯友兰《中国哲学史》(上册),中华书局1947年版,第446—455页;侯外庐也主张把《中庸》视为思孟学派的作品,参见侯外庐、赵纪彬、杜国庠《中国思想通史》(第1卷),人民出版社1967年版,第378页。本书遵循前一种观点,即子思是《中庸》的作者,同时这就意味着《中庸》在成书时间上要先于《孟子》。
④ 《中庸》,(宋)朱熹:《四书章句集注》,中华书局1983年版,第32页。
⑤ 《孟子·告子上》,(宋)朱熹:《四书章句集注》,中华书局1983年版,第334页。
⑥ 《中庸》,(宋)朱熹:《四书章句集注》,中华书局1983年版,第31页。
⑦ 《孟子·尽心上》,(宋)朱熹:《四书章句集注》,中华书局1983年版,第350页。

"经纬蹊径",所以守仁行义也就是循礼而行。"诚"属于外向型的道德修养工夫,而《中庸》的作者及孟子则把"诚"界说为内向型的道德修养工夫,把"诚"规定为向本然之性的辩证复归。人们一旦切实做到荀子所说的"唯仁之为守,唯义之为行",就可以潜移默化地感化他人,适宜地应对变化多样的社会情形,即"诚心守仁则形,形则神,神则能化矣;诚心行义则理,理则明,明则能变矣"。《中庸》也曾论及"诚"所具有的玄妙莫测的"变""化"功用:"其次有致曲,曲能有诚,诚则形,形则著,著则明,明则动,动则变,变则化。唯天下至诚为能化。"[1] 在这里,"变""化"之间具有内在的相关性:由于"诚"能够感动他人,所以人们在言行方面就会有所改变,而言行方面的持续改变则进一步推动内在德性的转化,"变则化"意味着人们从外在言行到内在德性的深层转换,但是,在荀子看来,"变""化"分属两个不同的过程:"变"是"诚心行义"的结果,有"变通"之义,而"化"则是"诚心守仁"的结果,有"感化"之义。无论从自然界到人类社会,抑或从家庭到政治场域,"诚"都发挥了重要的功用:天地以"诚"化育万物,圣人以"诚"感化万民,父子之间因"诚"而相亲相爱,君臣之间因"诚"而尊卑有序。既然诚心守仁行义具有如此重要的功用,那么,人们如果锲而不舍地操持以诚养心的修养工夫,不但有益于自己内在德性的涵养,所谓"济而材尽,长迁而不反其初则化矣",而且也可以构筑起和谐的伦理秩序与政治秩序,如父子之间的和睦慈爱,君臣之间的尊卑有序等。

从个体层面来看,"学"以道德人格的涵养为价值旨归,它展示为"积善成德"的历程,而正是这一历程决定了"行"在道德修养过程中的关键性地位。

> 不闻不若闻之,闻之不若见之,见之不若知之,知之不若行之,学至于行之而止矣。行之,明也。明之为圣人。圣人也者,本仁义,当是非,齐言行,不失毫厘,无它道焉,已乎行之矣。故闻之而不见,虽博必谬;见之而不知,虽识必妄;知之而不行,虽敦必困。[2]

---

[1] 《中庸》,(宋)朱熹:《四书章句集注》,中华书局1983年版,第33页。
[2] 《儒效篇》,(清)王先谦:《荀子集解》,中华书局1988年版,第142页。

荀子所说的"学"涉及以下四个发展阶段："闻之""见之""知之""行之"，其中，前一阶段奠定了后一阶段的基础，而后一阶段则既包括前一阶段又超越前一阶段。如前所述，"学"不仅意味着儒家经典六经的学习，而且指向道德人格的涵养，后者是"学"的真正意义所在，这一层面上的"学"蕴含了"行"的必要性，即是说，若想成为"本仁义，当是非，齐言行，不失毫厘"一样的圣人，人们只有坚持不懈地"行之"才能够达到，"无它道焉，已乎行之矣"，并且通过"行"还可以把所获取到的知识变得更加明晰透彻，"行之，明也"，"知之而不行，虽敦必困"，在此意义上，"行之"便具有了最高的地位，"学至于行之而止矣"。

综上所述，与性恶论相应，荀子开辟出一条与孟子"思以致圣"判然有别的外向型道德修养进路，即"学以致圣"。"学"不只是纯粹的认识论问题，同时更是道德修养问题："故学者，固学为圣人也，非特学无方之民也。"① "学"首先意味着个体凭借"大清明"的理智主体向外学习普遍而客观的规范系统（"礼义"），然后进一步展示为"积善成德"，即以道德人格的涵养与挺立为价值目标。这一道德修养过程不仅需要接受"礼义"之道的范导，同时也涉及主体意志的自由选择，真正的道德行为应该以主体意志的自由选择为逻辑前提，"小人、君子者，未尝不可以相为也，然而不相为者，可以而不可使也"②，而且"积善成德"的漫长性与艰难性更加需要意志专一，意志专一为个体恒定地行走在成就圣贤境界的道路上提供了坚毅的精神品格。在荀子看来，意志专一的具体内容又落实在"诚心守仁行义"上："君子养心莫善于诚，致诚则无它事矣，唯仁之为守，唯义之为行。"③ 就此来说，"诚"与意志专一之间也就拥有了内在的逻辑关联性。总而言之，一旦把道德修养诸工夫真正地落实到实际行动上，个体即可成就内在德性，达到"通于神明，参于天地"的圣人境界，诚如荀子所言："今使涂之人伏术为学，专心一志，思

---

① 《礼论篇》，（清）王先谦：《荀子集解》，中华书局1988年版，第357页。
② 《性恶篇》，（清）王先谦：《荀子集解》，中华书局1988年版，第443页。
③ 《不苟篇》，（清）王先谦：《荀子集解》，中华书局1988年版，第46页。

索孰察，加日县久，积善而不息，则通于神明，参于天地矣。故圣人者，人之所积而致矣。"①

## 第三节 "始乎为士，终乎为圣人"：道德工夫的圣贤旨归

如前所述，"学"的价值旨归在于成就内在德性，构筑理想的道德人格，而"学"所要构筑的道德人格依据其发展阶段可以分为以下三个层级："士""君子""圣人"。从"内圣"层面看，孔、孟、荀确实一脉相承，同时荀子也展示出与孔、孟对于道德人格设定的不同之处：相对于理想人格的"内圣"维度而言，荀子更加重点地阐发了理想人格的"外王"规定，既表现为经邦济世，又展开为经纬天地。另外，荀子也表达了自己对于儒者的独特理解，将道德理想与政治理想融入到对儒者的区分之中，辨明了各种类型的儒者，既包括肯定意义层面的"雅儒""小儒""大儒"，又兼具否定意义层面的"俗儒""陋儒""腐儒""贱儒""散儒"。② 而且，荀子对于儒者的如上分辨与道德人格三个层级之间也存在某些程度的交叉重叠，譬如，从本质内涵上看，"大儒"无异于"圣人"，只不过他们在具体规定上稍有差异而已。因此，在重点论述"士""君子""圣人"人格特征的同时，本书也将说明他们与儒者之间的关系。

### 一 "好法而行"的士人格

在原初的意义上，"士"不属于道德人格的初始层级。从字义层面看，"士"与"事"相通，泛指担任事务之人。③ 但是，我们从这里无从知晓"士"所做的事务究竟为何。对此，吴承仕曾给出过确切的说明，

---

① 《性恶篇》，(清) 王先谦：《荀子集解》，中华书局1988年版，第443页。
② 荀子对于"儒"的理解与界说，陈来先生曾给予了专门性的探讨。参见陈来《"儒"的自我理解——荀子说儒的意义》，《北京大学学报》(哲学社会科学版) 2007年第5期，第19—26页。
③ "士，事。数始于一，终于十，从十一。孔子曰：推十合一为士。段玉裁注曰：引申之，凡能事其事者称士。《白虎通》曰：士者事也，任事之称也。故《传》曰：通古今，辨然否，谓之士。"[(汉) 许慎撰，(清) 段玉裁注：《说文解字注》，上海古籍出版社1988年版，第20页]

认为"士"起初用于指称"男子",而"事"特指"耕作",合而言之,"士"就是从事耕作的男子,即"农夫";另外,顾颉刚也曾考察过"士"的历史起源问题,认为"士"最初是"武士",而后依随春秋战国时期社会结构的剧烈变动就转变为"文士"。① 可见,无论从字义训诂还是从历史起源看,"士"在刚开始都不具有道德内涵,不是儒家意义上的"士"。然而,从儒家奠基者孔子开始,"士"便发生了根本性的改变,即从毫无道德内涵的"士"转化为以"道"为价值取向的"士"。孔子说:"士志于道,而耻恶衣恶食者,未足与议也。"② 又说:"朝闻道,夕死可矣。"③ "道"在这里主要表现为道德理想("仁"),相对于物质需求而言,它占据优先地位,"士"应该把"道"确立为自己的志向。孟子承接了孔子的如上看法,在回答王子垫"士何事"时,他曾明确表达过"士"应该选择"仁义"作为自己的志向,④ 认为无论何时"士"都应该持守"仁义","穷不失义,达不离道"⑤,在此基础上,孟子进而揭示出"道尊于势"的价值观念:"古之贤王好善而忘势。古之贤士何独不然?乐其道而忘人之势。故王公不致敬尽礼,则不得亟见之。见且由不得亟,而况得而臣之乎?"⑥ "乐其道而忘人之势"是说,"士"应该乐行其道而不趋炎附势,无疑这突出了"道"的独立性品格。作为先秦儒家的最后一位学者,荀子在沿循孔、孟对于"士"的基本规定的基础上,基于社会历史的现实需要阐发了自己的独到见解。

在荀子看来,"学"不但意味着儒家经典的学习,同时也指向道德人格的涵养,道德人格的涵养经历了三个层级,"士"是"学"所要构筑的道德人格的初始层级。

---

① 参见余英时《士与中国文化》,上海人民出版社1987年版,第5—8页。
② 《论语·里仁》,(宋)朱熹:《四书章句集注》,中华书局1983年版,第71页。
③ 同上。
④ "王子垫问曰:'士何事?'孟子曰:'尚志。'曰:'何谓尚志?'曰:'仁义而已矣。杀一无罪,非仁也;非其有而取之,则非义也。居恶在?仁是也;路恶在?义是也。居仁由义,大人之事备矣。'"[《孟子·尽心上》,(宋)朱熹:《四书章句集注》,中华书局1983年版,第359页]
⑤ 《孟子·尽心上》,(宋)朱熹:《四书章句集注》,中华书局1983年版,第351页。
⑥ 同上。

> 学恶乎始？恶乎终？曰：其数则始乎诵经，终乎读礼；其义则始乎为士，终乎为圣人。①

"始乎为士，终乎为圣人"是说，"学"所要构筑的道德人格以"士"为起始点，以"圣人"为终结点，"君子"介于"士"与"圣人"之间。由于"士为进德修业之最初目标，亦为道德修养之基础阶段"②，所以如果有人请教"志意之求"，就应该告诉他们为"士"以上的学问："言政治之求，不下于安存；言志意之求，不下于士；言道德之求，不二后王。"③

与孔、孟侧重于从内在仁德来规定"士"的人格特征有所不同，荀子把"士"与"礼法"联系起来，认为"士"是谨守礼法而行的人。

> 故隆礼，虽未明，法士也；不隆礼，虽察辩，散儒也。④
> 好法而行，士也。⑤
> 我欲贱而贵，愚而智，贫而富，可乎？曰：其唯学乎。彼学者，行之，曰士也。⑥
> 行法至坚，不以私欲乱所闻，如是，则可谓劲士矣。⑦
> 礼者，人道之极也。然而不法礼，不足礼，谓之无方之民；法礼足礼，谓之有方之士。⑧
> 故学者，以圣王为师，案以圣王之制为法，法其法，以求其统类，以务象效其人。向是而务，士也。⑨

---

① 《劝学篇》，（清）王先谦：《荀子集解》，中华书局1988年版，第11页。
② 翁惠美：《荀子论人研究》，台北正中书局1986年版，第30页。
③ 《儒效篇》，（清）王先谦：《荀子集解》，中华书局1988年版，第146页。
④ 《劝学篇》，（清）王先谦：《荀子集解》，中华书局1988年版，第17页。
⑤ 《修身篇》，（清）王先谦：《荀子集解》，中华书局1988年版，第33页。
⑥ 《儒效篇》，（清）王先谦：《荀子集解》，中华书局1988年版，第125页。
⑦ 同上书，第130页。
⑧ 《礼论篇》，（清）王先谦：《荀子集解》，中华书局1988年版，第356页。
⑨ 《解蔽篇》，（清）王先谦：《荀子集解》，中华书局1988年版，第404页。

"法士"与"散儒"的根本区别在于：前者尊崇礼法（"隆礼"）而后者不尊崇礼法（"不隆礼"）。"士"不仅要从态度上尊崇礼法，而且更应该依靠礼法来规范自己的言行进而把它们落实到日常生活中去。"好法而行，士也""行之，曰士也""行法至坚""法礼足礼，谓之有方之士""向是而务，士也"，这些都说明了"士"的重要特质在于切实地践行礼法，翁惠美曾明确地说道："能慎行礼法实为'士'之最大特色。"①

谨慎地践行礼法，是荀子对于"士"的根本规定，在此基础上，他进一步将"士"划分为四个等级，即"通士""公士""直士""悫士"。

> 有通士者，有公士者，有直士者，有悫士者，有小人者。上则能尊君，下则能爱民，物至而应，事起而辨，若是，则可谓通士矣。不下比以闇上，不上同以疾下，分争于中，不以私害之，若是，则可谓公士矣。身之所长，上虽不知，不以悖君，身之所短，上虽不知，不以取赏，长短不饰，以情自竭，若是，则可谓直士矣。庸言必信之，庸行必慎之，畏法流俗而不敢以其所独是②，若是，则可谓悫士矣。③

就价值层级而言，"通士""公士""直士""悫士"依次呈现递减的趋势：所谓"通士"即"通达事理之士"，既尊君又爱民，更可以因应辨治纷至沓来的事物，使之畅通无阻。而"通士"之所以能做到"物至而应，事起而辨"，究其缘由或许在于他们不但谨守礼法，而且深知礼法背后所蕴含的义理："依乎法而又深其类"④，依据礼法背后所蕴含的义理就能够从容地处理变化多端的社会境遇，即"其有法者以法行，无法者以类

---

① 翁惠美：《荀子论人研究》，台北正中书局1986年版，第32页。
② "是"原作"甚"，依据王念孙的说法校改，参见（清）王先谦《荀子集解》，中华书局1988年版，第50—51页。
③ 《不苟篇》，（清）王先谦：《荀子集解》，中华书局1988年版，第49—51页。
④ 《修身篇》，（清）王先谦：《荀子集解》，中华书局1988年版，第33页。

举"①"以类行杂,以一行万"②。假使这一结论可以成立的话,那么,"通士"与"知通统类"③的"圣人"之间也就具有了一定的相似性,但是他们之间仍存在着相当大的差距,因为与"通士"相比,"圣人""道德纯备,智惠甚明"④。所谓"公士"即"公正无私之士",既不与下面结党营私以欺骗君主,也不曲阿逢迎君主之意以残害下面,在处理事情过程中如若发生分歧,不以私情私利妨害是非:"怒不过夺,喜不过予,是法胜私也。"⑤ 所谓"直士",自身有所长,君主即使不知道,也不因此而怨恨他,自身有所短,君主即使不知道,也不凭此而诬取奖赏,无论长处抑或短处都不加掩饰,把真实的情况展示在外面。所谓"悫士",常言必可信,常行必谨慎,既害怕效法流行的风俗,又不敢自以为是,只能以礼法为自己言行的客观标准。相对于"通士""公士""直士"而言,"悫士"的人格境界最低,所以他处于"士"的最低层级。不过,相对于"君子"与"圣人"而言,"士"又处在道德人格的初始层级,因为他们既"不能尽道术",也"不能遍美善"。荀子说:

> 所谓士者,虽不能尽道术,必有率也;虽不能遍美善,必有处也。是故知不务多,务审其所知;言不务多,务审其所谓;行不务多,务审其所由。故知既已知之矣,言既已谓之矣,行既已由之矣,则若性命肌肤之不可易也。故富贵不足以益也,卑贱不足以损也,如此,则可谓士矣。⑥

从人格境界上看,"士"虽然不能完全精通治国之术,但必定有所遵循,虽然不能尽善尽美,但必定有所持守,他们在"知""言""行"上不追

---

① 《王制篇》,(清)王先谦:《荀子集解》,中华书局1988年版,第151页。
② 同上书,第163页。
③ "志安公,行安修,知通统类,如是则可谓大儒矣。"[《儒效篇》,(清)王先谦:《荀子集解》,中华书局1988年版,第145页]
④ "天子,势位至尊,无敌于天下,夫有谁与让矣?道德纯备,智惠甚明,南面而听天下,生民之属莫不震动从服以化顺之,天下无隐士,无遗善,同焉者是也,异焉者非也,夫有恶擅天下矣?"[《正论篇》,(清)王先谦:《荀子集解》,中华书局1988年版,第336页]
⑤ 《修身篇》,(清)王先谦:《荀子集解》,中华书局1988年版,第36页。
⑥ 《哀公篇》,(清)王先谦:《荀子集解》,中华书局1988年版,第539—540页。

求量多而务求审视它们是否合乎正道，一旦有所认知、言语、行为，即使富贵、贫贱也将无法增益、减损他们的所知、所说、所为。

尽管"士"在道德人格中位居最底层级，但是在迈向"君子"人格的具体过程中，他们具有基础性和准备性的意义："君子"吸收了"士"的坚守礼法的人格特质，将之转化为自身人格的内在要素，"士君子"概念的频繁使用，无疑揭示了"君子"与"士"之间的内在联系："士君子不为贫穷怠乎道。"①"先虑之，早谋之，斯须之言而足听，文而致实，博而党正，是士君子之辩者也。"②也就是说，"具有一定文化知识素养的'士'是培养'君子'的重要'候选人'，'君子'是'士'之道德修养的首要目标。这一点正是'君子'和'士'常常融合在一起而难以作严格区分的原因所在"③。

## 二 "笃志而体"的君子人格

与"士"一样，"君子"在西周与春秋前期也不是指儒家意义上的道德人格，而是指拥有一定政治地位的人，即"有位者"。④ 但是，自孔子开始，"君子"便主要用于指称具有高尚道德品质的人，即"有德者"，因此余英时先生指出道："君子的观念至孔子时代而发生一大突破。"⑤ 所谓的"突破"，就是指"君子"从身份概念向品格概念的重大转变。在《论语》中，品格意义上的"君子"，往往与"小人"对举使用，如"君子周而不比，小人比而不周"⑥，"君子求诸己，小人求诸人"⑦ 等。此

---

① 《修身篇》，（清）王先谦：《荀子集解》，中华书局1988年版，第28页。
② 《非相篇》，（清）王先谦：《荀子集解》，中华书局1988年版，第88页。
③ 林贵长：《先秦儒家道德人格层次辨析》，《吉首大学学报》（社会科学版）2011年第5期，第35页。
④ 孔子以前，"君子"经历了两次词义引申的历程：一是从"尊贵男子"到"有地位的男子"；二是从"有地位的男子"到"女子的'丈夫'或'情人'"。其中，"有地位的男子"是"君子"的主要义项，但它本身也蕴含着一定的道德要求，这为"君子"从身份概念向品格概念的转变提供了可能性。参见吴正南《"君子"考源》，《武汉教育学院学报》1998年第5期，第29—32页。
⑤ 余英时：《中国思想传统的现代诠释》，江苏人民出版社1989年版，第160页。
⑥ 《论语·为政》，（宋）朱熹：《四书章句集注》，中华书局1983年版，第57页。
⑦ 《论语·卫灵公》，（宋）朱熹：《四书章句集注》，中华书局1983年版，第165页。

外,"君子"有些时候也会用于指称"有位者",如"君子思不出其位"①"君子信而后劳其民,未信则以为厉己也"② 等。孔子关于"君子"的如上两重规定,被孟子保留了下来:"有德者",如"君子所性,仁义礼智根于心,其生色也睟然,见于面,盎于背,施于四体"③;"有位者",如"无君子莫治野人,无野人莫养君子"④。发展到荀子这里,"君子"的两重规定同样得到了继承:"君子行不贵苟难,说不贵苟察,名不贵苟传,唯其当之为贵"⑤、"敦慕焉,君子也"⑥,指"有德者",而"庶人骇政则君子不安位"⑦、"君子者,天地之参也,万物之总也,民之父母也。无君子则天地不理,礼义无统,上无君师,下无父子,夫是之谓至乱"⑧,则指"有位者",可以理解为"君主"。不仅如此,而且"君子"也有广义与狭义之分。广义的君子,是指相对于"小人"而言的一类人,"君子注错之当,而小人注错之过"⑨,"君子敬其在己者,而不慕其在天者;小人错其在己者,而慕其在天者"⑩,这一意义上的君子,包括"士"、狭义的君子、"圣人";而狭义的君子,则是指"学"所要构筑的道德人格的特定层级,与"士""圣人"并列:"小辩而察,见端而明,本分而理,圣人士君子之分具矣。"⑪显然,本书在这里所要谈论的"君子",主要就是指狭义的君子,同时也将涉及广义的君子。

如前所述,谨慎地践行礼法,这是荀子对"士"的根本规定,除了"通士"以外,"公士""直士""悫士"仅知道礼法之其然而不通晓其所以然,因此他们只是机械地恪守礼法,而不懂得灵活变通。与"士"相类似,"君子"也把礼法视为自己言行的基本规范,将它们落实到日常生

---

① 《论语·宪问》,(宋)朱熹:《四书章句集注》,中华书局1983年版,第156页。
② 《论语·子张》,(宋)朱熹:《四书章句集注》,中华书局1983年版,第189页。
③ 《孟子·尽心上》,(宋)朱熹:《四书章句集注》,中华书局1983年版,第351页。
④ 《孟子·滕文公上》,(宋)朱熹:《四书章句集注》,中华书局1983年版,第256页。
⑤ 《不苟篇》,(清)王先谦:《荀子集解》,中华书局1988年版,第37页。
⑥ 《儒效篇》,(清)王先谦:《荀子集解》,中华书局1988年版,第125页。
⑦ 《王制篇》,(清)王先谦:《荀子集解》,中华书局1988年版,第152页。
⑧ 同上书,第163页。
⑨ 《荣辱篇》,(清)王先谦:《荀子集解》,中华书局1988年版,第61—62页。
⑩ 《天论篇》,(清)王先谦:《荀子集解》,中华书局1988年版,第212页。
⑪ 《非相篇》,(清)王先谦:《荀子集解》,中华书局1988年版,第88页。

活中。荀子说：

> 笃志而体，君子也。①
> 
> 少言而法，君子也。②
> 
> 步骤、驰骋、厉骛不外是矣，是君子之坛宇、宫廷也。人有是，士君子也；外是，民也。③
> 
> 类是而几，君子也。④
> 
> 少言则径而省，论而法，若佚之以绳，是士君子之知也。⑤

缘自《礼论篇》的代词"是"，意指"礼"的三种不同形态："礼之隆""礼之杀""礼之中流"⑥。它们既是"君子"言行的界限（"坛宇、宫廷"），也是判分"士君子"与"民"的根本准则，即恪守礼法而行，就是"士"；意志坚定地践行礼法，就是"君子"；而不能使用礼法规范自己的言行，则是一般人。由于"君子"用礼法来规范自己的言行，所以他们言论不仅深刻而精细，同时也客观而有条理："君子之言，涉然而精，俛然而类，差差然而齐。"⑦ 就践行礼法而言，君子十分接近于雅儒："法后王，一制度，隆礼义而杀《诗》、《书》；其言行已有大法矣，然而明不能齐法教之所不及，闻见之所未至，则知不能类也，知之曰知之，不知曰不知，内不自以诬，外不自以欺，以是尊贤畏法而不敢怠傲，是雅儒者也。"⑧ "大法"即"礼义"，"其言行已有大法矣"就是说，雅儒将"礼义"作为自己言行的基本规范，"尊贤畏法而不敢怠傲"，确切指出了雅儒与君子在人格方面的共同点。

---

① 《修身篇》，（清）王先谦：《荀子集解》，中华书局1988年版，第33页。
② 《非十二子篇》，（清）王先谦：《荀子集解》，中华书局1988年版，第97页。
③ 《礼论篇》，（清）王先谦：《荀子集解》，中华书局1988年版，第358页。
④ 《解蔽篇》，（清）王先谦：《荀子集解》，中华书局1988年版，第407页。
⑤ 《性恶篇》，（清）王先谦：《荀子集解》，中华书局1988年版，第445页。
⑥ "文理繁，情用省，是礼之隆也；文理省，情用繁，是礼之杀也；文理、情用相为内外表里，并行而杂，是礼之中流也。故君子上致其隆，下尽其杀，而中处其中。"［《礼论篇》，（清）王先谦：《荀子集解》，中华书局1988年版，第357—358页］
⑦ 《正名篇》，（清）王先谦：《荀子集解》，中华书局1988年版，第425页。
⑧ 《儒效篇》，（清）王先谦：《荀子集解》，中华书局1988年版，第140页。

就谨慎地践行礼法而言,"君子"与"士"具有明显的一致性,但是,相较于"士"来说,"君子"的人格境界无疑更向前推进了一层:"君子"拥有一定程度的变通能力,而"士"(除了"通士"以外)则缺乏相应的变通能力。

> 君子崇人之德,扬人之美,非谄谀也;正义直指,举人之过,非毁疵也;言己之光美,拟于舜、禹,参于天地,非夸诞也;与时屈伸,柔从若蒲苇,非慑怯也;刚强猛毅,靡所不信,非骄暴也。以义变应,知当曲直故也。①
> 善者于是间也,亦必远举而不缪,近世而不佣,与时迁徙,与世偃仰,缓急嬴绌,府然若渠匽檃栝之于己也,曲得所谓焉,然而不折伤。故君子之度己则以绳,接人则用抴。度己以绳,故足以为天下法则矣。接人用抴,故能宽容,因求以成天下之大事矣。②

君子将"礼义"作为自己变通应事的基本原则,知道该委曲的时候就委曲,该伸展的时候就伸展,"君子时诎则诎,时伸则伸"③,因此他们赞扬他人之美,指摘他人之过,言说自己之美,就不是"谄谀""毁疵""夸诞";与时屈伸,柔从如蒲苇,刚强猛毅,无所不伸展,也就不是"慑怯""骄暴"。由于时代及世事流变迁移,日新月异,许多新情况没有现成的礼法规范可以依循,面对这种情形,"士"茫然不知所措,而"君子"则能够依据礼法背后所蕴含的义理跟随时代的迁移而改变,跟随世事的变化而抑扬,无论话说得缓和些抑或急切些,多些抑或少些,都能够像堤坝控制流水、檃栝矫正弯木那样调整自己,使各个方面都表达得恰到好处,而不伤害他人。正因为君子拥有一定程度的变通能力,所以"其应变故也,齐给便捷而不惑"④。君子"以义变应,知当曲直"的以上看法,应该是对孔子思想的承接与展开。孔子说:"君子之于天下也,

---

① 《不苟篇》,(清)王先谦:《荀子集解》,中华书局1988年版,第41—42页。
② 《非相篇》,(清)王先谦:《荀子集解》,中华书局1988年版,第85—86页。
③ 《仲尼篇》,(清)王先谦:《荀子集解》,中华书局1988年版,第113页。
④ 《君道篇》,(清)王先谦:《荀子集解》,中华书局1988年版,第233页。

无适也，无莫也，义之与比。"① "适"，可也，"莫"，不可也。在这里，孔子突出了具体境遇的地位，将道德原则的运用与具体境遇联系到一起，就是说，当面对天下纷繁复杂的社会关系时，君子应该依据具体境遇选择恰当适宜的行为方式，而不应该偏执或排斥某种道德原则，显然，这在一定程度上限制了道德原则的至上性。在孔子和荀子看来，依据具体境遇而灵活变通地运用道德原则，构成了"君子"人格的重要特质。

当面对具体多变的社会境遇时，君子之所以能够灵活变通地运用"礼义"，这与他们注重内在德性的培育涵养紧密相关，即是说，灵活变通地运用"礼义"，是君子内在德性的外部展示与客观确证。

> 君子耻不修，不耻见污；耻不信，不耻不见信；耻不能，不耻不见用。是以不诱于誉，不恐于诽，率道而行，端然正己，不为物倾侧，夫是之谓诚君子。②

> 君子务修其内而让之于外，务积德于身而处之以遵道，如是，则贵名起如日月，天下应之如雷霆。③

"修"即是"善"，这里指品德高尚。④ 君子以品德不善、不讲诚信、没有才能为耻辱，所以他们十分重视内在德性的培育涵养（"务修其内""务积德于身"），而内在德性的培育涵养主要涉及"血气""志意""知虑"："凡用血气、志意、知虑，由礼则治通，不由礼则勃乱提僈。"⑤ 如前所述，君子借助道德修养的各种工夫能够养成高尚的道德情操，正因为拥有高尚的道德情操，他们既不容易受到荣誉的引诱，也不会受到毁谤的恐吓，始终如一地遵循"礼义"而行，谨慎地端正自己，不为外界事物所动摇，这才是真正的君子。在君子内在德性的各种构成要素中，"知虑"占据主导地位，而"血气""志意"则受到它的制约与引导，"礼

---

① 《论语·里仁》，（宋）朱熹：《四书章句集注》，中华书局1983年版，第71页。
② 《非十二子篇》，（清）王先谦：《荀子集解》，中华书局1988年版，第102页。
③ 《儒效篇》，（清）王先谦：《荀子集解》，中华书局1988年版，第128页。
④ 参见北京大学《荀子》注释组《荀子新注》，中华书局1979年版，第73页。
⑤ 《修身篇》，（清）王先谦：《荀子集解》，中华书局1988年版，第22—23页。

然而然，则是情安礼也"①、"道者，古今之正权也，离道而内自择，则不知祸福之所托"②便表明了这一点。相对于"士"而言，君子拥有"明达纯粹而无疵"③的"知虑"，所以他们能够分析具体境遇而灵活变通地运用"礼义"。

除了拥有一定程度的变通能力以外，君子所培育涵养的内在德性与外部行为之间也有高度的一致性，也就是说，内在德性对外部行为具有定向的范导效用，它能够确保君子言行的前后连贯性，即无论身处何种生活境遇中，君子都能够按照"礼义"行事。

> 君子之求利也略，其远害也早，其避辱也惧，其行道理也勇。君子贫穷而志广，富贵而体恭，安燕而血气不惰，劳倦而容貌不枯，怒不过夺，喜不过予。君子贫穷而志广，隆仁也；富贵而体恭，杀势也；安燕而血气不衰，柬理也；劳倦而容貌不枯，好文④也。怒不过夺，喜不过予，是法胜私也。⑤

> 义之所在，不倾于权，不顾其利，举国而与之不为改视，重死持义而不桡，是士君子之勇也。⑥

> 不动乎众人之非誉，不治⑦观者之耳目，不赂贵者之权势，不利便⑧辟者之辞，故能处道而不贰，吐而不夺，利而不流，贵公正而贱鄙争，是士君子之辨说也。⑨

---

① 《修身篇》，（清）王先谦：《荀子集解》，中华书局1988年版，第33页。
② 《正名篇》，（清）王先谦：《荀子集解》，中华书局1988年版，第430页。
③ "血气之精也，志意之荣也。百姓待之而后宁也；天下待之而后平也。明达纯粹而无疵也，夫是之谓君子之知。"［《赋篇》，（清）王先谦：《荀子集解》，中华书局1988年版，第474页］
④ "文"原作"交"，依据王念孙的说法校改，参见（清）王先谦《荀子集解》，中华书局1988年版，第36页。
⑤ 《修身篇》，（清）王先谦：《荀子集解》，中华书局1988年版，第35—36页。
⑥ 《荣辱篇》，（清）王先谦：《荀子集解》，中华书局1988年版，第56页。
⑦ "冶"原作"治"，依据王念孙的说法校改，参见（清）王先谦《荀子集解》，中华书局1988年版，第425页。
⑧ "便"原作"利"，依据梁启雄的说法校改，参见梁启雄《荀子简释》，中华书局1983年版，第319页。
⑨ 《正名篇》，（清）王先谦：《荀子集解》，中华书局1988年版，第425页。

在现实的生活世界中，任何人都有可能遭遇到不同的现实境遇，如"贫穷""富贵""安燕""劳倦"等，当真切地面对这些生活境遇的时候，不同的个体将做出不同的选择与回应：君子贫穷时志向依然远大；富贵时体貌依然恭敬；闲暇时精神依然不懈怠；疲倦时容貌依然不无精打采；愤怒时不过分地惩罚人，高兴时也不过分地奖赏人。而君子之所以能够做到如此，与其推崇仁德、坚守礼法具有内在的逻辑关联性。也就是说，君子以"修其内""积德于身"为要务，凭借道德修养的各种工夫养成了高尚的道德情操，而道德情操一旦挺立以后就能够发挥其统摄君子言行的范导功用。从勇敢层面看，只要"礼义"所在，君子就既不屈从于异己的权势，又不顾及自身的利益，即使把整个国家都奉送给他他也不会有所改变，虽然珍爱自己的生命，但是为了坚守"礼义"又不甘愿苟且偷生；从辩说层面看，君子不因众人的毁谤与赞誉而摇曳不定，不修饰言辞迷惑旁人的耳目，不用财物买通高贵者的权势，不喜欢身边人阿谀奉承的言辞，所以他们能够遵循"礼义"之道，敢于表达自己的观点而不为他人所左右，言语流利顺畅而不肆意乱说，崇尚公正而鄙视无谓的争论。反之，当"小人"身处同样境遇的时候，他们会给予与"君子"截然不同的选择与回应，即他们放纵性情，唯利是图，不仅言语难以取信于人，而且行为多变无常："言无常信，行无常贞，唯利所在，无所不倾，若是，则可谓小人矣。"① 与"君子"相比而言，"小人"由于不具备高尚的道德情操，所以在以自己切身利益为出发点进行权衡与抉择的时候，他们言语上势必阿谀奉承，取悦他人，而行为上则乖违礼法，不择手段，为所欲为："其言也诒，其行也悖，其举事多悔，是小人之知也。"②

从道德境界来看，"君子"与"士"有相同的一面，即他们都把礼法作为自身言行的根本准则，在日常生活中切实地践行礼法，也有不同的一面，即"君子"拥有一定程度的变通能力，而"士"则不具备此种能力，这是他们之间的主要区别。"君子"拥有一定程度的变通能力，但是

---

① 《不苟篇》，（清）王先谦：《荀子集解》，中华书局1988年版，第51页。
② 《性恶篇》，（清）王先谦：《荀子集解》，中华书局1988年版，第446页。

与达到"仁知之极"① 的"圣人"相比而言,他们在道德境界上显然又不够尽善尽美,因此,荀子进而论及"圣人",将其设定为至高至善的道德人格。

### 三 "齐明而不竭"的圣人人格

如前所述,在原初的意义上,"士"是指从事耕作的男子,而"君子"则是指"有位者",他们都不是儒家所说的理想化的道德人格。与此相同,"圣人"在刚开始的时候也不是指至高至善的道德人格,而是指智慧超绝的人,这一意义上的"圣人",与古代先民对于"圣"字的理解密切相关。关于"圣"字的语源,宋金兰曾做过细致的考察与疏解,认为"从词形上说,'圣'是'听'的派生词;从字形上看,'圣'字是'耳口'字的孳乳字,'圣'无疑源出于'听'"②,在此基础上,她进一步揭示了"圣"字的原初含义:"'圣'原本指的是一种善于从所听到的言语中分辨真假是非的智慧、能力,善于聆听是'圣'最本真的语义特征。"③ 在这里,"圣"是与听力具有高度相关性的超乎常人的智慧能力,即"从耳闻的具体事物而通晓其根本"④,巫觋正是这种超凡能力的最初拥有者,而他们所听闻的对象则是神祇的声音⑤。"圣"字所具有的这一原初含义到后来被引申为一般意义上的通达"物理"及"事理"的认知能力,因此许慎说:"圣,通也。"⑥ 以孔子、郭店儒家简的作者、孟子及

---

① "是故穷则必有名,达则必有功,仁厚兼覆天下而不闵,明达用天地、理万变而不疑,血气和平,志意广大,行义塞于天地之间,仁智之极也。夫是之谓圣人。"[《君道篇》,(清)王先谦:《荀子集解》,中华书局1988年版,第233—234页]

② 宋金兰:《"圣"之语源及其初始涵义》,《青海师范大学学报》(哲学社会科学版)2008年第3期,第110页。

③ 同上书,第111页。

④ 顾颉刚:《"圣"、"贤"观念和字义的演变》,载《中国哲学》(第1辑),生活·读书·新知三联书店1979年版,第81页。

⑤ 参见白欲晓《圣、圣王与圣人——儒家"崇圣"信仰的渊源与流变》,《安徽大学学报》(哲学社会科学版)2012年第5期,第17—18页。此外,日本学者白川静也曾认为"圣"的本义就是"向神祈祷,聆听神的应答",参见王中江《儒家"圣人"观念的早期形态及其变异》,《中国哲学史》1999年第4期,第27页。

⑥ (汉)许慎撰,(清)段玉裁注:《说文解字注》,上海古籍出版社1988年版,第592页上。

荀子为代表的先秦儒家基本上都直接或间接地保留了"圣"字的这一引申义。孔子说："所谓圣人者，德合于天地，变通无方，穷万事之终始，协庶品之自然，敷其大道而遂成情性。"① 就是说，圣人不但与天地合德，而且拥有超乎常人的智慧能力。郭店儒家简《五行》篇将"圣"解释为："闻而知之，圣也。"② 虽然"圣"以敏锐的听觉能力（"聪"）为必要条件，"聪，圣之始也"，但它不是一般意义上的"聪"，而是以"君子道"为实际内容的"聪"，"聪则闻君子道"③，并且听闻"君子道"以后还必须能够通透地理解它之所以产生的缘由与根据，唯有如此，才能称得上"圣"。由于《五行》篇将认识的对象局限在"君子道"上，"圣"显然突出了它的德性内涵而原初所具有的宗教内涵已被消解。孟子也说："可欲之谓善，有诸己之谓信，充实之谓美，充实而有光辉之谓大，大而化之之谓圣，圣而不可知之之谓神。""大而化之之谓圣"，按照焦循的理解，就是"德业照于四方而能变通之"④ 的意思，而"圣"之所以拥有如此功效，应该就是以通达"物理"及"事理"为其逻辑前提的结果。荀子同样继承了"圣"字的引申义："齐明而不竭，圣人也。"⑤ "知之，圣人也。"⑥ 与"士""君子"根本不同的是，圣人能够深切领会到礼法背后所蕴含的义理（"礼义"），而这正是他们应对新的社会境遇的必要条件，同时这也构成他们人格的本质特征。

按照荀子的理解，圣人既有超越性的一面，也有现实性的一面。就超越性层面而言，圣人是"道德纯备，智慧甚明"⑦ 的理想人格；就现实性层面而言，他们不像上帝那样遥不可及，隔绝于人，因为从人性角度看，圣人同于一般人，而他们相异之处则表现在后天的道德

---

① 《孔子家语·五仪解》，王盛元译注：《孔子家语译注》，上海三联书店2012年版，第71页。
② 李零：《郭店楚简校读记》（增订本），北京大学出版社2002年版，第79页。
③ 同上。
④ （清）焦循：《孟子正义》，中华书局1987年版，第994页。
⑤ 《修身篇》，（清）王先谦：《荀子集解》，中华书局1988年版，第33页。
⑥ 《解蔽篇》，（清）王先谦：《荀子集解》，中华书局1988年版，第407页。
⑦ 《正论篇》，（清）王先谦：《荀子集解》，中华书局1988年版，第336页。

修为上。① 也就是说，一般人凭借自身的道德修养就可以养成"通于神明，参于天地"的圣人人格。荀子说："涂之人百姓，积善而全尽谓之圣人。彼求之而后得，为之而后成，积之而后高，尽之而后圣。故圣人也者，人之所积也。"② "今使涂之人伏术为学，专心一志，思索孰察，加日县久，积善而不息，则通于神明，参于天地矣。故圣人者，人之所积而致矣。"③ 与荀子对于圣人的如上定位不同，孔子过分地拔高了圣人的超越性而忽略了其现实性，因此他既不肯以圣人称许他人，也不敢以圣人自居："圣人，吾不得而见之矣；得见君子者，斯可矣。"④ "若圣与仁，则吾岂敢？抑为之不厌，诲人不倦，则可谓云尔已矣。"⑤ 既然孔子在生活世界中从未见到过真正的圣人，这似乎也就意味着圣人是难以实现的，或者说，圣人是处于彼岸世界的道德存在者，也许正因为如此，张岱年先生才指出说："'圣'是一个虚悬的理想，'仁'则是一个比较具体的道德境界。"⑥ 在孔子这里，圣人的确透显出被神秘化的理论趋向，而圣人一旦被神秘化以后也就可能面临被虚无化的风险，就此而言，荀子关于圣人的定位（集超越性及现实性于一身）将有助于这一虚无化风险的消解。

圣人不仅具有可实现性，荀子同时揭示了圣人的超越性品格，即圣人臻于"仁智之极"，达到了"全而粹"的人格境界。"是故穷则必有名，达则必有功，仁厚兼覆天下而不闵，明达用天地、理万变而不疑，血气和平，志意广大，行义塞于天地之间，仁智之极也。夫是之谓圣人。"⑦ "仁厚兼覆天下而不闵"是说，圣人宽厚的仁德可以覆盖天下而

---

① "圣人之所以同于众，其不异于众者，性也；所以异而过众者，伪也。"[《性恶篇》，（清）王先谦：《荀子集解》，中华书局1988年版，第438页] "凡人之性者，尧舜之与桀跖，其性一也；君子之与小人，其性一也。"[《性恶篇》，（清）王先谦：《荀子集解》，中华书局1988年版，第441页] "材性知能，君子小人一也。"[《荣辱篇》，（清）王先谦：《荀子集解》，中华书局1988年版，第61页]

② 《儒效篇》，（清）王先谦：《荀子集解》，中华书局1988年版，第144页。

③ 《性恶篇》，（清）王先谦：《荀子集解》，中华书局1988年版，第443页。

④ 《论语·述而》，（宋）朱熹：《四书章句集注》，中华书局1983年版，第99页。

⑤ 同上书，第101页。

⑥ 张岱年：《中国伦理思想研究》，上海人民出版社1989年版，第223页。

⑦ 《君道篇》，（清）王先谦：《荀子集解》，中华书局1988年版，第233—234页。

没有止境，而"明达用天地、理万变而不疑"则是说，圣人超绝的智慧既能够利用自然万物又可以应对多变情况而毫不疑惑，所以荀子说："圣人者，道之极也。"①

"仁知之极"，是荀子关于圣人的总体规定。"知之极"首先表现为圣人能够深切把握礼法所蕴含的根本原则："依乎法而又深其类，然后温温然。"② "礼者，众人法而不知，圣人法而知之。"③ 在这里，"类与法对称者，犹义与数之对举，法与数言条文，类与义言法理"④，"依乎法而又深其类"与"圣人法而知之"表达了相同的内涵，即圣人既遵循礼法条文而行，又深知它们所蕴含的法理。正因如此，尽管圣人能言善辩，但是他们的言辞无论何时都不失条理性。

多言而类，圣人也。⑤
多言则文而类，终日议其所以，言之千举万变，其统类一也，是圣人之知也。⑥

从善于言谈来看，圣人与小人具有形式上的相似性，但是，从实质内容来看，他们又表现出根本性的不同，就是说，圣人言语虽然千举万变，但其表达条理清晰而又合乎"礼义"，而小人虽然也像圣人那样能言善辩，但其表达不合乎"礼义"："多言无法而流湎然，虽辩，小人也。"⑦ 与小人不同的是，在与他人展开辩论的时候，圣人同样能够冷静地做到表达清晰，合乎"礼义"，应变不穷："不先虑，不早谋，发之而当，成文而类，居错迁徙，应变不穷，是圣人之辩者也。"⑧

除了言语辩说方面能够做到表达条理清晰而又合乎"礼义"以外，圣人在接触到复杂多变的社会境遇时也足以应付自如，"曲得其宜"："佚

---

① 《礼论篇》，(清) 王先谦：《荀子集解》，中华书局 1988 年版，第 357 页。
② 《修身篇》，(清) 王先谦：《荀子集解》，中华书局 1988 年版，第 33 页。
③ 《法行篇》，(清) 王先谦：《荀子集解》，中华书局 1988 年版，第 533 页。
④ 龙宇纯：《荀子论集》，台湾学生书局 1987 年版，第 177 页。
⑤ 《非十二子篇》，(清) 王先谦：《荀子集解》，中华书局 1988 年版，第 97 页。
⑥ 《性恶篇》，(清) 王先谦：《荀子集解》，中华书局 1988 年版，第 445 页。
⑦ 《非十二子篇》，(清) 王先谦：《荀子集解》，中华书局 1988 年版，第 97 页。
⑧ 《非相篇》，(清) 王先谦：《荀子集解》，中华书局 1988 年版，第 88 页。

而不惰,劳而不僈,宗原应变,曲得其宜,如是,然后圣人也。"① "于是其中焉,方皇周挟,曲得其次序,是圣人也。"② "宗原应变"之"原"与"于是其中焉"之"是",都是指"礼义"。"曲得其宜"就是"曲得其次序",这与深知礼法背后所蕴含的根本原则("礼义")具有内在的逻辑联系。③ 即是说,在理性分析多变的社会境遇的基础上,圣人能够根据"礼义"这一根本原则来恰当适宜地处理社会事务。在这方面,圣人与大儒之间无疑展示了相同的人格特征。

> 其言有类,其行有礼,其举事无悔,其持险应变曲当,与时迁徙,与世偃仰,千举万变,其道一也。是大儒之稽也。④
>
> 法先王,统礼义,一制度,以浅持博,以古持今,以一持万,苟仁义之类也,虽在鸟兽之中,若别白黑;倚物怪变,所未尝闻也,所未尝见也,卒然起一方,则举统类而应之,无所儗怍,张法而度之,则晻然若合符节,是大儒者也。⑤

荀子在这里概括了大儒的考核标准("大儒之稽"),同时也是其人格特征,即言行合乎礼法,做事从不后悔,无论处理危险局势抑或应对突发事变,"举统类而应之",各方面都能够做到恰到好处而毫无疑惑,既跟随时代的更迭而有所变化,也与社会发展保持一致,虽然行为千变万化,但所奉行的基本原则("礼义")却是前后一贯的。所以,从人格特征来看,大儒的"言有类""行有礼""持险应变曲当""举统类而应之"与

---

① 《非十二子篇》,(清)王先谦:《荀子集解》,中华书局1988年版,第105页。
② 《礼论篇》,(清)王先谦:《荀子集解》,中华书局1988年版,第358页。
③ "井井兮其有理也,严严兮其能敬己也,介介兮其有终始也,猒猒兮其能长久也,乐乐兮其执道不殆也,炤炤兮其用知之明也,修修兮其用统类之行也,绥绥兮其有文章也,熙熙兮其乐人之臧也,隐隐兮其恐人之不当也。如是,则可谓圣人矣,此其道出乎一。曷谓一?曰:执神而固。曷谓神?曰:尽善挟治之谓神。〔曷谓固?曰:〕万物莫足以倾之之谓固。神固之谓圣人。"〔《儒效篇》,(清)王先谦:《荀子集解》,中华书局1988年版,第132—133页〕不难看出,外在的言行表现与内在的德性修养具有内在的统一性:内在德性通过道德实践转换为合乎礼法的外在言行,而合乎礼法的外在言行则是内在德性的外部确证。
④ 《儒效篇》,(清)王先谦:《荀子集解》,中华书局1988年版,第138页。
⑤ 同上书,第140—141页。

圣人的"多言则文而类""宗原应变,曲得其宜"并无不同。

从道德境界来看,圣人无疑是最完美的道德人格;但是,在荀子看来,圣人不止步于德性与智慧的双重提升,同时必须以社会政治秩序的安定和谐为其重要使命。

> 修百王之法若辨白黑,应当时之变若数一二,行礼要节而安之若生四枝,要时立功之巧若诏四时,平正和民之善,亿万之众而抟若一人,如是,则可谓圣人矣。①

圣人在这里可以分作两个层面来理解:一是从"修百王之法若辨白黑"到"行礼要节而安之若生四枝",指出圣人在智慧及德行方面的具体表现;二是从"要时立功之巧若诏四时"到"亿万之众而抟若一人",揭示他们所具有的社会政治功用,即圣人能平齐政事,协和民众,使亿万之众凝聚在一起,宛若一人。从政治能力与治国功用上看,圣人与大儒之间则又表现出相通之处。

> 彼大儒者,虽隐于穷阎漏屋,无置锥之地,而王公不能与之争名;在一大夫之位,则一君不能独畜,一国不能独容,成名况乎诸侯,莫不愿得以为臣;用百里之地而千里之国莫能与之争胜,笞棰暴国,齐一天下,而莫能倾也。是大儒之征也。②
>
> 用大儒则百里之地久而后三年,天下为一,诸侯为臣,用万乘之国则举错而定,一朝而伯。③

大儒不仅言行合乎礼法,而且拥有非凡的智慧能力,能"知通统类"④,虽然隐居在穷阎漏屋之中,穷无立锥之地,仍备受人们的尊敬,即使王公也无法与之争夺名声,而他们一旦获得施展自身能力的合适时机与舞

---

① 《儒效篇》,(清)王先谦:《荀子集解》,中华书局1988年版,第130页。
② 同上书,第137—138页。
③ 同上书,第141页。
④ 同上书,第145页。

台，从小处说可以成为社稷之臣，除暴安民，从大处说则可以成为一国之君，平定天下，臣服诸侯。荀子之所以将安邦济民、平定天下（外王）设定为大儒及圣人的重要人格特征，这与他对群己观的理解有关。如前所述，在荀子看来，为了维系自身感性生命的存在与发展，人们势必要过群居性的社会生活，"人生不能无群"①，而和谐有序的理想社会的构筑则依赖于礼所设定的规范系统，"人何以能群？曰：分。分何以能行？曰：义"②，"义"即"礼"。既然和谐有序的理想社会对于人类来说具有如此重要的意义，那么，荀子将安邦济民、平定天下设定为大儒及圣人的社会政治使命，便是合乎逻辑的理论延伸。另外，从思想渊源上看，荀子对于大儒及圣人的外王规定，应该是对孔子理想人格理论的继承与展开。在《论语》中，孔子主要提到了两种理想人格类型，即君子与圣人，他们既有内圣的规定，又有外王的规定。在这里，为了说明问题的需要，我们暂不论及孔子对理想人格的内圣规定，而只是重点揭示他对理想人格的外王规定。在答复子路问君子时，孔子曾表达了自己对于君子的理解："子路问君子。子曰：'修己以敬。'曰：'如斯而已乎？'曰：'修己以安人。'曰：'如斯而已乎？'曰：'修己以安百姓。'"③"修己"即内在德性的涵养，而"安人"及"安百姓"无疑指向社会群体的安定，即是说，君子既注重内在德性的涵养，又将社会群体的安定视为自己的关怀对象，而"修己以安人""修己以安百姓"似乎内在地蕴含后者是前者的最终归宿。孔子也曾给予圣人以外王的规定："子贡曰：'如有博施于民而能济众，何如？'子曰：'何事于仁，必也圣乎！尧舜其犹病诸！'"④"博施于民而能济众"是说，广泛地给人民以好处，又能够帮助大家生活得很好，在孔子看来，唯有圣人才能做到如此。总而言之，无论君子抑或圣人，他们都以老百姓的生活及社会群体的安定为其关切对象。不难看出，荀子对于大儒及圣人的外王规定，即以安邦济民、平定天下作为其社会政治使命，可以看作是对孔子理想人格理论的展开与

---

① 《王制篇》，（清）王先谦：《荀子集解》，中华书局1988年版，第164页。
② 同上。
③ 《论语·宪问》，（宋）朱熹：《四书章句集注》，中华书局1983年版，第159页。
④ 《论语·雍也》，（宋）朱熹：《四书章句集注》，中华书局1983年版，第91—92页。

丰富。

　　关于道德实践所达成的人格境界，荀子既有内圣方面的规定，也有外王方面的要求。但是，相对于孔、孟侧重于从内在仁德来规定理想人格不同，荀子主要从认知与践行礼法规范的程度将理想人格分为三个层级："好法而行，士也；笃志而体，君子也；齐明而不竭，圣人也。"[①]"多言则文而类，终日议其所以，言之千举万变，其统类一也，是圣人之知也。少言则径而省，论而法，若佚之以绳，是士君子之知也。"[②] 圣人"知通统类"，达到"仁知之极"，拥有极强的变通能力，他们处于道德人格的至高层级，正因为如此，荀子也将圣人视为最理想的政治统治者，以安邦济民、平定天下作为其政治使命；君子的智慧能力和道德境界虽然远不如圣人那般超迈，但是他同时也拥有一定程度的变通能力："以义变应，知当曲直故也。"[③] 与圣人、君子相比而言，士只懂得严格地恪守礼法而没有变通能力。尽管士、君子、圣人在认知与践行礼法的程度上大不相同，但是他们之间并非彼此隔绝的外在关系，而是呈现出一种依次递进的内在联系：君子以士的人格境界为前提，而圣人则以君子的人格境界为前提。实际上，道德实践所达成的这三种人格境界为君主治理国家提供了不同层次的人才类型，"在荀子的思想深处他是把政治管理当作一种职业，这种职业只能由具备一定道德学识修养的人来担任"[④]。

---

[①] 《修身篇》，（清）王先谦：《荀子集解》，中华书局1988年版，第33页。
[②] 《性恶篇》，（清）王先谦：《荀子集解》，中华书局1988年版，第445页。
[③] 《不苟篇》，（清）王先谦：《荀子集解》，中华书局1988年版，第42页。
[④] 高春海：《解读荀子君民关系思想研究中的争论》，《史学集刊》2010年第3期，第104页。

# 第四章

# 礼之政治功用

"礼"除了拥有"修身"功用之外,在国家治理层面也发挥了至关重要的效用:"国家无礼则不宁","国之命在礼"。治理国家是一项任务艰巨的政治事业,既需要德才兼备的治理者("治人"),同时也必须拥有切实可行的治国术("治法"),两者缺一不可。有见于此,荀子不仅突出了君主的政治地位,"君者,善群也",认为君主必须"以礼分施,均遍而不偏",以"官人"为其政治本领,而且提出了"隆礼至法则国有常"的治国术,同时指出了"礼"所具有的经济分配功用。

## 第一节 "以礼分施,均遍而不偏":君主角色的理论设定

### 一 "君者,善群也":群道的人格化身

如前所述,和谐而有序的理想社会是人类生存发展的必要前提与基本条件,但和谐而有序的理想社会不是现成就如此的,而是基于统治者与民众双方共同建设的结果,在构筑理想社会的具体过程中,君主无疑扮演着顶层设计者的重要角色,立足于此,荀子遂设定了君主的政治角色与政治责任,即从理想的层面来看,君主应该是"善群""能群"之人。

> 君者,善群也。群道当则万物皆得其宜,六畜皆得其长,群生皆得其命。①

---

① 《王制篇》,(清)王先谦:《荀子集解》,中华书局1988年版,第165页。

人与其他存在者的本质性分野在于人能群，而君主则应该是最善于将民众凝聚为和谐而有序的社会共同体的人，在他的引领下，和谐而有序的社会共同体一旦建立（"群道当"），则势必带来此番场景："万物皆得其宜，六畜皆得其长，群生皆得其命。"那么，所谓的"群道"究竟涵括哪些内容呢？

> 君者何也？曰：能群也。能群也者何也？曰：善生养人者也，善班治人者也，善显设人者也，善藩饰人者也。善生养人者人亲之，善班治人者人安之，善显设人者人乐之，善藩饰人者人荣之。四统者俱而天下归之，夫是之谓能群。不能生养人者人不亲也，不能班治人者人不安也，不能显设人者人不乐也，不能藩饰人者人不荣也。四统者亡而天下去之，夫是之谓匹夫。故曰：道存则国存，道亡则国亡。①

"能群"即"善群"。在这里，荀子清楚地揭示了"群道"的具体内容。他认为，君主应该拥有将广大民众凝聚为社会共同体的整合能力，而这一整合能力由以下四个方面构成，即"善生养人""善班治人""善显设人""善藩饰人"。"善生养人"指省抑商贾、增加农夫、禁止盗贼、铲除奸邪；"善班治人"指天子下设三公（太师、太傅、太保），诸侯下辖丞相一人，大夫专司某一官职，士谨守自己的职分，他们遵循法度行事而无有不公；"善显设人"指根据品德而确定位次，衡量能力而授予官职，使人人皆任其事而各得其宜，上贤使之为三公，中贤使之为诸侯，下贤使之为大夫；"善藩饰人"指人们穿戴的衣帽绣何种花纹，使用的器具雕琢何种图案，都是有严格的等级规定的。②而这四者之间似乎蕴含一

---

① 《君道篇》，（清）王先谦：《荀子集解》，中华书局1988年版，第237页。
② "省工贾，众农夫，禁盗贼，除奸邪，是所以生养之也。天子三公，诸侯一相，大夫擅官，士保职，莫不法度而公，是所以班治之也。论德而定次，量能而授官，皆使人载其事而各得其所宜。上贤使之为三公，次贤使之为诸侯，下贤使之为士大夫，是所以显设之也。修冠弁、衣裳、黼黻、文章、琱琢、刻镂皆有等差，是所以藩饰之也。"[《君道篇》，（清）王先谦：《荀子集解》，中华书局1988年版，第237—238页]

种连续递进的逻辑秩序,"生养人之生养只是狭义的生养,班治人是以德(和能)为本而安排政治之秩序,显设人和藩饰人则是以德(和能)为本而分配荣誉,是之谓明分之道"①。在荀子看来,只有同时具备这四种基本能力而天下民众自愿地归附之,才可以称得上"能群"或"善群"的君主;否则不具备这四种基本能力而天下民众离散之,君主势必沦落为孤家寡人,同时这也意味着国家的覆灭与坍塌。因此,能否将理想意义上的君主(群道的人格化)付诸实践,这直接关系到国家的安危存亡,"道存则国存,道亡则国亡"。

荀子将理想意义上的君主设定为"善群""能群"之人,其中潜藏两种可能性的发展进路:其一,以"善群""能群"界说君主,这似乎意味着我们可以把能否将民众凝聚为和谐而有序的社会共同体,视为检讨君主角色合法性的根本依据,而这正是荀子为汤、武革命辩护的理论缘由:"汤、武非取天下也,修其道,行其义,兴天下之同利,除天下之同害,而天下归之也。桀、纣非去天下也,反禹、汤之德,乱礼义之分,禽兽之行,积其凶,全其恶,而天下去之也。天下归之之谓王,天下去之之谓亡。故桀、纣无天下而汤、武不弑君,由此效之也。汤、武者,民之父母也;桀、纣者,民之怨贼也。"②汤、武修道行义,兴利除害,成为"民之父母",天下民众自然就会归附他们,而桀、纣则"乱礼义之分",穷凶极恶,犯下滔天罪行,成为"民之怨贼",天下民众必定离弃他们,所以汤、武并非主动夺取天下而是天下民众自愿归附他们,桀、纣也并非主动抛弃天下而是天下民众自愿离弃他们。由此,我们可以推导出以下结论,即如果君主成为桀、纣那样的"民之怨贼",这就意味着他们的政治统治遭遇到严峻的"合法化危机",那么民众便有权利推翻他们,而像汤、武那样的德才兼备者也就可以名正言顺地取代他们:"夺然后义,杀然后仁,上下易位然后贞,功参天地,泽被生民,夫是之谓权险之平,汤、武是也。"③其二,以"善群""能群"界说君主,

---

① 沈云波:《学不可以已——〈荀子〉思想研究》,博士学位论文,复旦大学,2008年,第183页。
② 《正论篇》,(清)王先谦:《荀子集解》,中华书局1988年版,第324页。
③ 《臣道篇》,(清)王先谦:《荀子集解》,中华书局1988年版,第257页。

也有可能蕴含走向"尊君"的倾向:"君子者,天地之参也,万物之总也,民之父母也。无君子则天地不理,礼义无统,上无君师,下无父子,夫是之谓至乱。"①"君师者,治之本也。"②"君子"即理想意义上的"君主"。君主是"礼义"的制定者("礼义之始"),而社会的正理平治以"礼义"为其必要前提,因此从根本意义上来说,君主也就是社会正理平治的本源("治之本");正因为君主既是"礼义"的制定者,又是社会正理平治的本源,所以他应该就是"善群""能群"之人。既然君主具有如此重要的意义,我们就应该以极其尊敬的态度来对待他,荀子说:"君者,国之隆也;父者,家之隆也。隆一而治,二而乱,自古及今,未有二隆争重而能长久者。"③"君者,国之隆也",便内在地蕴含着"尊君"的政治倾向。从表面上看,这两种可能性的发展进路似乎处于彼此对峙的格局中,即前者认为君主如果难以将民众凝聚为和谐而有序的社会共同体,民众就有权利推翻他们,而后者则主张"尊君"的态度;但它们实际上并非如此,而是可以相互融合的,因为前者是就现实层面说的,而后者则是就理想层面说的,它们显然是基于两种相异立场所得出的论断。

与荀子相似,法家同样具有强烈的尊君倾向,但必须引起注意的是,荀子与法家在对君主的理解上又表现出根本性的差异:儒家主要从道德的角度来理解君主,认为君主能否具备高尚的道德品质将关系到国家的安危存亡:"政者,正也。子帅以正,孰敢不正。"④"君仁莫不仁,君义莫不义,君正莫不正。一正君而国定矣。"⑤而法家则侧重从权势的层面来看待君主,认为君主有别于臣民的根本在于拥有极其尊贵的权势:"凡人君之所以为人君者,势也。"⑥"凡明主之治国者,任其势。"⑦无独有偶,萧公权先生曾表达过与此相同的看法:"孔孟重君主之道德而不重其

---

① 《王制篇》,(清)王先谦:《荀子集解》,中华书局1988年版,第163页。
② 《礼论篇》,(清)王先谦:《荀子集解》,中华书局1988年版,第349页。
③ 《致士篇》,(清)王先谦:《荀子集解》,中华书局1988年版,第263页。
④ 《论语·颜渊》,(宋)朱熹:《四书章句集注》,中华书局1983年版,第137页。
⑤ 《孟子·离娄上》,(宋)朱熹:《四书章句集注》,中华书局1983年版,第285页。
⑥ 《管子·法法》,黎翔凤:《管子校注》,中华书局2004年版,第305页。
⑦ 《韩非子·难三》,(清)王先慎:《韩非子集解》,中华书局1998年版,第279页。

权势，申商重君主之权势而不求其道德。"① 尽管荀子在某种意义上承接了儒家"为政以德"②的德治精神，"君贤者其国治"③，但相较于孔、孟而言，则又有所不同，即他提升了法的应有地位，不再单纯依靠君主自身的道德力量来治理国家，而在提升法的地位的同时，便意味着对君主权势的重视，因为法的制定者是独一无二的君主。"人主者，天下之利势也。"④"权出一者强，权出二者弱。"⑤"权出于一"的"一"，就是指拥有至高至尊权势的君主。应该说，荀子在一定意义上弥补了孔、孟德治理念本身所存在的严重缺陷。"从理论上考察，人治主义没有抓住政治中的根本，即使在君主专制条件下，专制的君主地位也不是靠道德来维系的，强大的国家机器是君主实行专制的前提条件。撇开这个前提，先谈个人的修养是不切实际的空论"⑥，在儒家与法家之间达成了某种程度上的妥协与和解，从而将礼、法这两种治国手段熔铸于一身："听政之大分：以善至者待之以礼，以不善至者待之以刑。"⑦ 从政治所具有的现实功用来看，荀子显然比孔、孟更加富有成效，既可增进德治的现实性，又能限制君主专制的弊端，恰如萧公权先生所言："尚不如孔孟专重君德，或可补封建之阙，申商倚任治法，或可防专制之弊。"⑧ 相对于孔、孟而言，"治法"在国家治理活动中的实际地位虽然已经被提升到一定的高度，但"治人"的地位无疑更加重要、更为基本："有治人，无治法。……法者，治之端也；君子者，法之原也。故有君子则法虽省，足以遍矣；无君子则法虽具，失先后之施，不能应事之变，足以乱矣。"⑨ 在这里，作为"治人"代表的"君子"（理想化的君主）就是前文所论及的"善群""能群"之人，而现实世界中的君主如果想真正成为理想意义上的人就必须加强自身德性的修养："请问为国？曰闻修身，未尝闻为

---

① 萧公权：《中国政治思想史》，辽宁教育出版社1998年版，第109页。
② 《论语·为政》，（宋）朱熹：《四书章句集注》，中华书局1983年版，第53页。
③ 《议兵篇》，（清）王先谦：《荀子集解》，中华书局1988年版，第270页。
④ 《王霸篇》，（清）王先谦：《荀子集解》，中华书局1988年版，第202页。
⑤ 《议兵篇》，（清）王先谦：《荀子集解》，中华书局1988年版，第271页。
⑥ 刘泽华：《中国政治思想史》（先秦卷），浙江人民出版社1996年版，第174页。
⑦ 《王制篇》，（清）王先谦：《荀子集解》，中华书局1988年版，第149页。
⑧ 萧公权：《中国政治思想史》，辽宁教育出版社1998年版，第110页。
⑨ 《君道篇》，（清）王先谦：《荀子集解》，中华书局1988年版，第230页。

国也。"① 显然，从实质层面来看，荀子仍然没有跳出孔、孟所开创的"为政以德"的德治进路，正因为如此，俞荣根先生将"有治人，无治法"概括为"君主主义的人治论"②。

## 二 "闻修身，未尝闻为国"：君主以修身为治国的基础

众所周知，儒家认为道德是政治的基础，倡导以德治国的治道模式，③ 而"德治的基本用心，是要从每一人的内在之德去融合彼此间之关系，而不要用权力，甚至不要用人为的法规把人压缚在一起，或者是维系在一起。权力的压缚固然要不得，即法律的维系，纵然维系得好，也只是一种外在的关系。外在的关系要以内在的关系为根据，否则终究维系不牢，而且人性终不能得到自由的发展"④，因此，他们特别重视有德者（尤其强调君主之德）在治国中的地位与功用："儒家深信非有健全之人民，则不能有健全之政治。故其言政治也，唯务养成多数人之政治道德、政治能力及政治习惯。"⑤ 在此意义上，儒家政治与民主政治相异，又被称作"贤能政治"⑥。以"法仲尼、子弓之义"⑦ 自居的荀子同样接续了孔、孟所奠定的"为政以德"的德治理念："君贤者其国治，君不能

---

① 《君道篇》，（清）王先谦：《荀子集解》，中华书局1988年版，第234页。
② 参见俞荣根《儒家法思想通论》（修订版），广西人民出版社1998年版，第496页。
③ "其身正，不令而行；其身不正，虽令不从。'"[《论语·子路》，（宋）朱熹：《四书章句集注》，中华书局1983年版，第143页]"子为政，焉用杀？子欲善而民善矣。君子之德风，小人之德草。草上之风，必偃。"[《论语·颜渊》，（宋）朱熹：《四书章句集注》，中华书局1983年版，第138页]"是以惟仁者宜在高位；不仁而在高位，是播其恶于众也。"[《孟子·离娄上》，（宋）朱熹：《四书章句集注》，中华书局1983年版，第276页]"君子之守，修其身而天下平。"[《孟子·尽心下》，（宋）朱熹：《四书章句集注》，中华书局1983年版，第373页]"物格而后知至，知至而后意诚，意诚而后心正，心正而后身修，身修而后家齐，家齐而后国治，国治而后天下平。自天子至于庶人，一是皆以修身为本。"[《大学》，（宋）朱熹：《四书章句集注》，中华书局1983年版，第4页]"故为政在人，取人以身，修身以道，修道以仁。"[《中庸》，（宋）朱熹：《四书章句集注》，中华书局1983年版，第28页]
④ 徐复观：《儒家政治思想的构造及其转进》，载李维武《中国人文精神之阐扬——徐复观新儒学论著辑要》，中国广播电视出版社1996年版，第232页。
⑤ 《梁启超论先秦政治思想史》，商务印书馆2012年版，第95页。
⑥ 用贤能之人来治理国家，这是儒家的基本政治理念。杨国荣曾具体而微地分析了儒家贤能政治的意义与限度，同时还指出了其与民主政治的相异之处。参见杨国荣《贤能政治：意义与限度》，《天津社会科学》2013年第2期，第22—26页。
⑦ 《非十二子篇》，（清）王先谦：《荀子集解》，中华书局1988年版，第97页。

者其国乱。"①

在君民关系中，君主占据主导性的地位，具有示范表率的作用，其言行成为民众效仿的客观对象，鉴于此，君主实施道德修养就有相当重要的政治意义。

>君者，仪也，仪正而景正；君者，槃也，槃圆而水圆；君者，盂也，盂方而水方。君射则臣决。楚庄王好细腰，故朝有饿人。故曰：闻修身，未尝闻为国也。②

>君者，民之原也，原清则流清，原浊则流浊。③

"仪"即日晷，利用日影测量时间的仪器。"决"，古代射箭时套在右手大拇指上的象骨套子。④ 在这里，荀子借助"仪"与"景"（影）、"槃"与"水"、"盂"与"水"、"原"与"流"四对形象比喻揭示了君与民之间的密切联系。在他看来，君是"仪"，民是"景"，仪正则影正；君是"槃"，民是"水"，槃圆则水圆；君是"盂"，民是"水"，盂方则水方；君是"原"，民是"流"，"原清则流清，原浊则流浊"。显然，这与孔子所说的"君子之德风，小人之德草。草上之风，必偃"⑤ 有异曲同工之妙。他们一致认为，为政者（尤其是君主）能否切实地践履道德修养对于国家的安危存亡而言至关重要，"闻修身，未尝闻为国"，便清楚地表达了君主应该将修身作为其治国的基础，不过，必须指出的是，"同样是所谓'修身'，与孟子大讲仁义偏重内在心理的发掘不同，荀子重新强调了外在规范的约束"⑥，也就是说，君主应该以礼义规范修养其身心。

在君臣关系中，君主同样起到了重要的示范表率作用。荀子说：

>合符节，别契券者，所以为信也；上好权谋，则臣下百吏诞诈

---

① 《议兵篇》，（清）王先谦：《荀子集解》，中华书局1988年版，第270页。
② 《君道篇》，（清）王先谦：《荀子集解》，中华书局1988年版，第234页。
③ 同上。
④ 参见北京大学《荀子》注释组《荀子新注》，中华书局1979年版，第195页。
⑤ 《论语·颜渊》，（宋）朱熹：《四书章句集注》，中华书局1983年版，第138页。
⑥ 李泽厚：《中国古代思想史论》，安徽文艺出版社1999年版，第113页。

之人乘是而后欺。探筹、投钩者，所以为公也；上好曲私，则臣下百吏乘是而后偏。衡石、称县者，所以为平也；上好覆倾，则臣下百吏乘是而后险。斗、斛、敦、概者，所以为啧也；上好贪利，则臣下百吏乘是而后丰取刻与，以无度取于民。……故上好礼义，尚贤使能，无贪利之心，则下亦将綦辞让、致忠信，而谨于臣子矣。①

"符节""契券"为信用而立；"探筹""投钩"为公正而设；"衡石""称县"为均平而置；"斗""斛""敦""概"为齐一（"啧"）而造；它们都属于广义的"治法"。尽管这些"治法"设置的初衷都承载正面意义的价值，但它们在日常生活中贯彻执行的实际情况则未必能尽如人意：君主如果喜欢玩弄权术阴谋、偏袒徇私、倾斜不公、贪图财货，臣下百吏就会"乘是而后欺""乘是而后偏""乘是而后险""乘是而后丰取刻与，以无度取于民"。然而，君主如果推崇"礼义"，任用贤能之人，无贪图财货之心，臣下百吏就会极辞让、至忠信而谨慎地恪守他们应该履行的职分。由此观之，臣下究竟采取何种类型的行为方式将从根本上取决于君主的私人喜好或价值取向，也就是说，君主正则臣下正，君主不正则臣下亦不正。不仅如此，更为严重的是，君主的私人喜好或价值取向还极有可能影响到国家的"正理平治""偏险悖乱"。

主者，民之唱也；上者，下之仪也。彼将听唱而应，视仪而动。唱默则民无应也，仪隐则下无动也。不应不动，则上下无以相有也。若是，则与无上同也，不祥莫大焉。故上者，下之本也，上宣明则下治辨矣，上端诚则下愿悫矣，上公正则下易直矣。治辨则易一，愿悫则易使，易直则易知。易一则强，易使则功，易知则明，是治之所由生也。上周密则下疑玄矣，上幽险则下渐诈矣，上偏曲则下比周矣。疑玄则难一，渐诈则难使，比周则难知。难一则不强，难使则不功，难知则不明，是乱之所由作也。故主道利明不利幽，利宣不利周。故主道明则下安，主道幽则下危。故下安则贵上，下危则贱上。故上易知则下亲上矣，上难知则下畏上矣。下亲上则上安，

---

① 《君道篇》，（清）王先谦：《荀子集解》，中华书局1988年版，第230—232页。

下畏上则上危。故主道莫恶乎难知，莫危乎使下畏己。①

这段话重在阐发"主道利明不利幽，利宣不利周"，而这一观点的提出，则是荀子批驳"主道利周"的结果。杨倞注曰："周，密也，谓隐匿其情，不使下知也。"②"主道利周"是说，君主之道以隐匿其情，不使臣下了解为利，应该说，这是法家君术的典型特征："人主不可不周。人主不周，则群臣下乱。"③对此，韩非子曾给出了更加明确的界说："术者，藏之于胸中，以偶众端，而潜御群臣者也。"④"术"是君主驾驭臣下的方法，具有隐而不露的特点，即引文所说的"周密""幽险""偏曲"，而荀子极力反对法家君术的这些特点：君主隐藏不露则臣、民迷惑不解，迷惑不解则难以凝聚为一，难以凝聚为一则国家势必不能强盛；君主阴暗险恶则臣、民虚伪欺诈，虚伪欺诈则难以役使，难以役使则君主不能建功立业；君主偏私不公则臣、民结党营私，结党营私则难以了解，难以了解则君主不能通晓下情，因此，祸乱由此而产生。既然"周密""幽险""偏曲"能够导致如此严重的社会后果，君主必须尽可能地做到"宣明""端诚""公正"：君主公开明朗则臣、民就能明确治理方向，治理方向明确则容易凝聚为一，容易凝聚为一则国家势必强盛；君主正直诚实则臣、民老实忠厚，老实忠厚则容易役使，容易役使则君主就能建功立业；君主公正无私则臣、民坦诚正直，坦诚正直则容易了解，容易了解就能知晓下情，这是国家"正理平治"的关键所在。由此，荀子提出了"主道利明不利幽，利宣不利周"。实际上，这一命题揭示了儒家君德与法家君术的重要分野，即儒家认为君主是臣、民的道德榜样与学习对象，如果不把内在德性显露在外在言行上，臣、民将不知所措，这就好比没有君主一样："唱默则民无应也，仪隐则下无动也。不应不动，则上下无以相有也。若是，则与无上同也，不祥莫大焉。"而法家则主张君主应该将自己的欲望、意见、情感深深地埋藏在心中而不表露于外，否则

---

① 《正论篇》，(清)王先谦：《荀子集解》，中华书局1988年版，第321—322页。
② 同上书，第321页。
③ 《管子·九守》，黎翔凤：《管子校注》(下册)，中华书局2004年版，第1044页。
④ 《韩非子·难三》，(清)王先慎：《韩非子集解》，中华书局1998年版，第380页。

臣下会投其所好，阿谀奉承，更为严重的是，君主还有可能被臣下控制，所以韩非子说："君无现其所欲，君现其所欲，臣将自雕琢；君无现其意，君现其意，臣将自表异。故曰：去好去恶，臣乃见素；去旧去智，臣乃自备。"① 儒、法两家之所以形成这一分野，缘于他们抱持不同的政治目的，即儒家从教化臣、民的角度出发，认为君主应该"宣明""端诚""公正"；而法家则立足于君主权势的维护与巩固，主张君主必须"周密""幽险""偏曲"。从各自的政治目的来看，他们显然都具有一定的合理性，但是，如果以儒家为标准来审视法家的话，"主道利周"则又成为认知之"蔽"。

> 周而成，泄而败，明君无之有也；宣而成，隐而败，暗君无之有也。故人君者周则谗言至矣，直言反矣，小人迩而君子远矣。《诗》云："墨以为明，狐狸而苍。"此言上幽而下险也。君人者宣则直言至矣，而谗言反矣，君子迩而小人远矣。《诗》云："明明在下，赫赫在上。"此言上明而下化也。②

"上幽而下险"是"暗君"所导致的结果，而"上明而下化"则是"明君"所带来的结果，它们分别从正反两方面揭示了君主与臣下的关系："上幽而下险"是说，君主如果隐蔽真情，毁谤的话则随之而至，正直的话将难以听见，小人亲近而君子远离；而"上明而下化"则是说，君主如果公开真情，正直的话则随之而至，毁谤的话将难以听见，君子亲近而小人远离。在这里，荀子再次指明了君主"宣明"本身所蕴含的道德教化意义。

可以看出，无论在君臣关系中抑或在君民关系中，身居高位的君主都扮演着相当重要的角色，即他们既是臣、民的政治领袖，又是臣、民的道德榜样："主者，民之唱也；上者，下之仪。"而荀子的这一看法应该是对孔子德治思想的进一步展开。孔子曾说："上好礼，则民莫敢不

---

① 《韩非子·主道》，（清）王先慎：《韩非子集解》，中华书局 1998 年版，第 26—27 页。
② 《解蔽篇》，（清）王先谦：《荀子集解》，中华书局 1988 年版，第 409—410 页。

敬；上好义，则民莫敢不服；上好信，则民莫敢不用情。"①"上好礼，则民易使。"② 为政者（尤其是君主）如果讲究礼节、行为适宜、诚恳信实，民众就没有人敢不尊敬、不服从、不说真话，因而就愿意供其驱使而无怨无悔。显然，孔子的这段话与荀子的"上好礼义，尚贤使能，无贪利之心，则下亦将綦辞让、致忠信，而谨于臣子矣"表达了相同的意思，即是说，君主与臣、民之间是一种上行下效的关系，君主为善则臣、民为善，君主为恶则臣、民亦为恶。

君主既然扮演了如此重要的角色，他将依据什么标准来修养内在德性而成为臣、民的道德榜样呢？如前所述，"礼义"是一般人践行道德修养的根本内容，而这是否意味着君主同样应该以此作为其道德修养的根本内容呢？答案无疑是肯定的。

> 夫义者，内节于人而外节于万物者也，上安于主而下调于民者也。内外上下节者，义之情也。然则凡为天下之要，义为本而信次之。古者禹、汤本义务信而天下治，桀、纣弃义背信而天下乱，故为人上者，必将慎礼义，务忠信然后可。此君人者之大本也。③

"义"即"理"："义者循理。"④ "义，理也，故行。"⑤ 而"义"的制度化便是礼："行义以礼。"⑥ 在这一意义上，荀子往往将"礼""义"连用，统称为"礼义"。⑦ 鉴于此，这段引文中的"义"就可以理解为"礼义"。一方面，"礼义"既能够满足人们的正当欲求，也可以让万物得到

---

① 《论语·子路》，（宋）朱熹：《四书章句集注》，中华书局1983年版，第142页。
② 《论语·宪问》，（宋）朱熹：《四书章句集注》，中华书局1983年版，第159页。
③ 《强国篇》，（清）王先谦：《荀子集解》，中华书局1988年版，第305页。
④ 《议兵篇》，（清）王先谦：《荀子集解》，中华书局1988年版，第279页。
⑤ 《大略篇》，（清）王先谦：《荀子集解》，中华书局1988年版，第491页。
⑥ 同上书，第492页。
⑦ "礼义"是荀子思想系统的重要概念，在《荀子》中出现过106次之多。对此，张奇伟曾翔实疏解了"礼义"在荀子思想系统中的具体形成过程，指出"礼义"是由人之社会本性基础之上的社会政治人伦规则和道德自律理性的"义"与"贵贱有等长幼有差"基础之上的冠婚丧祭诸礼仪制度规范的"礼"的有机融合。参见张奇伟《论"礼义"范畴在荀子思想中的形成——兼论儒学由玄远走向切近》，《北京师范大学学报》（人文社会科学版）2001年第2期。

持续的使用:"使欲必不穷于物,物必不屈于欲"①。"使欲必不穷于物"就是"内节于人",而"物必不屈于欲"则是"外节于万物";另一方面,"礼义"规定了社会成员的等级名分,使得人们各司其职,各安其分而互不侵犯:"故先王案为之制礼义以分之,使有贵贱之等,长幼之差,知愚、能不能之分,皆使人载其事而各得其宜,然后使谷②禄多少厚薄之称,是夫群居和一之道。"③ 由此整个社会便趋于和谐而有序的理想状态,也就是这里所说的"上安于主而下调于民"。质言之,"礼义"不仅能够妥善地处理人与万物之间的关系,而且可以协调好君主与民众之间的关系,它与"忠信"一起构成君主治理天下的基本纲领,所以荀子说:"为人上者,必将慎礼义,务忠信然后可。此君人者之大本也。"

如前所述,贤师、良友在个体道德人格的养成过程中发挥着重要的范导意义,而且这种范导意义具有潜移默化的特点。④ 君主虽然不可能成为臣、民的良友,但可以成为臣、民的道德典范与效法对象,所以从道德教化层面看,君主确实可以被视为贤师,正因为如此,荀子往往"君师"合称:"诸侯有能德明威积,海内之民莫不愿得以为君师。"⑤ "君师者,治之本也。"⑥ "'君师'并不意味着普通意义上的'师'与'君'有同等的地位,而是表明了'君'所应有的教育功能"⑦,这无疑突出了君主修身对于国家治理的重要意义。就这方面来说,荀子显然是与孔、孟一脉相承的,但是他们之间又有所不同:孔、孟过于关注为政者(尤其是君主)的道德教化意义,因而就在一定程度上疏忽了政治制度(如官

---

① 《礼论篇》,(清)王先谦:《荀子集解》,中华书局1988年版,第346页。
② "谷"原作"慤",依据俞樾的说法改定,参见(清)王先谦《荀子集解》,中华书局1988年版,第70—71页。
③ 《荣辱篇》,(清)王先谦:《荀子集解》,中华书局1988年版,第70—71页。
④ "夫人虽有性质美而心辩知,必将求贤师而事之,择良友而友之。得贤师而事之,则所闻者尧、舜、禹、汤之道也;得良友而友之,则所见者忠信敬让之行也。身日进于仁义而不自知也者,靡使然也。今与不善人处,则所闻者欺诬诈伪也,所见者污漫淫邪贪利之行也,身且加于刑戮而不自知者,靡使然也。传曰:'不知其子视其友,不知其君视其左右。'靡而已矣,靡而已矣。"[《性恶篇》,(清)王先谦:《荀子集解》,中华书局1988年版,第449页]
⑤ 《正论篇》,(清)王先谦:《荀子集解》,中华书局1988年版,第323页。
⑥ 《礼论篇》,(清)王先谦:《荀子集解》,中华书局1988年版,第349页。
⑦ 陈文洁:《荀子的辩说》,华夏出版社2008年版,第216页。

僚制度、礼法制度等）的建设，而这正是他们"迂远而阔于事情"① 的主要缘由。与孔、孟不同的是，荀子在强调君主修身的同时也重视政治制度的积极建设，这主要表现在两个方面：一是构筑以贤相为核心的职官系统；二是确立以礼治为主、法治为辅的治道模式。

### 三 "人主者，以官人为能也"：君主通向无为而治的政治能力

君主虽是"善群""能群"之人，但这并非意味着他凡事都要亲力亲为，而是必须将治理国家的根本纲领掌握在手："人君者，所以管分之枢要也。"② 在荀子看来，"管分"应该成为君主的政治职责，因为"治国者，分已定，则主相、臣下、百吏，各谨其所闻，不务听其所不闻；各谨其所见，不务视其所不见。所闻所见诚以齐矣，则虽幽闲隐辟，百姓莫敢不敬分安制以化其上，是治国之征也"③。"主相""臣下""百吏"的职分一旦确立以后，他们则各司其职而互不僭越，即"各谨其所闻，不务听其所不闻；各谨其所见，不务视其所不见"。

作为"管分之枢要"的君主，首先必须准确定位自己应该履行的政治职分："人主者，以官人为能者也。"④ 治理国家不仅需要程式化的政治法律制度（"治法"），而且更需要执行政治法律制度的主体（"治人"），所以荀子说："故法不能独立，类不能自行，得其人则存，失其人则亡。"⑤ "法"和"类"属于客观的规范系统，它们无法独立运作，只是治理国家的必要条件，唯有依靠德才兼备的政治主体，不能独立的"法"、不能自行的"类"才能够保存下来并且得到有效的运作（"得其人则存"）。不难看出，在"治法"已然具备的前提条件下，选拔及任用德才兼备的治国人才，将成为君主最为重要的政治职分："欲修政美国，则莫若求其人。"⑥ "主道知人，臣道知事。"⑦ 据此，荀子将"急得其人"

---

① 《孟子荀卿列传》，（汉）司马迁：《史记》，中华书局1959年版，第2343页。
② 《富国篇》，（清）王先谦：《荀子集解》，中华书局1988年版，第179页。
③ 《王霸篇》，（清）王先谦：《荀子集解》，中华书局1988年版，第223页。
④ 同上书，第213页。
⑤ 《君道篇》，（清）王先谦：《荀子集解》，中华书局1988年版，第230页。
⑥ 同上书，第236页。
⑦ 《大略篇》，（清）王先谦：《荀子集解》，中华书局1988年版，第504页。

与"急得其势"视为判分英明君主与愚昧君主的重要依据。

> 法者,治之端也;君子者,法之原也。故有君子则法虽省,足以遍矣;无君子则法虽具,失先后之施,不能应事之变,足以乱矣。不知法之义而正法之数者,虽博,临事必乱。故明主急得其人,而闇主急得其势。急得其人,则身佚而国治,功大而名美,上可以王,下可以霸;不急得其人,而急得其势,则身劳而国乱,功废而名辱,社稷必危。故君人者劳于索之,而休于使之。①

法是治理国家的必要条件,而君子则是制作礼法的本原;有法无君子未必能达致正理平治,反而可能导致偏险悖乱,而有君子法虽简省足以达致正理平治,因为君子深知"法之义",能够从容地应对突发事变。相对于法而言,君子的地位无疑更为重要:"有治人,无治法。"② 但是,这一命题并非否定"治法"的必要性,而是在肯定"治法"的前提下突出了"治人"的重要性,③ 这是基于法家重势尚法不重人所给出的论断。④ 既然"治人"重于"治法",英明的君主势必要以选拔及任用德才兼备的治国人才为要务,而一旦将德才兼备的治国人才安排到适宜的官职以后,他们则身心安逸,功绩伟大,受到美誉,国家安定,上可以称王,下可以称霸;尽管如此,但是现实世界中仍然存在一些愚昧的君主,他们以权势的维护与巩固为要务,任何事情都亲力亲为,最终弄得身心劳累,功绩败坏,声名狼藉,国家也随之陷入危险。

毋庸置疑,能否选拔及任用德才兼备的治国人才,这直接决定了君主个人的荣辱得失与整个国家的安危存亡,而在众多德才兼备的治国人

---

① 《君道篇》,(清)王先谦:《荀子集解》,中华书局1988年版,第230页。
② 同上。
③ 梁启超先生将"有治人,无治法"理解成"专任人而不任法",而且认为这是"治日少而乱日多"的原因。(参见《梁启超论中国法制史》,商务印书馆2012年版,第33页)梁氏的这一理解显得过于偏颇,荀子尽管重视"治人"的地位,但"治人"不是天生就存在的,而是依靠"礼义"修养所达到的理想人格,所以说,从修养过程来看,以"礼义"为核心内容的"治法"又先于"治人"。
④ 参见俞荣根《儒家法思想通论》(修订版),广西人民出版社1998年版,第494—495页。

才中，荀子又特别突出了"相"的政治角色。

> 君者，论一相，陈一法，明一指，以兼覆之，兼照之，以观其盛者也。相者，论列百官之长，要百事之听，以饰朝廷臣下百吏之分，度其功劳，论其庆赏，岁终奉其成功以效于君。当则可，不当则废，故君人劳于索之，而休于使之。①

与臣下百吏相比而言，君主应该具备一项特殊的政治本领，即执简要制御繁杂的能力："主道治一不治二。"② "一"即是指"论一相，陈一法，明一指"，而"二"则是指繁杂琐碎的各种小事；"一"是"本"、是"要"，而"二"是"末"、是"详"。因此，英明的君主应该以"一"为"本"、为"要"，而愚昧的君主则正好与之相反："故明主好要而暗主好详。"③ 在"明主"应该具备的各种政治能力中，"论一相"处于首要位置，这足以看出"相"这一政治角色的重要性，而"相"之所以占据如此重要的政治地位，则是因为他不仅掌管选拔及任用百官之长的职责，而且拥有考核各级官吏的政治权力，以便为君主任免官员提供客观依据，换句话说，"相"是职官系统的中枢神经。而这正是荀子对于"相"这一政治角色的理论定位。"相"之所以重要，除了因为他是职官系统的中枢神经以外，还因为他影响到君主的强弱、安危、荣辱。

> 彼持国者必不可以独也，然则强固荣辱在于取相矣。身能相能，如是者王；身不能，知恐惧而求能者，如是者强；身不能，不知恐惧而求能者，安唯便僻左右亲比己者之用，如是者危削，綦之而亡。④
> 为人主者，莫不欲强而恶弱，欲安而恶危，欲荣而恶辱，是禹、桀之所同也。要此三欲，辟此三恶，果何道而便？曰：在慎取相，

---
① 《王霸篇》，（清）王先谦：《荀子集解》，中华书局1988年版，第224页。
② 同上书，第223页。
③ 同上书，第224页。
④ 同上书，第209页。

道莫径是矣。故知而不仁不可，仁而不知不可，既知且仁，是人主之宝也，王霸之佐也。不急得，不知；得而不用，不仁。无其人而幸有其功，愚莫大焉。①

国家是天下最大的利器，是极其沉重的负担，② 因此，掌管国家的君主不可以单独依靠自己，而应该谨慎地选择智慧与仁德兼备的国相来辅佐他。君主一旦选择了智慧与仁德兼备的国相，就应该重用他，因为能否任用智慧与仁德兼备的国相在相当程度上决定了君主的强弱、安危与荣辱：君主与国相都有才能，如此，就可以称王天下；君主没有才能，而国相有才能，如此，同样可以使国家变得强大；君主既没有才能，又不愿意任用智慧与仁德兼备的国相来协助他，只是任用那些阿谀奉承的宠臣、依附顺从自己的人，如此，国家势必受到严重削弱而深陷危险中，甚至走向覆灭。确如荀子所言，君主如果想要强大、安定、荣耀，而避免削弱、危险、耻辱，显然没有比谨慎地选用智慧与仁德兼备的国相更加直接迅捷的。

既然"治人"在君主治理国家过程中发挥了如此重要的政治效用，于是，如何选拔及任用治国人才便成为荀子不得不思考的又一重要问题。任用人才以选拔人才为前提，而选拔人才又以人才判分标准的确立为前提。荀子曾多次明确指出，"德"与"能"是判分人才的两种根本标准。

若夫谲德而定次，量能而授官，使贤不肖皆得其位，能不能皆得其官，万物得其宜，事变得其应，慎、墨不得进其谈，惠施、邓析不敢窜其察，言必当理，事必当务，是然后君子之所长也。③

谲④德而定次，量能而授官，皆使人载其事而各得其所宜。上贤

---

① 《君道篇》，（清）王先谦：《荀子集解》，中华书局1988年版，第240页。
② "国者，天下之大器也，重任也，不可不善为择所而后错之，错险则危。"［《王霸篇》，（清）王先谦：《荀子集解》，中华书局1988年版，第207页］
③ 《儒效篇》，（清）王先谦：《荀子集解》，中华书局1988年版，第123—124页。
④ "谲"原作"论"，依据王念孙的说法校改，参见（清）王先谦《荀子集解》，中华书局1988年版，第123页。

使之为三公，次贤使之为诸侯，下贤使之为士大夫，是所以显设之也。①

圣王在上，谲②德而定次，量能而授官，皆使民载其事而各得其宜，不能以义制利，不能以伪饰性，则兼以为民。③

"谲德而定次，量能而授官"，是荀子所设定的甄别、选拔、任用治国人才的两种根本标准。"谲"与"决"相通，具有裁决之义。"谲德而定次"即是说，裁决品德的高低而确定位次的贵贱，德高者位尊，德低者位贱；而"量能而授官"则是说，衡量能力的大小而授予适宜的官职："上贤使之为三公，次贤使之为诸侯，下贤使之为士大夫。""愿悫拘录，计数纤啬而无敢遗丧，是官人使吏之材也。修饬端正，尊法敬分而无倾侧之心，守职循业，不敢损益，可传世也，而不可使侵夺，是士大夫官师之材也。知隆礼义之为尊君也，知好士之为美名也，知爱民之为安国也，知有常法之为一俗也，知尚贤使能之为长功也，知务本禁末之为多材也，知无与下争小利之为便于事也，知明制度、权物称用之为不泥也，是卿相辅佐之材也，未及君道也。"④ 在"谲德而定次"与"量能而授官"的过程中，必须严格遵守"称"或"当"的原则，即"德"与"位"、"能"与"官"之间应该相称、相当，唯有如此，人们才甘于各司其职而谨于本分，否则这将成为社会混乱的开端："凡爵列、官职、赏庆、刑罚，皆报也，以类相从者也。一物失称，乱之端也。夫德不称位，能不称官，赏不当功，罚不当罪，不祥莫大焉。"⑤ 将"德"与"能"作为甄选人才的两种根本标准，这是儒家学者的一贯主张。早在荀子以前，孔、孟就曾表达过这样的看法。孔子说："先有司，赦小过，举贤才。"⑥ 孟子也说："贤者在位，能者在职。"⑦ "尊贤使能，俊杰在位，则天下之

---

① 《君道篇》，（清）王先谦：《荀子集解》，中华书局1988年版，第238页。
② "谲"原作"图"，依据王先谦的说法校改，参见（清）王先谦《荀子集解》，中华书局1988年版，第332页。
③ 《正论篇》，（清）王先谦：《荀子集解》，中华书局1988年版，第331—332页。
④ 《君道篇》，（清）王先谦：《荀子集解》，中华书局1988年版，第245页。
⑤ 《正论篇》，（清）王先谦：《荀子集解》，中华书局1988年版，第328页。
⑥ 《论语·子路》，（宋）朱熹：《四书章句集注》，中华书局1983年版，第141页。
⑦ 《孟子·公孙丑上》，（宋）朱熹：《四书章句集注》，中华书局1983年版，第235页。

士，皆悦而愿立于其朝矣。"①"贤者在位"就是"谲德而定次"，而"能者在职"则是"量能而授官"。从思想发展的内在逻辑来看，荀子的如上看法无疑与孔、孟的"尚贤使能"思想一脉相承。

在选拔及任用治国人才的具体过程中，除了必须严格遵守"德"与"位"、"能"与"官"相称、相当原则以外，君主的态度也将起到至关重要的作用。首先，君主应该不顾及亲疏、贵贱，力求做到公正无私。

> 人主不公，人臣不忠也。人主则外贤而偏举，人臣则争职而妒贤，是其所以不合之故也。人主胡不广焉无恤亲疏，无偏贵贱，唯诚能之求？若是，则人臣轻职业让贤而安随其后，如是，则舜、禹还至，王业还起。功壹天下，名配舜、禹，物由有可乐如是其美焉者乎！②

> 人主欲得善射，射远中微者，县贵爵重赏以招致之，内不可以阿子弟，外不可以隐远人，能中是者取之，是岂不必得之之道也哉！虽圣人不能易也。欲得善驭及速致远者，一日而千里，县贵爵重赏以招致之，内不可以阿子弟，外不可以隐远人，能致是者取之，是岂不必得之之道也哉！虽圣人不能易也。③

在选拔治国人才时，君主应该做到公正无私，只选拔那些真正贤能的治国人才，"无恤亲疏，无偏贵贱，唯诚能之求"，"内不可以阿子弟，外不可以隐远人"，即使圣人也无法改变这一原则。倘若真正地这样做，君主就能统一天下，成就称王天下的丰功伟业，因而可以与舜、禹齐名。

其次，在选拔到智慧与仁德兼备的治国人才以后，君主更应该真诚地任用他们，切勿言行相悖，以至于损伤他们的积极性。

> 人主之患，不在乎不言用贤，而在乎不④诚必用贤。夫言用贤者

---

① 《孟子·公孙丑上》，（宋）朱熹：《四书章句集注》，中华书局1983年版，第236页。
② 《王霸篇》，（清）王先谦：《荀子集解》，中华书局1988年版，第217—218页。
③ 《君道篇》，（清）王先谦：《荀子集解》，中华书局1988年版，第241—242页。
④ 此处原无"不"字，依据王先谦的说法增补，参见（清）王先谦《荀子集解》，中华书局1988年版，第261页。

口也，却贤者行也，口行相反而欲贤者之至，不肖者之退也，不亦难乎！夫耀蝉者务在明其火，振其树而已，火不明，虽振其树，无益也。今人主有能明其德者，则天下归之，若蝉之归明火也。①

在任用治国人才的具体过程中，君主可能会犯这样的毛病，即嘴上说任用贤人，而实际上却不真诚地任用贤人："使贤者为之，则与不肖者规之；使知者虑之，则与愚者论之；使修士行之，则与污邪之人疑之。"②就是说，让贤者做事，却派不肖者规制他们；让智者谋虑问题，却派愚者品评他们；让品德高尚的人行事，却派卑劣邪恶的人怀疑他们。因此，言行相反所带来的直接结果就是：贤者不至，不肖者难以退却，如此，君主则无从建立功业，国家也必将受到削弱陷入危险。"立隆正本朝而不当，所使要百事者非仁人也，则身劳而国乱，功废而名辱，社稷必危。"③显而易见，君主唯有将求贤若渴的真诚想法公布于天下，在治国人才的任用过程中保持言行的前后一贯性，才能实现选拔治国人才的预期目的："德厚者进而佞说者止，贪利者退而廉节者起。"④

总而言之，国家是天下最沉重的利器，光靠君主难以扛起治理国家这一重任，于是为了分担这一重任，君主就应该将选拔及任用智慧与仁德兼备的治国人才（"治人"）作为自身的政治职分："若夫贯日而治详，一日而曲列之，是所使夫百吏官人为也，不足以是伤游玩安燕之乐。若夫论一相以兼率之，使臣下百吏莫不宿道乡方而务，是夫人主之职也"⑤。君主一旦将其政治职分（"以官人为能"）及"尚贤使能"的人才政策落到实处，就能够达到"至平"与"大形"的政治境界："故仁人在上，则农以力尽田，贾以察尽财，百工以巧尽械器，士大夫以上至于公侯，莫不以仁厚知能尽官职，夫是之谓至平。"⑥"故天子不视而见，不听而聪，不虑而知，不动而功，块然独坐而天下从之如一体，如四肢之从心。

---

① 《致士篇》，（清）王先谦：《荀子集解》，中华书局1988年版，第261—262页。
② 《君道篇》，（清）王先谦：《荀子集解》，中华书局1988年版，第240页。
③ 《王霸篇》，（清）王先谦：《荀子集解》，中华书局1988年版，第222页。
④ 《君道篇》，（清）王先谦：《荀子集解》，中华书局1988年版，第239页。
⑤ 《王霸篇》，（清）王先谦：《荀子集解》，中华书局1988年版，第212页。
⑥ 《荣辱篇》，（清）王先谦：《荀子集解》，中华书局1988年版，第71页。

夫是之谓大形。"① 从语言形式来看，"不视而见，不听而聪，不虑而知，不动而功"与《老子》所说的"不行而知，不见而明，不为而成"② 十分相似，应该说，这是荀子吸收老子"无为而治"思想的理论结晶。韩德民曾表达过与此类似的看法。③ 在这一意义上，我们似乎可以将此理解为另一种形态的"无为而治"，不妨姑且命名为"荀子式的无为而治"。不过，此处应该指出的是，"荀子式的无为而治"与"道家式的无为而治"之间仍然存在着重大的理论分野，即前者建立在君主所构筑的以贤相为核心的职官系统之上，而后者则建立在圣人因循人的自然本性之上。实际上，"荀子式的无为而治"似乎更接近于慎到所阐发的"无为而治"。④ 慎子说："君臣之道，臣事事，君无事；君逸乐，而臣任劳；臣尽智力以善其事，而君无与焉，仰成而已。故事无不治，治之正道然也。"⑤ 君主以"无事"为职分，而臣下以"事事"为职分，在这一前提下，君主就不再需要处理具体的政治事务，而臣下则必须充分发挥其聪明才智做好自己分内的事情，如此，所有政治事务都能够得到妥善地办理，君主便可坐享其成，实现他的无为而治。

## 第二节 "隆礼至法则国有常"：礼法相养的治国术

### 一 礼的治国效用及其限度

"礼"不仅可以端正身行、涵养德操，"礼者，所以正身也"⑥，"礼及身而行修"⑦，而且在国家治理过程中也发挥了极其重要的政治功用，

---

① 《君道篇》，（清）王先谦：《荀子集解》，中华书局1988年版，第239页。
② 《老子》47章，（魏）王弼注，楼宇烈校释：《王弼集校释》，中华书局1980年版，第125—126页。
③ 参见韩德民《荀子与儒家的社会理想》，齐鲁书社2001年版，第184页。
④ 除了慎到之外，申不害同样阐发过"君无为而臣有为"的"无为而治"思想。参见《黄老道家的治国理念》，载白奚《先秦哲学沉思录》，中国社会科学出版社2007年版。
⑤ 《慎子·民杂》，慎到撰，钱熙祚校：《慎子》，中华书局1954年版，第3—4页。
⑥ 《修身篇》，（清）王先谦：《荀子集解》，中华书局1988年版，第33页。
⑦ 《致士篇》，（清）王先谦：《荀子集解》，中华书局1988年版，第260页。

"义及国而政明"①"国之命在礼"②。

既然礼以维护国家秩序的和谐安定为重要的政治指向,这必然涉及到如何整合国家各种构成要素的重大问题。荀子曾明确指出,土地、士民、道法,是构成国家的不可或缺的三种基本要素。

> 川渊者,龙鱼之居也;山林者,鸟兽之居也;国家者,士民之居也。川渊枯则鱼龙去之,山林险则鸟兽去之,国家失政则士民去之。无土则人不安居,无人则土不守,无道法则人不至,无君子则道不举。故土之与人也,道之与法也者,国家之本作也。③

土地、士民、道法之间的内在联系如下:无土地则士民没有居住之所,无士民则土地难以得到守护,无道法则士民不至,因此,能否切实地做到以道法凝聚士民,这将决定君主的荣辱得失及国家的安危存亡。荀子说:

> 用国者,得百姓之力者富,得百姓之死者强,得百姓之誉者荣。三得者具而天下归之,三得者亡而天下去之;天下归之之谓王,天下去之之谓亡。④

治国以赢得民心为根本,而民心的赢得又以爱民为前提:"上莫不致爱其下而制之以礼,上之于下,如保赤子。政令制度,所以接下之人百姓,有不理者如豪末,则虽孤独鳏寡必不加焉。故下之亲上欢如父母,可杀而不可使不顺。"⑤君主像父母对待婴孩般地爱护民众,民众亲近他就如同亲近自己的父母,同时君主也就势必得到民众的劳力支持、效死作战、称赞颂扬,得到劳力支持则富裕,得到效死作战则强大,得到称赞颂扬则荣耀,如此,天下民众便会自愿地归附他,而君主如果不能利民、爱

---

① 《致士篇》,(清)王先谦:《荀子集解》,中华书局1988年版,第260页。
② 《强国篇》,(清)王先谦:《荀子集解》,中华书局1988年版,第291页。
③ 《致士篇》,(清)王先谦:《荀子集解》,中华书局1988年版,第260页。
④ 《王霸篇》,(清)王先谦:《荀子集解》,中华书局1988年版,第224页。
⑤ 同上书,第220页。

民，天下民众必定抛弃他："生民则致贫隘，使民则綦劳苦。是故百姓贱之如炷，恶之如鬼，日欲司间而相与投借之，去逐之。卒有寇难之事，又望百姓之为己死，不可得也，说无以取之焉。"① 君主养育民众时极其贫困，役使民众时又极其劳苦，因此，民众鄙视君主犹如鄙视病人，憎恨君主犹如憎恨鬼魅，天天想寻找机会一起践踏他、驱逐他；然而当国家遭遇敌国侵犯之际，君主却希望民众为他浴血奋战，显然这无异于痴人说梦，所以荀子将这一意义上的君主称作"狂生"。

> 故有社稷者而不能爱民，不能利民，而求民之亲爱己，不可得也。民不亲不爱，而求为己用，为己死，不可得也。民不为己用，不为己死，而求兵之劲，城之固，不可得也。兵不劲，城不固，而求敌之不至，不可得也。敌至而求无危削，不灭亡，不可得也。危削灭亡之情举积此矣，而求安乐，是狂生者。②

在儒家看来，人与人之间的社会交往主要是将心比心、推己及人的互动过程，孔子从正反两方面将此概括为"己欲立而立人，己欲达而达人"③与"己所不欲，勿施于人"④。孟子也说："君子以仁存心，以礼存心。仁者爱人，有礼者敬人。爱人者人恒爱之，敬人者人恒敬之。"⑤荀子继承了孔、孟的如上看法，认为君、民之间同样遵循着将心比心、推己及人的交往原则：君主如果爱民、利民，民众就会亲近他爱戴他，为他所用、为他牺牲；而如果不能爱民、利民，民众就不会亲近他爱戴他，更不可能为他所用、为他牺牲，如此，国家必定迈向危险、削弱、灭亡的深渊，所以说："危削灭亡之情举积此矣，而求安乐，是狂生者。"那么，君主应该如何做才能够让民众为他所用、为他牺牲，使得国家经济富裕、军队强劲、城池坚固，从而避免迈向危险、削弱、灭亡的深渊呢？

---

① 《王霸篇》，（清）王先谦：《荀子集解》，中华书局1988年版，第226页。
② 《君道篇》，（清）王先谦：《荀子集解》，中华书局1988年版，第234—235页。
③ 《论语·雍也》，（宋）朱熹：《四书章句集注》，中华书局1983年版，第92页。
④ 《论语·卫灵公》，（宋）朱熹：《四书章句集注》，中华书局1983年版，第166页。
⑤ 《孟子·离娄下》，（宋）朱熹：《四书章句集注》，中华书局1983年版，第298页。

> 彼国者，亦强国之剖刑已。然而不教诲，不调一，则入不可以守，出不可以战；教诲之，调一之，则兵劲城固，敌国不敢婴也。彼国者亦有砥厉，礼义节奏是也。故人之命在天，国之命在礼。人君者隆礼尊贤而王，重法爱民而霸，好利多诈而危，权谋、倾覆、幽险而亡。①
>
> 然则凡为天下之要，义为本而信次之。古者禹、汤本义务信而天下治，桀、纣弃义倍信而天下乱，故为人上者，必将慎礼义，务忠信然后可。此君人者之大本也。②

国家只是成就强国的基础（"剖刑"），而强国的成就则需要借助"礼义"的教诲与整合：君主以"礼义"教诲、整合民众，国家的军队就会变得更加强劲、城池就会变得更加坚固，而强劲的军队、坚固的城池正是君主抵御外敌侵犯、保卫家园的必要前提与物质保障，但相对于强劲的军队、坚固的城池而言，礼的政治地位无疑更为重要、更为根本："礼者，治辨之极也，强国之本也，威行之道也，功名之总也。王公由之，所以得天下也；不由，所以陨社稷也。故坚甲利兵不足以为胜，高城深池不足以为固，严令繁刑不足以为威，由其道则行，不由其道则废。"③ 天子诸侯遵循礼，就能取得天下，不遵循礼，则颠覆国家政权，因此，为政者如果不把礼当作治理国家的根本原则，即使是"坚甲利兵""高城深池""严令繁刑"，也难以制胜敌国、自固本国、威服民众，所以说，"隆礼贵义者其国治，简礼贱义者其国乱。治者强，乱者弱，是强弱之本也"④，于是，荀子将"慎礼义""务忠信"规定为君主治理国家的关键所在。

如前所述，君与臣、君与民之间构成上行下效的互动关系，前者的价值取向、行为方式直接影响到后者的价值取向、行为方式。因此，君主如果只顾贪图享乐追逐私利而不把"礼义"作为自己的价值取向，就

---

① 《强国篇》，（清）王先谦：《荀子集解》，中华书局1988年版，第291页。
② 同上书，第305页。
③ 《议兵篇》，（清）王先谦：《荀子集解》，中华书局1988年版，第281页。
④ 同上书，第270页。

会带来如下后果：朝廷群臣及众庶百姓都将养成"不隆礼义而好贪利"的行为习惯，即使领土辽阔、人口众多、刑罚繁密，也必定会造成权势式微、兵力衰弱、政令不通，从而严重危及国家的安危存亡，① 这是君主以权谋治理国家的必然结局。

> 挈国以呼功利，不务张其义、齐其信，唯利之求，内则不惮诈其民而求小利焉，外则不惮诈其与而求大利焉，内不修正其所以有，然常欲人之有，如是，则臣下百姓莫不以诈心待其上矣。上诈其下，下诈其上，则是上下析也，如是，则敌国轻之，与国疑之，权谋日行而国不免危削，綦之而亡，齐闵、薛公是也。……是无它故焉，唯其不由礼义而由权谋也。②

衰弱乃至灭亡，是君主用权谋治理国家的不可逃脱的悲惨结局。与此相反，君主如果将"礼义"作为治理国家的根本原则，社会各阶层成员就会严守职分而互不侵犯，达到儒家所谓的"曲辨"的政治境界。

> 士大夫务节死制，然而兵劲。百吏畏法循绳，然后国常不乱。商贾敦悫无诈则商旅安，货财通③，而国求给矣。百工忠信而不楛，则器用巧便而财不匮矣。农夫朴力而寡能，则上不失天时，下不失地利，中得人和，而百事不废。是之谓政令行，风俗美，以守则固，以征则强，居则有名，动则有功。此儒之所谓曲辨也。④

---

① "伤国者何也？曰：以小人尚民而威，以非所取于民而巧，是伤国之大灾也。大国之主也，而好见小利，是伤国；其于声色、台榭、园囿也，愈厌而好新，是伤国；不好修正其所以有，啖啖常欲人之有，是伤国。三邪者在匈中，而又好以权谋倾覆之人断事其外，若是，则权轻名辱，社稷必危，是伤国者也。大国之主也，不隆本行，不敬旧法，而好诈故，若是，则夫朝廷群臣亦从而成俗于不隆礼义而好倾覆矣。朝廷群臣之俗若是，则夫众庶百姓亦从而成俗于不隆礼义而好贪利矣。君臣上下之俗，莫不若是，则地虽广，权必轻；人虽众，兵必弱；刑罚虽繁，令不下通。夫是之谓危国，是伤国者也。"[《王霸篇》，（清）王先谦：《荀子集解》，中华书局1988年版，第226—227页]

② 《王霸篇》，（清）王先谦：《荀子集解》，中华书局1988年版，第205—206页。

③ "货财通"原作"货通财"，依据王念孙的说法校改，参见（清）王先谦《荀子集解》，中华书局1988年版，第229页。

④ 《王霸篇》，（清）王先谦：《荀子集解》，中华书局1988年版，第229页。

儒家所谓的"曲辨",就是指社会成员之间所达成的分工有序、各尽其分、相辅相成的政治格局("人载其事而各得其宜"),即士大夫务节义死法制,则军队强劲;官吏畏惧法制而遵循条例,则政治安定;商贾诚实而无欺诈,百工忠信而不粗制滥造,农夫专重耕作而不从事其他职业,则财货充沛,国家需求得到满足。因此,依托这种政治格局,对内守卫家园则相当牢固,对外征讨敌国则强劲有力;安居乐业则享有美名,有所举动则大有事功。

无疑,礼在整合社会民众、维系君臣团结、增强军队实力等方面都起到了相当重要的作用,荀子就曾借用挽与车的关系形象地说明了礼对于为政的重要性:"礼者,政之挽也。为政不以礼,政不行矣。"[①] "在儒家看来,礼仪不是以自身为目标的,而是以整肃社会秩序的和谐为目的的,先王的政治实践充分说明了这一点,无论何事都由此来运作。"[②] 尽管如此,但礼在治国中也不是万能的,它仍然存在自身的限度。首先,人天生就有"饥而欲食,寒而欲暖,劳而欲息,好利而恶害"[③] 的自然本性,它们"欲多而不欲寡"[④],若不加限制地顺从满足,在物质资源相对有限的情况下,人与人之间必定争夺不止,整个社会也因此陷入失范无序的混乱状态。显然,这就意味着人性的自发倾向与礼之间是彼此对峙的矛盾关系。同时,人们又遭遇到乱世、乱俗的影响、熏染,这无异于雪上加霜,更加剧了他们行礼的难度,也就是说,如果不借助异己的强制力,光靠人自身是难以确保行礼的有效性的:"君子非得势以临之,则无由得开内焉。"[⑤] "势"即权势。在教化刚开始的时候,君子唯有借助此种强制力才能够迫使人们接受"礼义"的规范与引导,换句话说,外在强制力的灌输是人们自愿遵守"礼义"的重要前提。其次,对于"礼义"的无知("陋")——"既无见于礼的正当性根基,对真正能实现自

---

[①] 《大略篇》,(清)王先谦:《荀子集解》,中华书局1988年版,第492页。
[②] 许建良:《先秦儒家道德论》,东南大学出版社2010年版,第149页。
[③] 《荣辱篇》,(清)王先谦:《荀子集解》,中华书局1988年版,第63页。
[④] 《正论篇》,(清)王先谦:《荀子集解》,中华书局1988年版,第345页。
[⑤] 《荣辱篇》,(清)王先谦:《荀子集解》,中华书局1988年版,第64页。

己欲求的道路也茫然无知"① ——也是人们行礼的重要障碍。荀子说："今以夫先王之道，仁义之统，以相群居，以相持养，以相藩饰，以相安固邪？以夫桀、跖之道，是其为相县也，几直夫刍豢稻粱之与糟糠尔哉！然而人力为此而寡为彼，何也？曰：陋也。陋也者，天下之公患也，人之大殃大害也。"② "先王之道""仁义之统"就是指"礼义"，而"桀、跖之道"则是指"非礼义"。人们积极依从"桀、跖之道"，而很少遵循"先王之道"，就是因为浅陋无知的缘故：他们不懂得遵循"先王之道"则"常安荣""常愉佚"，而依从"桀、跖之道"则"常危辱""常烦劳"。"为尧、禹则常安荣，为桀、跖则常危辱；为尧、禹则常愉佚，为工匠农贾则常烦劳。"③ "为尧、禹"就是遵循"先王之道"，而"为桀、跖"则是依从"桀、跖之道"。最后，礼只能起到教化劝善的功用，《礼记·礼察》说："礼者禁于将然之前。"④ 对于人们违礼的破坏性行为，礼则束手无策，"这是儒家礼治的致命弱点，也是儒家受到法家讥评的主要原因之一"⑤，而"法"正好可以弥补礼的这一不足。"法的存在理由，仅仅是礼制秩序的被破坏，是为恢复这种被破坏状态而不得不作出的对本来并不属于这个秩序自身的因素的借用。"⑥ 正因为意识到礼的如上限度，又切身感受到法家之"法"的实际功用，于是，荀子将"法"引入到"礼"之中，使得"礼"具有"法"一样的强制力，以此确保它在生活世界中的有效落实，在"隆礼"的同时，又重视"法"的治国功用："法者，治之端也。"⑦

## 二 法之治道地位的彰显

除了"礼"以外，"法"是荀子所强调的另一个重要概念，在《荀子》中共出现过180次，其中，"礼法"4次，"道法"3次，"师法"10

---

① 陈文洁：《荀子的辩说》，华夏出版社2008年版，第210页。
② 《荣辱篇》，（清）王先谦：《荀子集解》，中华书局1988年版，第65页。
③ 同上书，第63页。
④ 《礼记·礼察》，（清）王聘珍：《大戴礼记解诂》，中华书局1983年版，第22页。
⑤ 白奚：《规范·教化·秩序——儒家礼治思想漫议》，《北京社会科学》1998年第2期，第45页。
⑥ 韩德民：《论荀子的礼法观》，《社会科学战线》1998年第4期，第84页。
⑦ 《君道篇》，（清）王先谦：《荀子集解》，中华书局1988年版，第230页。

次；而"法"在《论语》中仅出现过 2 次，在《孟子》中也就出现过 11 次。① 相对于孔、孟而言，荀子更加突出了"法"的地位。这是荀子不同于孔、孟的一个重要方面。

"法"在《荀子》中具有多重含义。首先，从词类上看，"法"可以区分为两种用法：一是动词，如"法先王，顺礼义，党学者，然而不好言，不乐言，则必非诚士也"②"上则法舜、禹之制，下则法仲尼、子弓之义，以务息十二子之说，如是则天下之害除，仁人之事毕，圣王之迹著矣"③；一是名词，如"《礼》者，法之大分，类之纲纪也"④，"君上之所恶也，刑法之所大禁也，然且为之，是忘其君也"⑤。其次，从语义上看，与词类用法相应，做动词讲时，"法"有取法、效法之义；做名词讲时，"法"的内涵丰富，意义甚广。具体而言，这一层面上的"法"大致包括以下三种含义：一是指广义层面的政令制度，如"王者之法""霸者之法""亡者之法"。⑥ 尹文子曾将"法"划分为四类："一曰不变之法，君臣上下是也；二曰齐俗之法，能鄙异同是也；三曰治众之法，庆赏刑罚是也；四曰平准之法，律度权量是也。"⑦ 将这四者整合到一起，基本上就是荀子所理解的广义层面的"法"的具体内容。二是指一般意义上的法则、法度，如"慎子蔽于法而不知贤"⑧ "必将修礼以齐朝，正法以

---

① "法"在《荀子》《论语》《孟子》中的出现频次，分别是笔者以王先谦《荀子集解》为底本校对的《荀子》电子稿及朱熹《四书章句集注》电子稿统计而得出的结论。
② 《非相篇》，（清）王先谦：《荀子集解》，中华书局 1988 年版，第 83 页。
③ 《非十二子篇》，（清）王先谦：《荀子集解》，中华书局 1988 年版，第 97 页。
④ 《劝学篇》，（清）王先谦：《荀子集解》，中华书局 1988 年版，第 12 页。
⑤ 《荣辱篇》，（清）王先谦：《荀子集解》，中华书局 1988 年版，第 55 页。
⑥ "王者之〔法〕：等赋、政事，财万物，所以养万民也。田野什一，关市几而不征，山林泽梁以时禁发而不税，相地而衰政，理道之远近而致贡，通流财物粟米，无有滞留，使相归移也。四海之内若一家，故近者不隐其能，远者不疾其劳，无幽闲隐僻之国莫不趋使而安乐之。夫是之谓人师，是王者之法也。"〔《王制篇》，（清）王先谦：《荀子集解》，中华书局 1988 年版，第 160—161 页〕"彼国错者，非封焉之谓也，何法之道，谁子之与也？故道王者之法与王者之人为之，则亦王；道霸者之法与霸者之人为之，则亦霸；道亡国之法与亡国之人为之，则亦亡。三者，明主之所以谨择也，而仁人之所以务白也。"〔《王霸篇》，（清）王先谦：《荀子集解》，中华书局 1988 年版，第 207 页〕
⑦ 《尹文子·大道上》，尹文撰，钱熙祚校：《尹文子》，中华书局 1954 年版，第 1 页。
⑧ 《解蔽篇》，（清）王先谦：《荀子集解》，中华书局 1988 年版，第 392 页。

齐官，平政以齐民；然后节奏齐于朝，百事齐于官，众庶齐于下"①。三是指狭义层面的刑法，如"忧忘其身，内忘其亲，上忘其君，是刑法之所不舍也"②"师旅有制，刑法有等，莫不称罪，是君子之所以为愅诡其所敦恶之文也"③。荀子这里所说的"刑法"，既涉及刑罚，又包括奖赏："彼霸者则不然，辟田野，实仓廪，便备用，案谨募选阅材伎之士，然后渐庆赏，严刑罚以纠之。"④"听之经，明其请，参伍明谨施赏刑。"⑤法家对刑法也多有论述。《管子·心术篇》说："杀戮禁诛之谓法。"《商君书·权修篇》说："凡赏者文也，刑者武也。文武者，法之约也。"《慎子·内篇》说："明王操二柄以驭之，二者刑德也。杀戮之谓刑，庆赏之谓德。""杀戮禁诛"是"刑"，是"武"，有刑罚之义，而"庆赏"则是"文"，是"德"，有奖赏之义，合而言之，刑法就是以奖赏与刑罚为实际内容的成文法，这既是法家所说的"法"的主要内容，又是法家的理论特色。"狭义的解释不然，他们所注重的，是具体的成文法，用国家权力强制执行。法家的特色全在这一点。"⑥显然，在对刑法的理解与规定上，荀子与法家表现得极其相似，应该说，这是法家影响荀子所导致的结果。

不难看出，"法"在荀子思想系统中的地位得到了较大幅度的提升，它与"礼"相谐，共同构筑起君主治理国家的不可或缺的两种根本方略，荀子说："听政之大分：以善至者待之以礼，以不善至者待之以刑。"⑦"隆礼至法则国有常。"⑧"人君者隆礼尊贤而王，重法爱民而霸。"⑨"治之经，礼与刑，君子以修百姓宁。"⑩尽管"礼"与"法"

---

① 《富国篇》，（清）王先谦：《荀子集解》，中华书局1988年版，第201页。
② 《荣辱篇》，（清）王先谦：《荀子集解》，中华书局1988年版，第55页。
③ 《礼论篇》，（清）王先谦：《荀子集解》，中华书局1988年版，第377页。
④ 《王制篇》，（清）王先谦：《荀子集解》，中华书局1988年版，第157页。
⑤ 《成相篇》，（清）王先谦：《荀子集解》，中华书局1988年版，第471页。
⑥ 《梁启超论先秦政治思想史》，商务印书馆2012年版，第261页。
⑦ 《王制篇》，（清）王先谦：《荀子集解》，中华书局1988年版，第149页。
⑧ 《君道篇》，（清）王先谦：《荀子集解》，中华书局1988年版，第238页。
⑨ 《强国篇》，（清）王先谦：《荀子集解》，中华书局1988年版，第291页。
⑩ 《成相篇》，（清）王先谦：《荀子集解》，中华书局1988年版，第461页。

是君主治理国家不可或缺的两种根本方略，"礼义者，治之始也"①，"法者，治之端也"②，但是荀子并非一视同仁地对待它们，而是主张"礼"高于"法"，因为"礼"是圣人制定"法"的价值依据与指导原则："《礼》者，法之大分，类之纲纪也。"③ "故非礼，是无法也。"④ "圣人积思虑，习伪故，以生礼义而起法度，然则礼义法度者，是生于圣人之伪，非故生于人之性也。"⑤ 就此而言，有学者认为荀子主张礼法并重，则是难以成立的观点。⑥ 毋庸讳言，就礼主法辅、以礼统率法这方面来看，荀子无疑与孔、孟一脉相承，但他所理解的"法"与法家所理解的"法"实则根本不同：荀子所谈论的"法"以"礼"为它的价值本体，是"礼法"⑦，是"伦理法"⑧，在此意义上，可以说荀子开启了"法律儒家化"⑨的历程；而法家所谈论的"法"则是与"礼"无涉的"不

---

① 《王制篇》，(清)王先谦：《荀子集解》，中华书局1988年版，第163页。
② 《君道篇》，(清)王先谦：《荀子集解》，中华书局1988年版，第230页。
③ 《劝学篇》，(清)王先谦：《荀子集解》，中华书局1988年版，第12页。
④ 《修身篇》，(清)王先谦：《荀子集解》，中华书局1988年版，第34页。
⑤ 《性恶篇》，(清)王先谦：《荀子集解》，中华书局1988年版，第437页。
⑥ 荀子的隆礼重法思想大致包括三个方面的基本观点：援法入礼，礼中有法；政治层面的礼法并重；理想层面的礼尊法卑。参见陆建华《荀子礼法关系论》，《安徽大学学报》(哲学社会科学版)2003年第2期，第18—23页。本书同意他对于荀子礼法关系的第一点及第三点的理解，而不认为荀子主张礼法并重，因为若从价值序列上看，荀子仍然抱持孔、孟所设定的礼主法辅的礼法模式。
⑦ "礼法"是荀子思想系统的重要概念，在《荀子》中共有四处用例："故学也者，礼法也。"[《劝学篇》，(清)王先谦：《荀子集解》，中华书局1988年版，第34页]"出若入若，天下莫不平均，莫不治辨，是百王之所同也，而礼法之大分也。"[《王霸篇》，(清)王先谦：《荀子集解》，中华书局1988年版，第214页]"然后皆内自省以谨于分，是百王之所同也，而礼法之枢要也。""出若入若，天下莫不平均，莫不治辨，是百王之所同也而礼法之大分也。"[《王霸篇》，(清)王先谦：《荀子集解》，中华书局1988年版，第221页]俞荣根先生曾指出，荀子的"礼法"由"礼义""法义""法数""法类""刑罚"五部分构成。参见俞荣根《儒家法思想通论》(修订本)，广西人民出版社1998年版，第417—422页。
⑧ 从实质层面来看，儒家所谈论的"法"是"伦理法"，属于伦理型的法文化形态，它将儒家的伦理视为自己的价值原则，将宗法伦常视为法的精神或灵魂，主张伦理凌驾于法律之上，伦理评价统率法律评价。参见俞荣根《儒家法思想通论》(修订本)，广西人民出版社1998年版，第131—140页。本书认为俞氏所提出的如上判定符合儒家对"法"的理解，荀子当然也不例外。
⑨ "法律儒家化"，是瞿同祖先生在《中国法律与中国社会》中首次提出的重要概念："所谓法律儒家化表面上为明刑弼教，骨子里则为以礼入法，怎样将礼的精神和内容窜入法家所拟订的法律里的问题。换一句话来说，也就是怎样使同一性的法律成为有差别性的法律的问题。"(瞿同祖：《中国法律与中国社会》，中华书局2003年版，第356页)

别亲疏,不殊贵贱"①的实定法,反对基于社会身份的诸种差异(如亲疏、贵贱、长幼等)而有分别地对待人,"所以法家并不是否认这种社会差异之存在,只是法的重要更重于此,法律为这些因素所影响,则为法家所坚决反对"②。

### 三 "明德慎罚"的德刑论

与孔、孟一样③,荀子在刑德关系上同样主张德教与刑罚并用,而这一主张的提出缘于他对德教与刑罚局限性的清醒认识。

> 故不教而诛,则刑繁而邪不胜;教而不诛,则奸民不惩;诛而不赏,则勤厉之民不劝;诛赏而不类,则下疑俗险而百姓不一。故先王明礼义以壹之,致忠信以爱之,尚贤使能以次之,爵服庆赏以申重之,时其事、轻其任以调齐之,潢然兼覆之,养长之,如保赤子。若是,故奸邪不作,盗贼不起,而化善者劝勉矣。④

在这段话中,荀子表达了他对于德教、刑罚、奖赏三者关系的总体看法。德教、刑罚、奖赏各有其短处,即是说,不施行德教而一味地诛杀,如此,不仅刑罚繁密,邪恶也难以彻底铲除;只施行德教而不给予诛杀,如此,奸邪之人就得不到相应的惩罚;只进行诛杀而不懂得奖赏,如此,勤劳的民众就得不到应有的鼓励。既然德教、刑罚、奖赏各有其短处,依靠其中任何一种方法都将难以确保社会政治秩序的安定,那么,最理想的状态应该就是以德教为本,同时兼顾刑罚与奖赏:"明礼义以壹之,致忠信以爱之,尚贤使能以次之,爵服庆赏以申重之。"而且,从施行德

---

① 《史记·太史公自序》,(汉)司马迁:《史记》,中华书局1982年版,第3291页。
② 瞿同祖:《中国法律与中国社会》,中华书局2003年版,第305页。
③ "道之以政,齐之以刑,民免而无耻;道之以德,齐之以礼,有耻且格。"[《论语·为政》,(宋)朱熹:《四书章句集注》,中华书局1983年版,第54页]"仁则荣,不仁则辱。今恶辱而居不仁,是犹恶湿而居下也。如恶之,莫如贵德而尊士,贤者在位,能者在职,国家闲暇,及是时明其政刑,虽大国必畏之矣。"[《孟子·公孙丑上》,(宋)朱熹:《四书章句集注》,中华书局1983年版,第235页]尽管刑罚的地位远不及德、礼之高,但是孔、孟还是为它们保留了一定的政治空间,换句话说,孔、孟不排斥刑罚的合理使用。
④ 《富国篇》,(清)王先谦:《荀子集解》,中华书局1988年版,第191页。

教、刑罚、奖赏的先后次序上看，德教享有首要的优先权，即唯有德教施行以后而无任何效用时，再考虑刑罚与奖赏的使用。

> 嫚令谨诛，贼也；今生也有时，敛也无时，暴也；不教而责成功，虐也。已此三者，然后刑可即也。书曰："义刑义杀，勿庸以即，予维曰未有顺事。"言先教也。①

所谓的"先教"，就是以德教为先的意思，而以德教为先的具体要求则是，唯有免除"贼""暴""虐"三种恶行，即法令松懈而严于诛杀、万物生长有固定的时节而征收赋税却毫无限制、不施行教化而要求民众成功，为政者才可以考虑将以暴力为基础的刑罚施加于民众。换句话说，以德教为先，就是指君主以礼为内容教化民众，使得他们的言行有所依循，否则民众将迷惘不知所措，势必陷入祸患之中。"今废礼者，是去表也。故民迷惑而陷祸患，此刑罚之所以繁也。"②

就德教为本、为先而刑罚为末、为后这方面来看，荀子的确与孔、孟一脉相承，③ 但是他们之间也表现出相异之处，即荀子相对地拔高了刑罚的政治地位，李泽厚先生曾说："孔孟以'仁义'释'礼'，不重'刑政'，荀子则大讲'刑政'，并称'礼'、'法'，成为荀学区别于孔孟的基本特色。"④ 而荀子之所以做出如此重要的理论调整，则是因为他已经自觉地意识到德教本身的局限性所在：首先，与法家所提倡的将奖赏与刑罚作为保障措施的法治所蕴含的实际效力相比较而言，儒家德教虽然是"最彻底、最根本、最积极的办法，断非法律制裁所能办到"⑤，但它的收效时间太过漫长，所以，对于注重实际效用的为政者来说，这就是

---

① 《宥坐篇》，（清）王先谦：《荀子集解》，中华书局1988年版，第522页。
② 《大略篇》，（清）王先谦：《荀子集解》，中华书局1988年版，第488页。
③ 回答子张何谓"四恶"的时候，孔子说："不教而杀谓之虐；不戒视成谓之暴；慢令致期谓之贼；犹之与人，出纳之吝，谓之有司。"［《论语·尧曰》，（宋）朱熹：《四书章句集注》，中华书局1983年版，第194页］孟子也说："唐诰曰：'杀越人于货，闵不畏死，凡民罔不譈。'是不待教而诛者也。"［《孟子·万章下》，（宋）朱熹：《四书章句集注》，中华书局1983年版，第319页］
④ 李泽厚：《中国古代思想史论》，安徽文艺出版社1999年版，第112页。
⑤ 瞿同祖：《中国法律与中国社会》，中华书局2003年版，第310页。

道德乌托邦。韩非曾批评道："舜救败，期年已一过，三已三过，舜有尽，寿有尽，天下过无已者，以有尽逐无已，所止者寡矣。"①"今废势背法而待尧、舜，尧、舜至乃治，是千世乱而一治也；抱法处势而待桀、纣，桀、纣至乃乱，是千世治而一乱也。"② 其次，从"知之质""能之具"这方面看，任何人都可以成为尧、舜、禹那样的圣人，"涂之人可以为禹"③，但由于人性又具有趋恶的自然倾向，所以现实世界中并非每个人都愿意接受教化，④ 朱、象就是这类人。"尧、舜，至天下之善教化者也，南面而听天下，生民之属莫不振动从服以化顺之；然而朱、象独不化，是非尧、舜之过，朱、象之罪也。尧、舜者，天下之英也；朱、象者，天下之嵬，一时之琐也。今世俗之为说者，不怪朱、象，而非尧、舜，岂不过甚矣哉！"⑤ 朱、象是嵬琐之人，他们缺乏向善的内在意愿，因此，即便是天下最善教化的尧、舜也难以感化他们从而使其向善，所以说："仁者能仁于人，而不能使人仁，义者能爱于人，而不能使人爱。"⑥ "为善使人不能得从，此独善也；为巧不能使人得从，此独巧也。"⑦

在荀子看来，刑罚的根本目的在于通过"禁暴恶恶""防淫除邪"达到警戒人心的实际效用。

　　　　折⑧愿禁悍而刑罚不过，百姓晓然皆知夫为善于家而取赏于朝

---

① 《韩非子·难一》，（清）王先慎：《韩非子集解》，中华书局1998年版，第350页。
② 《韩非子·难势》，（清）王先慎：《韩非子集解》，中华书局1998年版，第392页。
③ 《性恶篇》，（清）王先谦：《荀子集解》，中华书局1988年版，第442页。
④ "人性既然是恶的，人们接受礼教就缺乏了自觉的内在动力，礼义靠从外向内灌输，成效终难十全。所以，荀子的思想深处已埋有怀疑教化的潜意识。反映到教与刑的关系上，他除了承袭孔孟反对'不教而诛'的观点之外，又特意加上了一个'但书'：不可'教而不诛'。后者是孔孟未曾言及的。"（俞荣根：《儒家法思想通论》（修订本），广西人民出版社1998年版，第477页）
⑤ 《正论篇》，（清）王先谦：《荀子集解》，中华书局1988年版，第336—337页。
⑥ 《商君书·画策》，蒋礼鸿：《商君书锥指》，中华书局1986年版，第113页。
⑦ 《尹文子·大道上》，尹文撰，钱熙祚校：《尹文子》，中华书局1954年版，第12页。
⑧ "折"原作"析"，依据王念孙的说法校改，参见（清）王先谦《荀子集解》，中华书局1988年版，第159—160页。

也，为不善于幽而蒙刑于显也。①

折愿②禁悍，防淫除邪，戮之以五刑，使暴悍以变，奸邪不作，司寇之事也。③

知夫为人主上者不美不饰之不足以一民也，不富不厚之不足以管下也，不威不强之不足以禁暴胜悍也。……然后众人徒、备官职、渐庆赏、严刑罚以戒其心。使天下生民之属皆知己之所愿欲之举在是于也，故其赏行；皆知己之所畏恐之举在是于也，故其罚威。赏行罚威，则贤者可得而进也，不肖者可得而退也，能不能可得而官也。④

凡刑人之本，禁暴恶恶，且征其未也。杀人者不死，而伤人者不刑，是谓惠暴而宽贼也，非恶恶也。⑤

"愿"是"傆"的借字，有狡黠之义。⑥ 如前所述，好利恶害是人性的基本原理，而刑罚则是依托于人的好利恶害心理，借助制裁狡猾奸诈、禁止凶恶残暴、防止淫乱、铲除邪恶等强制性措施，让民众明白善恶与赏罚的内在联系，即"使天下生民之属皆知己之所愿欲之举在是于也，故其赏行；皆知己之所畏恐之举在是于也，故其罚威"，从而达到弃恶从善的最终目的。为了更加清楚地理解荀子所阐发的如上思想，不妨将其与商鞅做一简要的比较。⑦ 首先，从荀子所论述的好利恶害与庆赏刑罚的内

---

① 《王制篇》，（清）王先谦：《荀子集解》，中华书局1988年版，第159—160页。
② "折愿"原作"扦急"，依据王念孙的说法校改，参见（清）王先谦《荀子集解》，中华书局1988年版，第160页。王先谦同样认为"扦"应为"折"，参见（清）王先谦《荀子集解》，中华书局1988年版，第170页。
③ 《王制篇》，（清）王先谦：《荀子集解》，中华书局1988年版，第170页。
④ 《富国篇》，（清）王先谦：《荀子集解》，中华书局1988年版，第186—187页。
⑤ 《正论篇》，（清）王先谦：《荀子集解》，中华书局1988年版，第328页。
⑥ 参见王念孙的注释，（清）王先谦：《荀子集解》，中华书局1988年版，第160页。
⑦ 《商君书》是否为商鞅本人所著，学术界多有争论。郑良树就曾将《商君书》归为两类：一是商鞅本人作品，包括《更法》《垦令》《立本》《兵守》《战法》《境内》六篇；二是商学派作品，即《商君书》所剩余的十八篇。参见郑良树《商鞅评传》，南京大学出版社1998年版，第189—195页。尽管商鞅与商学派在思想上有所差别，但他们之间的思想联系是不容忽视的：商学派的形成正是继承与发展了商鞅思想的理论成果，从这一角度出发，我们将《商君书》作为商鞅思想的研究资料，似乎也是可以成立的，因此，在与荀子思想进行比较的时候，本书不再区分商鞅与商学派的内部差异，仅以"商鞅"代表他们。

在联系上，我们似乎看到了商鞅的影子。《商君书·错法》说："人生①而有好恶，故民可治也。人君不可以不审好恶；好恶者，赏罚之本也。夫人情好爵禄而恶刑罚，人君设二者以御民之志，而立所欲也。夫民力尽而爵随之，功立而赏随之，人君能使其民信于此如明日月，则兵无敌矣。"②"好恶者，赏罚之本也"同样揭示了好利恶害是赏罚所以可能的人性基础，只不过，"利"在商鞅这里主要被理解为"爵禄"，而"害"则主要指"刑罚"。其次，对于刑罚目的的具体理解，他们既有相同之处，又有实质性的差异：一方面，荀子认为"折愿禁悍""防淫除邪""禁暴恶恶"是刑罚的目的，商鞅也抱持相似的看法："夫刑者所以禁邪，而赏者所以助禁也。……故刑戮者所以止奸也，而官爵者所以劝功也。"③ 另一方面，荀子认为刑罚的最终目的在于导人向善，而商鞅则主张刑罚仅以禁邪止奸为目的，反对以善治国："用善，则民亲其亲；任奸，则民亲其制。合而复者，善也；别而规者，奸也。章善则过匿，任奸则罪诛。过匿则民胜法，罪诛则法胜民。民胜法，国乱；法胜民，兵强。"④

荀子将刑罚目的设定为"折愿禁悍""防淫除邪""禁暴恶恶，且征其未"的同时，便潜在地蕴含了刑罚所适用的各种对象。

> 偷儒惮事，无廉耻而嗜乎饮食，则可谓恶少者矣；加惕悍而不顺，险贼而不弟焉，则可谓不详少者矣，虽陷刑戮可也。⑤
>
> 饰邪说，文奸言，为倚事，陶诞、突盗、惕、悍、憍、暴，以偷生反侧于乱世之间，是奸人之所以取危辱死刑也。⑥
>
> 听其言则辞辩而无统，用其身则多诈而无功，上不足以顺明王，下不足以和齐百姓，然而口舌之均，噡唯则节，足以为奇伟偃却之

---

① "生"原作"君"，依据陶鸿庆的说法校改，参见蒋礼鸿《商君书锥指》，中华书局1986年版，第65页。
② 《错法》，蒋礼鸿：《商君书锥指》，中华书局1986年版，第65页。
③ 《算地》，蒋礼鸿：《商君书锥指》，中华书局1986年版，第49—50页。
④ 《说民》，蒋礼鸿：《商君书锥指》，中华书局1986年版，第36页。
⑤ 《修身篇》，（清）王先谦：《荀子集解》，中华书局1988年版，第34页。
⑥ 《荣辱篇》，（清）王先谦：《荀子集解》，中华书局1988年版，第60页。

属，夫是之谓奸人之雄，圣王起，所以先诛也。然后盗贼次之。①

遇君则修臣下之义，遇乡则修长幼之义，遇长则修子弟之义，遇友则修礼节辞让之义，遇贱而少者则修告导宽容之义。无不爱也，无不敬也，无与人争也，恢然如天地之苞万物，如是则贤者贵之，不肖者亲之。如是而不服者，则可谓訞怪狡猾之人矣，虽则子弟之中，刑及之而宜。②

政令以定，风俗以一，有离俗不顺其上，则百姓莫不敦恶，莫不毒孽，若祓不祥，然后刑于是起矣。③

荀子列举了五种可以施加刑罚的具体对象，即"不详少""奸人""奸人之雄""訞怪狡猾之人"以及"离俗不顺其上"。"不详少"既拥有"恶少"的不良行为，同时又放荡凶悍而不顺从"礼义"，阴险害人而不敬兄长，所以，这种人即使遭受刑罚也是应该的。"奸人"言非"礼义"，欺人惑世，行为怪异，诈诞骄横，因此，他们势必招致危辱死刑的悲惨结局。"奸人之雄"善于表达，无论多言抑或少言都恰到好处，但任用他们做事则诡诈多端而毫无功效，既不能顺从明主，又不能凝聚民众，于是，他们成为圣王首先诛杀的对象。"訞怪狡猾之人"尽管面对无所不爱、无所不敬、从不与人争执、胸襟宽广如天地容纳万物般的有德者，仍然不会心悦诚服，所以，这些人即使是有德者的子弟，将刑罚施加于他们也是适宜的。"离俗不顺其上"，指违背风俗而不顺从政令的人。民众不但怨恨厌恶这类人，而且更以祸害妖孽看待他们，如同驱除不祥之物那样将其清理掉，刑罚因此而起。

如前所述，司寇以"折愿禁悍，防淫除邪，戮之以五刑，使暴悍以变，奸邪不作"为其政治职责，那么，他们在审理诉讼、判决罪犯的司法实践中遵循何种刑罚原则，无疑是至关重要的问题，因为这直接关系到司法的客观性与公正性。对此，荀子给出明确的规定。

---

① 《非相篇》，（清）王先谦：《荀子集解》，中华书局1988年版，第88—89页。
② 《非十二子篇》，（清）王先谦：《荀子集解》，中华书局1988年版，第100页。
③ 《议兵篇》，（清）王先谦：《荀子集解》，中华书局1988年版，第286页。

> 赏不欲僭，刑不欲滥，赏僭则利及小人，刑滥则害及君子。若不幸而过，宁僭无滥；与其害善，不若利淫。①
>
> 故刑当罪则威，不当罪则侮；爵当贤则贵，不当贤则贱。古者刑不过罪，爵不逾德，故杀其父而臣其子，杀其兄而臣其弟。刑罚不怒罪，爵赏不逾德，分然各以其诚通，是以为善者劝，为不善者沮，刑罚綦省，而威行如流，政令致明而化易如神。②

荀子在这里明确指出了司寇应该遵循刑罚与罪行相当相称的刑罚原则，即"刑不欲滥""刑当罪""刑不过罪""刑罚不怒罪"。荀子主张这一原则的理由如下：首先，刑罚如果被滥用的话，就会伤害到无辜的君子，因此，宁愿选择"赏僭"也不愿采纳"刑滥"（"宁僭无滥"）。其次，刑罚与罪行相当，就可以给民众造成强大的威慑力，阻止他们为非作歹（"为不善者沮"），而刑罚与罪行不相当，则势必受到民众的轻视（"不当罪则侮"），所以，荀子极力批判了"刑不当罪"的两种观点：重罪轻刑与轻罪重刑。在批判"治古无肉刑而有象刑"的时候，荀子重点揭示了重罪轻刑的严重危害："以为人或触罪矣，而直轻其刑，然则是杀人者不死，伤人者不刑也。罪至重而刑至轻，庸人不知恶矣，乱莫大焉。凡刑人之本，禁暴恶恶，且征其未也。杀人者不死，而伤人者不刑，是谓惠暴而宽贼也，非恶恶也。"③"杀人者不死，伤人者不刑"正是重罪轻刑的具体表现，而重罪轻刑则意味着纵容暴徒而宽恕恶贼（"惠暴而宽贼"），所以，他们心无畏惧而继续作恶，遂引发社会混乱："庸人不知恶矣，乱莫大焉。"荀子不但反对重罪轻刑，而且更不提倡轻罪重刑："乱世则不然：刑罚怒罪，爵赏逾德，以族论罪，以世举贤。故一人有罪而三族皆夷，德虽如舜，不免刑均，是以族论罪也。先祖当贤，后子孙必显，行虽如桀、纣，列从必尊，此以世举贤也。以族论罪，以世举贤，虽欲无乱，得乎哉！"④ 所谓的"以族论罪"，就是指一人犯罪而累及三

---

① 《致士篇》，（清）王先谦：《荀子集解》，中华书局1988年版，第264页。
② 《君子篇》，（清）王先谦：《荀子集解》，中华书局1988年版，第451页。
③ 《正论篇》，（清）王先谦：《荀子集解》，中华书局1988年版，第327—328页。
④ 《君子篇》，（清）王先谦：《荀子集解》，中华书局1988年版，第452页。

族,实际上,这应该是商鞅所提倡的刑罚主张,《商君书·刑赏》说:"守法守职之吏有不行王法者,罪死不赦,刑及三族。"① 在荀子看来,"以族论罪"不仅伤害到无辜者,还会造成社会混乱,"德虽如舜,不免刑均","以族论罪,以世举贤,虽欲无乱,得乎哉",因此,他崇尚"刑不过罪"的刑罚原则:"古者刑不过罪,爵不逾德,故杀其父而臣其子,杀其兄而臣其弟。"②

从反对轻罪重刑这方面来看,法家与荀子正好相反。商鞅首倡"行刑重其轻"的重刑主张:"行刑重其轻者,轻者不生,则重者无从至矣。此谓治之于其治也。行刑重其重者,轻其轻者,轻者不止,则重者无从止矣。此谓治之于其乱也。故重轻,则刑去事成,国强;重重而轻轻,则刑至而事生,国削。"③ 重刑主张发展到极致就是"刑不善而不赏善":"善治者刑不善而不赏善,故不刑而民善。不刑而民善,刑重也。刑重者,民不敢犯,故无刑也。而民莫敢为非,是一国皆善也;故不赏善而民善。赏善之不可也,犹赏不盗。"④ 后来,韩非继承了商鞅的重刑主张,认为用重刑则"奸必止"而用轻刑则"奸不止":"夫以重止者,未必以轻止也;以轻止者,必以重止矣。是以上设重刑者而奸尽止,奸尽止则此奚伤于民也。所谓重刑者,奸之所利者细,而上之所加焉者大也。民不以小利蒙大罪,故奸必止者也。所谓轻刑者,奸之所利者大,上之所加焉者小也。民慕其利而傲其罪,故奸不止也。"⑤ 在这里,商鞅与韩非所提倡的重刑主张,正是荀子曾明确反对的"刑不当罪"的观点之一,即轻罪重刑。

荀子虽然拔高了刑罚的政治地位,但它仍然无法与德教相媲美,因为刑罚难以做到让人彻底地心悦诚服。

> 凡人之动也,为赏庆为之则见害伤焉止矣。故赏庆、刑罚、势诈不足以尽人之力,致人之死。为人主上者也,其所以接下之百姓

---

① 《刑赏》,蒋礼鸿:《商君书锥指》,中华书局1986年版,第101页。
② 《君子篇》,(清)王先谦:《荀子集解》,中华书局1988年版,第451页。
③ 《说民》,蒋礼鸿:《商君书锥指》,中华书局1986年版,第37页。
④ 《画策》,蒋礼鸿:《商君书锥指》,中华书局1986年版,第109页。
⑤ 《韩非子·六反》,(清)王先慎:《韩非子集解》,中华书局1998年版,第420页。

> 者无礼义忠信，焉虑率用赏庆、刑罚、势诈险阨其下，获其功用而已矣。大寇则至，使之持危城则必畔，遇敌处战则必北，劳苦烦辱则必奔，霍焉离耳，下反制其上。故赏庆、刑罚、势诈之为道者，佣徒鬻卖之道也，不足以合大众，美国家，故古之人羞而不道也。①

好利恶害是人的自然本性，而刑罚则是针对人的恶害心理所设定的，因此，当意识到利益或者生命有可能受到侵害时，民众自然不会去做导致这一结果发生的事情：强敌侵犯之际，让他们固守危城则必定背叛；让他们与敌人交战则必定败北；让他们做劳苦烦辱之事则必定逃跑，所以，刑罚不足以使民众贡献出全部力量，以至于牺牲他们的生命，只能是"佣徒鬻卖之道"。

在刑德关系问题上，荀子不仅坚守了孔、孟所设定的德教为本的价值精神，同时还从正面较为充分地肯定了刑罚的地位与功用；尽管刑罚的地位与功用得到了相对的拔高，但这与法家的观点又表现出重大的差异：商鞅、韩非等人一致认为唯有使用重刑才能禁奸止暴，因此他们积极提倡重刑的政治主张，而荀子则与之不同，提出了刑罚与罪行相当相称的刑罚原则，主张"明德慎罚"②，既反对法家的轻罪重刑（"以族论罪"），又不同意重罪轻刑（"杀人者不死，伤人者不刑"）。

## 第三节 "养人之欲，给人之求"：礼之经济分配功用

荀子一方面肯定了欲望的天然正当性，批判了当时社会上曾经大肆流行的纵欲说、禁欲说及寡欲说；另一方面，他又提出了满足欲望的具体途径，即依据"礼义"所设定的不同名分适宜地分配物质资源："先王恶其乱也，故制礼义以分之，以养人之欲，给人之求。"③ 可以说，这是荀子与孔、孟之间的又一重大的理论分歧。

---

① 《议兵篇》，（清）王先谦：《荀子集解》，中华书局1988年版，第285—286页。
② 《成相篇》，（清）王先谦：《荀子集解》，中华书局1988年版，第461页。
③ 《礼论篇》，（清）王先谦：《荀子集解》，中华书局1988年版，第346页。

## 一 "进则近尽,退则求节":对待欲望的合理态度

在荀子看来,欲望是"性"概念的重要内涵之一,这是其人性论的理论特色所在,① 而"性"来源于"天","性者,天之就也"②,因此,作为"性"概念之重要内涵的欲望也就是"天"所赋予人的自然本性。"欲不待可得,所受乎天也。"③ 欲望不是等到有可能得到的时候才形成,而是人与生俱来的自发倾向,"人生而有欲"④,换言之,欲望具有天然的正当性,它是人难以避免的本能追求。"夫人之情,目欲綦色,耳欲綦声,口欲綦味,鼻欲綦臭,心欲綦佚。此五綦者,人情之所必不免也。"⑤ "以所欲为可得而求之,情之所必不免也。"⑥ 既然欲望是人们难以避免的本能追求,这就意味着它是不可能被消灭的,即使是地位低贱的守门者也不能例外,因为感性生命的持续存在应该以各种欲望的合理满足为其必要前提,这是荀子对于欲望所给出的理论考察,而现实与理论之间往往又是不一致的,现实世界物质资源的有限性与稀缺性限制了人们欲望的充分满足,所以,适当地节制欲望也就成为理所当然的要求。

> 故虽为守门,欲不可去,性之具也。虽为天子,欲不可尽。欲虽不可尽,可以近尽也;欲虽不可去,求可节也。所欲虽不可尽,求者犹近尽;欲虽不可去,所求不得,虑者欲节求也。道者,进则近尽,退则节求,天下莫之若也。⑦

人们既不可能彻底地根除欲望("欲不可去"),也难以无限地满足它("欲不可尽"),因此,对待欲望的合理态度就应该是:"进则近尽,退则节求。"就上限而言,欲望可以接近无限的满足("近尽"),就下限而

---

① 参见徐复观《中国人性论史》(先秦篇),上海三联书店 2001 年版,第 205 页。
② 《正名篇》,(清)王先谦:《荀子集解》,中华书局 1988 年版,第 428 页。
③ 同上书,第 427 页。
④ 《礼论篇》,(清)王先谦:《荀子集解》,中华书局 1988 年版,第 346 页。
⑤ 《王霸篇》,(清)王先谦:《荀子集解》,中华书局 1988 年版,第 210 页。
⑥ 《正名篇》,(清)王先谦:《荀子集解》,中华书局 1988 年版,第 428 页。
⑦ 同上书,第 428—429 页。

言，欲望可以受到理智的节制而获得一定程度的满足（"节求"），如此，在物质资源不充裕的现实情况下，至少能够避免因人与人之间的争夺所造成的社会混乱。

荀子不仅从正面阐发了"进则近尽，退则节求"的欲望观，同时也批判了当时社会上曾经流行的其他欲望观。

> 纵情性，安恣睢，禽兽行，不足以合文通治；然而其持之有故，其言之成理，足以欺惑愚众，是它嚣、魏牟也。忍情性，綦谿利跂，苟以分异人为高，不足以合大众，明大分；然而其持之有故，其言之成理，足以欺惑愚众，是陈仲、史䲡也。①

荀子在这里批判了两种截然相反的欲望观：一是以它嚣、魏牟为代表的纵欲说；一是以陈仲、史䲡为代表的禁欲说。②前者主张纵情任性，安于恣意妄为，行为如同禽兽，如此，既不合"礼义"之文，又很难通达治道；而后者则提倡忍情遏性，偏离正道，离世独行，以与他人不同为傲，如此，既不能凝聚民众，又难以顺从"礼义"所规定的等级名分。显然，"从行为和规范的关系看，两者从不同的方面表现了对普遍准则的偏离"③，也就是说，无论纵欲说抑或禁欲说，都严重影响到"礼义"在生活世界中的贯彻落实，从而危及政治秩序的和谐安定，因此，对于坚守儒家立场的荀子来说，他势必要对这些思想展开严厉的批判。④除了纵欲说与禁欲说以外，寡欲说同样成为荀子批判的思想对象。

> 子宋子曰："人之情，欲寡，而皆以己之情为欲多，是过也。"

---

① 《非十二子篇》，（清）王先谦：《荀子集解》，中华书局1988年版，第91—92页。

② 除它嚣之外，韦政通先生也曾考察过魏牟、陈仲、史䲡的事迹。参见韦政通《荀子与古代哲学》，台湾商务印书馆1992年版，第249—257页。

③ 杨国荣：《荀子的规范与秩序思想》，《上海师范大学学报》（哲学社会科学版）2013年第6期，第7页。

④ 韦政通先生曾表达过近似的看法："荀子非十二子是本于一非常凸出的政治意识，而此意识中所涵的内容即'礼义之统'。因此我们可以判断，荀子评论诸子所持的标准，是一'足以完成治道的礼义之统。'这正是他全副精神所倾注的重心，也是他各部分思想所辐射的焦点。"（韦政通：《荀子与古代哲学》，台湾商务印书馆1992年版，第281页）

故率其群徒，辨其谈说，明其譬称，将使人知情之欲寡也。应之曰：然则亦以人之情为①目不欲綦色，耳不欲綦声，口不欲綦味，鼻不欲綦臭，形不欲綦佚。此五綦者，亦以人之情为不欲乎？曰："人之情欲是已。"曰：若是，则说必不行矣。以人之情为欲此五綦者而不欲多，譬之是犹以人之情为欲富贵而不欲货也，好美而恶西施也。古之人为之不然。以人之情为欲多而不欲寡，故赏以富厚而罚以杀损也，是百王之所同也。……今子宋子以是之情为欲寡而不欲多也，然则先王以人之所不欲者赏而以人之欲者罚邪？乱莫大焉。②

"宋子"即是"宋钘"③，提倡寡欲说，认为人情欲寡而不欲多，这是从修养工夫层面所提出的理论主张，它是"见侮不辱"④所以可能的内在前提。而荀子则主张人情"欲多而不欲寡"，其理由如下：假使诚如宋子所指出的那样人情欲寡而不欲多，那么，这就相当于先王用人们不想要的东西来奖赏而用人们想要的东西来刑罚，显然这与人们"好利恶害"的自然本性背道而行，必将妨碍赏罚的贯彻执行，即"不足欲则赏不行""不威则罚不行"⑤，因此，从赏罚的贯彻执行来看，主张人情欲多而不欲寡，无疑是必然的理论选择。不难看出，宋子与荀子所提倡的以上两种主张分别有着不同的预期目的，就是说，前者以拯救民众之间的残酷争斗为预期目的，故主张修养层面的欲寡而不欲多，而后者则以赏罚的贯

---

① "然则亦以人之情为"与"目不欲綦色"之间原有"欲"字，依据卢文弨的说法删除，参见（清）王先谦《荀子集解》，中华书局1988年版，第344页。

② 《正论篇》，（清）王先谦：《荀子集解》，中华书局1988年版，第344—345页。

③ 《庄子·天下篇》说："宋钘尹文闻其风而悦之，作为华山之冠以自表，接万物以别宥为始；语心之容，命之曰心之行。以聏合欢，以调海内，请欲置之以为主。见侮不辱，救民之斗，禁攻寝兵，救世之战。以此周行天下，上说下教，虽天下不取，强聒而不舍者也，故曰上下见厌而强见也。虽然，其为人太多，其自为太少，曰：'请欲固置五升之饭足矣。'先生恐不得饱，弟子虽饥，不忘天下，日夜不休，曰：'我必得活哉！'图傲乎救世之士哉！曰：'君子不为苛察，不以身假物。'以为无益于天下者，明之不如已也，以禁攻寝兵为外，以情欲寡浅为内，其小大精粗，其行适至是而止。"[（清）郭庆藩：《庄子集释》，中华书局2004年版，第1082—1084页]

④ 为了拯救人与人之间的残酷争斗，宋钘提出了"见侮不辱"的理论主张，他说："子宋子曰：'明见侮之不辱，使人不斗。人皆以见侮为辱，故斗也；知见侮之为不辱，则不斗矣。'"[《正论篇》，（清）王先谦：《荀子集解》，中华书局1988年版，第340页]

⑤ 《富国篇》，（清）王先谦：《荀子集解》，中华书局1988年版，第186页。

彻执行为预期目的,故提倡治道层面的欲多而不欲寡,就此而言,这两种主张本应该可以并行而不相悖,但"如从实然境域说'寡欲',自不甚合于现实人情,荀子即就现实人情之欲多不欲寡,批驳宋子,是很不相应的。荀子不了解,'人之情,欲寡',正代表一个人生的理想,这要通过工夫才能到达的"①。不过,考虑到战国晚期的社会状况,宋鈃借助寡欲来拯救民众争斗的确过于理想化,而荀子将人情"欲多而不欲寡"视为赏罚贯彻执行的内在根据,则更具现实意义,所以他说:"凡语治而待去欲者,无以道欲而困于有欲者也。凡语治而待寡欲者,无以节欲而困于多欲者也。"②

## 二 "礼者,养也":养欲给求的分配原则

既然欲望具有天然的正当性,既"不可去"又"不可尽",于是,如何合理地满足欲望("进则近尽,退则节求"),将成为荀子思考的又一重要问题,对此,荀子提出了"礼者,养也"③的命题。而礼的养欲功用与礼的起源问题具有内在的一致性。在考察礼的起源时,荀子曾揭示了礼与欲望之间的密切联系,就是说,"养人之欲,给人之求"是先王制礼所指向的重要目的。

> 礼起于何也?曰:人生而有欲,欲而不得,则不能无求;求而无度量分界,则不能不争;争则乱,乱则穷。先王恶其乱也,故制礼义以分之,以养人之欲,给人之求。使欲必不穷于物,物必不屈于欲。两者相持而长,是礼之所起也。④

欲望是人与生俱来的自然本性,如果得不到相应的满足,人们就会向外奋力追求,而在物质资源相对有限的社会状况下,人们向外奋力追求势必造成社会混乱,因此,为了合理地满足欲望以达到止争除乱的政治目

---

① 韦政通:《荀子与古代哲学》,台湾商务印书馆1992年版,第269页。
② 《正名篇》,(清)王先谦:《荀子集解》,中华书局1988年版,第425页。
③ 《礼论篇》,(清)王先谦:《荀子集解》,中华书局1988年版,第346页。
④ 同上。

的，礼便由此而起，成为物质资源分配的客观标准（"度量分界"）。

> 夫贵为天子，富有天下，是人情之所同欲也。然则从人之欲则势不能容，物不能赡也。故先王案为之制礼义以分之，使有贵贱之等，长幼之差，知愚、能不能之分，皆使人载其事而各得其宜，然后使谷禄多少厚薄之称，是夫群居和一之道也。①

礼首先明确地规定了社会成员的等级名分，"贵贱之等，长幼之差，知愚、能不能之分"，然后先王再以此为标准将人们安排到合适的社会职务上，最终根据他们所贡献的事功大小实施差异性的物质资源分配，使得谷禄与事功相匹配："故天子袾裷衣冕，诸侯玄裷衣冕，大夫裨冕，士皮弁服。德必称位，位必称禄，禄必称用。"② "故上贤禄天下，次贤禄一国，下贤禄田邑，愿悫之民完衣食。"③ 显然，荀子这里所主张的礼的养欲功用是"分"与"养"的统一，其中，"分"是礼的本质规定，而"养"则是依据等级名分所实施的差异性的物质资源分配，这说明了他不赞成经济分配领域的"平均主义"，所以又说："君子既得其养，又好其别。曷谓别？曰：贵贱有等，长幼有差，贫富轻重皆有称者也。"④

### 三 "节用以礼，裕民以政"：养欲给求的政治担保

如前所述，礼只是"养人之欲，给人之求"的规范担保，如果没有数量可观的物质资源，礼本身所具有的养欲功用最终也将难以落到实处，"不富无以养民情"⑤，所以荀子又提出了使国家变得更加富裕的政治措施，鼓励发展农业生产，开源节流。

节约统治阶层的财用支出，通过政令使民众富裕，这是国家富足繁荣的重要前提。荀子说：

---

① 《荣辱篇》，（清）王先谦：《荀子集解》，中华书局1988年版，第70—71页。
② 《富国篇》，（清）王先谦：《荀子集解》，中华书局1988年版，第178页。
③ 《正论篇》，（清）王先谦：《荀子集解》，中华书局1988年版，第345页。
④ 《礼论篇》，（清）王先谦：《荀子集解》，中华书局1988年版，第347页。
⑤ 《大略篇》，（清）王先谦：《荀子集解》，中华书局1988年版，第498页。

足国之道，节用裕民而善臧其余。节用以礼，裕民以政。彼节用①，故多余。裕民则民富，民富则田肥以易，田肥以易则出实百倍。上以法取焉，而下以礼节用之，余若丘山，不时焚烧，无所臧之，夫君子奚患乎无余？故知节用裕民，则必有仁圣贤良之名，而且有富厚丘山之积矣。此无它故焉，生于节用裕民也。不知节用裕民则民贫，民贫则田瘠以秽，田瘠以秽则出实不半，上虽好取侵夺，犹将寡获也，而或以无礼节用之，则必有贪利纠譑之名，而且有空虚穷乏之实矣。此无它故焉，不知节用裕民也。②

使国家变得富足的具体途径包括以下两个方面：一是节流，即节约财用。这是针对为政者奢侈浪费所提出的行为措施，因为为政者的日常费用一般由国家财政来支付，这些费用包括君主与王室的膳食、衣服、车马、娱乐游玩等生活消费，宫殿园囿建筑和维修费，王室的陵墓修筑费，贵族的丧葬费，而这些开支几乎占据国家财政支出的大部分，所以他们必须将礼作为节约财用的客观标准，"由士以上则必以礼乐节之"③；二是开源，即使民众富裕。裕民以政令为其必要前提："量地而立国，计利而畜民，度人力而授事，使民必胜事，事必出利，利足以生民，皆使衣食百用出入相揜，必时臧余，谓之称数。……轻田野之税，平关市之征，省商贾之数，罕兴力役，无夺农时，如是则国富矣。夫是之谓以政裕民。"④为政者如果以礼为客观标准节约财用，则财货多有盈余；使民众富裕，则终将收获更多的粮食，国家财政税收也就随之变得充裕起来，如此，不仅赢得仁圣贤良的美名，而且国库所堆积的财货也如同丘山一般；而如果他们不懂得节约财用、使民众富裕，民众就会变得贫困，势必导致田地荒芜、粮食减产，即使为政者强取豪夺，其收获仍将极少，而且有时候还不以礼为标准节约地使用它们，如此，不仅遭受贪利搜刮的骂名，而且国库也必定空虚穷乏。因此荀子说："下贫则上贫，下富则上富。故

---

① "节用"原为"裕民"，依据梁启雄的说法校改，参见梁启雄《荀子简释》，中华书局1983年版，第119页。
② 《富国篇》，(清)王先谦：《荀子集解》，中华书局1988年版，第177—178页。
③ 同上书，第178页。
④ 同上书，第178—179页。

田野县鄙者，财之本也；垣窌仓廪者，财之末也。百姓时和、事业得叙者，货之源也；等赋府库者，货之流也。故明主必谨养其和，节其流，开其源，而时斟酌焉，潢然使天下必有余而上不忧不足。如是则上下俱富，交无所藏之，是知国计之极也。"①"节用以礼，裕民以政"，是明主"养其和，节其流，开其源"的具体措施，不仅可以裕民而且能够富国。应该说，这是荀子对孔、孟民本思想的进一步扩展。在谈及如何治理诸侯国时，孔子曾明确提出过"节用"的政治主张，他说："道千乘之国，敬事而信，节用而爱人，使民以时。"② 与荀子一样，孔子所说的"节用"也是针对为政者生活方面的奢侈浪费所提出来的，只是他尚未确切指明"节用"的标准而已。而孔子弟子有若在批判鲁哀公欲通过税率的提高以达到增加财政收入的目的时指出富国（足君）应该以富民为前提："百姓足，君孰与不足？百姓不足，君孰与足？"③ 孟子同样提及过以政裕民的政治主张，他说："无恒产而有恒心者，惟士为能。若民，则无恒产，因无恒心。苟无恒心，放辟邪侈，无不为已。……是故明君制民之产，必使仰足以事父母，俯足以畜妻子，乐岁终身饱，凶年免于死亡。然后驱而之善，故民之从之也轻。今也制民之产，仰不足以事父母，俯不足以畜妻子，乐岁终身苦，凶年不免于死亡。此惟救死而恐不赡，奚暇治礼义哉？王欲行之，则盍反其本矣。五亩之宅，树之以桑，五十者可以衣帛矣；鸡豚狗彘之畜，无失其时，七十者可以食肉矣；百亩之田，勿夺其时，八口之家可以无饥矣。"④ "易其田畴，薄其税敛，民可使富也。食之以时，用之以礼，财不可胜用也。民非水火不生活，昏暮叩人之门户，求水火，无弗与者，至足矣。圣人治天下，使有菽粟如水火。菽粟如水火而民焉有不仁者乎？"⑤ 尽管孟、荀两人都力陈以政裕民的政治主张，但是他们的目的似乎有所不同。孟子认为拥有固定的物质财产（"恒产"）是民众善心（"恒心"）赖以存在的必要前提，也就是说，有

---

① 《富国篇》，（清）王先谦：《荀子集解》，中华书局1988年版，第194—195页。
② 《论语·学而》，（宋）朱熹：《四书章句集注》，中华书局1983年版，第49页。
③ 《论语·颜渊》，（宋）朱熹：《四书章句集注》，中华书局1983年版，第135页。
④ 《孟子·梁惠王上》，（宋）朱熹：《四书章句集注》，中华书局1983年版，第211—212页。
⑤ 《孟子·尽心上》，（宋）朱熹：《四书章句集注》，中华书局1983年版，第356页。

"恒产"未必有"恒心",但无"恒产"则必定无"恒心",因此,"明君制民之产"的真正目的,就是为了守护民众"恒心"的不失。①"菽粟如水火而民焉有不仁者",也充分地表达了这一意思,显然这与"仓廪实则知礼节,衣食足则知荣辱"②具有异曲同工之妙,所以有学者指出说:"人们常以为孔孟只是奢谈仁义,这是误会。其实,在儒家的道德理论里,即包含着丰富的经济生活的内容。"③而荀子主张以政裕民的真实意图是,为"养人之欲,给人之求"提供丰厚的物质资源,避免因物质资源有限所诱发的人与人之间的激烈争斗,从而实现政治秩序的和谐稳定:"马骇舆则君子不安舆,庶人骇政则君子不安位。马骇舆则莫若静之,庶人骇政则莫若惠之。"④由此孔繁指出:"荀子的'惠民'、'爱民'主张较之孔、孟,更为直接从君主和当政者如何从维持和巩固自己的统治这个利害关系上着眼。"⑤

"节用裕民"这一政治主张的有效落实是以为政者与民众双方都充分地认识到自身应该履行的职分为其必要前提。荀子说:

> 兼足天下之道在明分。掩地表亩,刺屮殖谷,多粪肥田,是农夫众庶之事也。守时力民,进事长功,和齐百姓,使人不偷,是将率之事也。高者不旱,下者不水,寒暑和节而五谷以时孰,是天⑥之事也。若夫兼而覆之,兼而爱之,兼而制之,岁虽凶败水旱,使

---

① 杨国荣同样揭示了明君制民之产的道德意图:"事实上,在孟子关于无恒产(无固定的产业)则无恒心(道德意识)之说中,已经蕴含着超越功利关系的要求:恒产固然是恒心的前提,但给百姓一定的产业,其目的乃是在于使他们形成稳定的道德意识(恒心)。"(杨国荣:《孟子的哲学思想》,华东师范大学出版社2009年版,第80页)梁启超指出:"政治目的,在提高国民人格,此儒家之最上信条也。孟子却看定人格之提高,不能离却物质的条件,最少亦要人人对于一身及家族之生活得确实保障,然后有道德可言。"(《梁启超论先秦政治思想史》,商务印书馆2012年版,第106页)
② 《管子·牧民》,黎翔凤:《管子校注》,中华书局2004年版,第2页。
③ 《儒家的德治论及其现代价值》,载张祥浩《我的思想照片》,江苏人民出版社2010年版,第474页。
④ 《王制篇》,(清)王先谦:《荀子集解》,中华书局1988年版,第152页。
⑤ 孔繁:《荀子评传》,南京大学出版社1997年版,第66页。
⑥ "天"后面原有"下"字,依据王念孙的说法将其删除,参见(清)王先谦《荀子集解》,中华书局1988年版,第184页。

百姓无冻馁之患，则是圣君贤相之事也。①

天人各有不同的职分，即是说，高地不干旱，矮地不受涝，寒暑调和，五谷到时即熟，这是自然界所掌管的事情，非人力所能左右，而剩余的事情则是我们人类应该努力作为的领域：农夫众庶负责丈量田地，勘定经界，除草种谷，施肥收获；将帅既按照农时役使民众，促进农业生产，增加粮食数量，又团结凝聚民众，使他们不偷懒；圣君贤相普遍地保护、爱护、管理民众，即使遭受旱涝灾害，也使他们毫无挨冻受饿的担忧；唯有农夫众庶、将帅、圣君贤相三方力量各尽其分，协同共作，才能实现国家与民众的共同富裕。诚如荀子所言："若是，则万物得宜，事变得应，上得天时，下得地利，中得人和，则财货浑浑如泉源，汸汸如河海，暴暴如丘山，不时焚烧，无所臧之，夫天下何患乎不足也？"②

透过上文分析，我们可以看出：在对待人的感性欲望这一问题上，荀子与孔、孟大不相同。孔、孟已充分意识到贪欲或嗜欲给个体道德修养所带来的负面影响，因此，他们往往采取否定性的态度来对待欲望。孔子说："枨也欲，焉得刚？"③孟子说："养心莫善于寡欲。其为人也寡欲，虽有不存焉者，寡矣。其为也多欲，虽有存焉者，寡矣。"④而荀子首先从正面肯定了欲望的天然正当性，同时给出了相应的理论辩护，认为欲望既"不可去"又"不可尽"，主张"养欲""道欲""节欲"，反对"禁欲""去欲""寡欲"；然后，他又进一步提出了"养欲""道欲""节欲"的客观原则："礼者，养也"；同时也为"养人之欲，给人之求"的真正落实奠定了制度规范层面的重要担保："节用以礼，裕民以政。"荀子之所以如此重视欲望问题，主要是出于成就治道的现实考虑，无疑，这有别于孔、孟从道德修养维度对欲望所做出的理论考察。

---

① 《富国篇》，（清）王先谦：《荀子集解》，中华书局1988年版，第183—184页。
② 同上书，第187页。
③ 《论语·公冶长》，（宋）朱熹：《四书章句集注》，中华书局1983年版，第78页。
④ 《孟子·尽心下》，（宋）朱熹：《四书章句集注》，中华书局1983年版，第374页。

# 结　语

　　王先谦曾指出："荀子论学论治，皆以礼为宗，繁复推详，务明其指趣，为千古修道立教所莫能外。"① "礼"的确是荀子思想的中心线索，这已成为学界所达成的基本共识。

　　在"天崩地裂"的春秋战国时代，社会各方面都发生了重大的转变，人们对于传统的价值观念和生活方式产生了严重的怀疑，他们开始反省礼仪本身合法性的依据何在，而生活于战国晚期的荀子当然无法回避这一问题。给予礼之存在的必要性与正当性（礼之缘起）以理论层面的辩护，成为荀子"礼"思想必须解决的首要问题。对此，他主要从礼与人性、礼与群、礼与圣王三个面向给出了较为系统的考察。首先，"性恶"突出了礼之所以存在的必要性。在荀子看来，人既不是纯粹的自然性存在，也不是纯粹的道德性存在，而是将自然性与道德性熔铸于一体的存在者："义与利者，人之所两有也。"② 但是，人首先表现为一种感性的生命存在，而感性生命的存续必然以各种需要的合理满足为其必要前提，这些需要主要包括"饥而欲食""寒而欲暖""劳而欲息""好利而恶害"等。而这些感性情欲是"天之就"的"不可学，不可事而在人者"，天又是无意志、无目的的自然之天，因此，它们本身没有善恶之别；但是，它们具有"欲多而不欲寡"的非反思性倾向，而且人们喜欢厌恶同样的东西，同时社会资源又相对贫乏，所以如果放任感性情欲尽情满足而毫无约束的话，社会将陷入"偏险悖乱"的失序化状态，循此，荀子推出

---

① 《荀子集解·序》，（清）王先谦：《荀子集解》，中华书局1988年版，第1页。
② 《大略篇》，（清）王先谦：《荀子集解》，中华书局1988年版，第502页。

了"人之性恶",正是在此意义上,他进一步指出说:"古者圣王以人性恶,以为偏险而不正,悖乱而不治,是以为之起礼义,制法度,以矫饰人之情性而正之,以扰化人之情性而导之也,始皆出于治,合于道者也。"① 对于诱发"恶"的感性情欲,圣王制作了客观的礼义法度来矫饰它们,使之行进在正常的轨道上,换句话说,"性恶"强化了圣王及礼义存在的必要性,而"性善"则容易轻视圣王及礼义的重要地位:"性善则去圣王,息礼义矣;性恶则与圣王,贵礼义矣。"② 除了负面意义(恶)的感性情欲之外,人们也存在着中立意义的内在心理情感,这是礼之所以存在的另一人性依据,丧礼与祭礼的存在,就是为了人们发泄心里所淤积的哀伤及思慕之情的,正因为如此,荀子提出了"称情而立文"这一命题。其次,"人生不能无群"内在地蕴含着礼之客观存在。从更深层的意义来看,人不仅是个体性的存在,而且是社会性的存在,"人生不能无群也"③,后者以和谐而有序的社会群体为其直观性的表现形式。生活在和谐而有序的社会群体之中,人类既可以弥补自然禀赋的有限性,增强其改造自然界的实践能力,又能够维系感性生命的存续,也只有如此,人才可以成长为社会性和道德性的存在,否则只能是自然性和动物性的存在,因而也就与禽兽无异了。和谐而有序的社会群体以名分的确立为其必要的前提条件,唯有"明分"才能"使群",而名分的确立依赖于"礼"的客观存在:"人何以能群?曰:分。分何以能行?曰:义。"④ 最后,圣王或圣人是礼义法度的制作者。按照荀子的理解,人性是"自然之天"赋予人类的"生之所以然者"⑤,而"自然之天"是一种非价值意义的实然存在,无善亦无恶,所以源于"自然之天"的人性同样没有善恶可言,如此,"礼义"既不能奠基在自然天地中,也无法安顿在人的心性中,因此荀子说:"礼义者,圣人之所生也,人之所学而能,所事而成者也。"⑥ 然而,从人性来看,圣人与普通人都是

---

① 《性恶篇》,(清)王先谦:《荀子集解》,中华书局1988年版,第435页。
② 同上书,第441页。
③ 《王制篇》,(清)王先谦:《荀子集解》,中华书局1988年版,第164页。
④ 同上。
⑤ 《正名篇》,(清)王先谦:《荀子集解》,中华书局1988年版,第412页。
⑥ 《性恶篇》,(清)王先谦:《荀子集解》,中华书局1988年版,第435页。

一样的，那么，圣人根据什么制定了客观的礼义呢？荀子认为，圣王取法天地自然之理制定了人世间的礼义法度："上取象于天，下取象于地。"①

荀子不仅从理论层面给予礼之所以存在以较为系统的论证，而且深入地揭示了礼所蕴含的本质内涵。首先，礼是人之所以为人的根本规定，是人道的最高原则（人道之极）。荀子认为，人异于禽兽的族类特质包括三个方面：（1）"人道莫不有辨"；（2）"人能群"；（3）"人有义"。在这三者之中，"义"（礼）不仅是人的分辨能力的根本准则，而且也是人之所以"能群"的必要条件，在此意义上，"辨"与"能群"是人异于禽兽的形式层面的族类特质，而"义"是人异于禽兽的实质层面的族类特质，"为之，人也；舍之，禽兽也"②。其次，名分是礼的本质内涵，而礼是名分的制度化。如前所述，和谐而有序的社会群体以名分的确立为其必要的前提条件，而名分的确立依赖于"义"（礼）的客观存在，显然，"礼法之枢要"正是以差异化的名分的确立为它的本质规定，而差异化的名分的确立最终指向"等贵贱，分亲疏，序长幼"③的差序结构。

"礼"既以差异化的名分的确立为其本质规定，同时也就意味着人们必须在日常的生活世界中将之贯彻落实，而人的感性情欲存在趋"恶"的非反思性倾向，因此，如何确保个体自觉地践行"礼"所设定的伦理名分，便成为荀子必须思考的重要问题。在荀子看来，除了感性情欲之外，人同时也拥有"可以知仁义法正之质"与"可以能仁义法正之具"④，这为个体成就德性（涂之人可以为禹）设定了内在的主观根据。但是，这里的"知之质"与"能之具"只是个体践行道德实践的先天能力，它难以保证个体践行道德实践的必然有效性，而这涉及个体践行道德实践的动力机制问题。对此，荀子给予儒家礼义以功利化的诠释，将其视为个体满足感性情欲的工具和手段，进而提出了"不富无以理民性"

---

① 《礼论篇》，（清）王先谦：《荀子集解》，中华书局1988年版，第373页。
② 《劝学篇》，（清）王先谦：《荀子集解》，中华书局1988年版，第11页。
③ 《君子篇》，（清）王先谦：《荀子集解》，中华书局1988年版，第453页。
④ 《性恶篇》，（清）王先谦：《荀子集解》，中华书局1988年版，第443页。

的社会道德教化与"积善成德"的个体道德修养的两重实践路径。在道德实践的具体进程中,凭借"虚壹而静"的修持工夫,个体达到了"大清明"的心灵境界,同时在"好利恶害"与"好荣恶辱"两种心理机制的驱动下,他们锲而不舍地向良师益友学习礼义之道,逐渐达成了三种不同程度的道德境界,它们分别是:"好法而行"的士人格、"笃志而体"的君子人格、"齐明而不竭"的圣人人格。尽管这三种人格在认知与践行礼法的程度上大不相同,但是他们之间并非彼此隔绝的外在关系,而是呈现出一种依次递进的内在联系;而且,道德实践所达成的这三种人格为君主治理国家提供了不同层次的人才类型。

除了个体层面的"修身"意义之外,礼在政治层面也发挥了至关重要的功用。治理国家既需要德才兼备的统治者("治人"),也必须拥有切实可行的治道("治法")。从"治人"来看,君主在治理国家的实践过程中扮演着顶层设计者的政治角色,荀子将理想的君主规定为群道的人格化身,认为他应该成为"善群""能群"之人。正因为君主占据如此重要的政治地位,荀子也就特别强调君主道德修养的重要意义,即是说,君主既是臣、民的政治领袖,又是臣、民的道德榜样。"主者,民之唱也;上者,下之仪。"[①] 不仅如此,君主还必须把选拔及任用德才兼备的治国人才视为自己重要的政治能力,唯有如此,才能达到无为而治的政治境界。从"治法"来看,荀子既自觉地认识到儒家礼治的固有缺陷:只能起到教化劝善的作用,对于违礼的行为束手无策,又切身地感受到法家法治的现实效用,从而"援法入礼",构筑了"隆礼至法则国有常"[②] 的治国之道。尽管"礼"与"法"是君主治理国家不可或缺的两种根本方略,但是荀子并非一视同仁地对待它们,而是主张"礼"高于"法",因为"礼"是圣人制定"法"的价值依据与指导原则:"《礼》者,法之大分,类之纲纪也。"[③] 而且,与肯定感性欲望的天然正当性相应,荀子也重点阐发了"礼"在经济分配中所起到的现实功用,认为"礼"是"养欲"的规范原则,也就是说,"养欲"应该建立在"分"的

---

① 《正论篇》,(清)王先谦:《荀子集解》,中华书局1988年版,第321页。
② 《君道篇》,(清)王先谦:《荀子集解》,中华书局1988年版,第238页。
③ 《劝学篇》,(清)王先谦:《荀子集解》,中华书局1988年版,第12页。

基础上，使得社会共同体中的任何一个个体，都能够根据自己的等级名分，在履行应尽义务的同时，得到适宜的物质生活的满足。显然，这是荀子与孔、孟的重要理论分歧。

# 附　　录

# 荀子君道思想论纲

**摘要**：在荀子构筑的政治思想中，君主扮演着相当重要的政治角色。理想的君主首先应该是"善群"或"能群"之人。与将民众凝聚为和谐而有序的社会共同体相关联，君主既应该注重内在德性的省察涵养，将修身视为治国的必要基础，给予臣下及民众以示范表率的教化影响，同时也必须以"官人"为其政治职责，将德才兼备的治国人才安排到合适的政治职位上。

**关键词**：君；善群；修身；官人

和谐而有序的理想社会是人类生存及发展的必要条件，这一理想社会并非天生如此，乃是统治者与民众协同建设所造就的政治格局。在构筑理想社会的政治实践中，君主扮演顶层设计者的重要角色，从这一视角出发，荀子设定了理想的君主所应当具备的政治能力及道德能力（"君道"）。本文尝试从"善群""修身""官人"三个层面来呈现荀子君道思想的内在架构。

## 一　"君者，善群"：君道的核心规定

就理想的层面而言，君主首先应该是"善群"或"能群"之人。荀子说："君者，善群也。群道当则万物皆得其宜，六畜皆得其长，群生皆得其命。"[①] 人类与其他存在者的本质性分野在于"人能群"，而君主应该是最善于将民众凝聚为和谐而有序的社会共同体的人，换言之，君主

---

[①]（清）王先谦：《荀子集解》，中华书局1988年版，第165页。

必须是最懂得"群道"之人。那么,"群道"究竟涵括哪些内容呢?荀子给予了进一步的解说:"君者何也?曰:能群也。能群也者何也?曰:善生养人者也,善班治人者也,善显设人者也,善藩饰人者也。善生养人者人亲之,善班治人者人安之,善显设人者人乐之,善藩饰人者人荣之。四统者俱而天下归之,夫是之谓能群。不能生养人者人不亲也,不能班治人者人不安也,不能显设人者人不乐也,不能藩饰人者人不荣也。四统者亡而天下去之,夫是之谓匹夫。故曰:道存则国存,道亡则国亡。"① 君主应该拥有将民众凝聚整合为社会共同体的政治能力,此一政治能力涵盖"善生养人""善班治人""善显设人""善藩饰人"四个方面,它们构成"群道"的理论内涵。在荀子看来,唯有同时具备这四个方面的政治能力而天下民众自愿地归附,才称得上"能群"或"善群"的君主,不具备这四个方面的政治能力而天下民众愤然离散,君主必然沦落为孤家寡人,同时意味着国家的覆灭。

荀子将理想的君主设定为"善群"或"能群"之人,其中蕴含两种可能的发展进路:其一,以"善群"或"能群"界说理想的君主,似乎意味着我们可以把能否将民众凝聚为和谐而有序的社会共同体,视为检讨君主角色政治合法性的终极依据,这正是荀子替汤武革命作辩护的重要原因:"汤、武非取天下也,修其道,行其义,兴天下之同利,除天下之同害,而天下归之也。桀、纣非去天下也,反禹、汤之德,乱礼义之分,禽兽之行,积其凶,全其恶,而天下去之也。天下归之之谓王,天下去之之谓亡。故桀、纣无天下而汤、武不弑君,由此效之也。汤、武者,民之父母也;桀、纣者,民之怨贼也。"② 汤武并非主动夺取天下而是民众自愿归附他们,桀纣也并非主动抛弃天下而是民众自愿离弃他们。换言之,如果君主成为桀纣那样的"民之怨贼",这意味着其政治统治遭遇到严峻的"合法化危机",民众便有权利推翻他们,像汤武那样的德才兼备者也就可以名正言顺地取代他们:"夺然后义,杀然后仁,上下易位然后贞,功参天地,泽被生民,夫是之谓权险之平,汤、武是

---

① (清)王先谦:《荀子集解》,中华书局1988年版,第237页。
② 同上书,第324页。

也。"① 其二，以"善群"或"能群"界说理想的君主，同时蕴含"尊君"的政治倾向。荀子说："君子者，天地之参也，万物之总也，民之父母也。无君子则天地不理，礼义无统，上无君师，下无父子，夫是之谓至乱。"② "君子"应该理解为理想的"君主"。理想的君主是"礼义"的制订者，社会正理平治的真正实现以"礼义"为必要条件，因此，理想的君主就是社会正理平治的本源。正因为如此，理想的君主理所当然地应该成为"善群"或"能群"之人。既然君主的政治地位如此重要，我们就应该以极其尊敬的态度对待他："君者，国之隆也；父者，家之隆也。隆一而治，二而乱，自古及今，未有二隆争重而能长久者。"③ "君者，国之隆也"，无疑折射出"尊君"的政治倾向。

## 二 "闻修身，未尝闻为国"：君道的德性内蕴

在儒家看来，道德是政治的基础，他们提倡以德治国的治道模式，而"德治的基本用心，是要从每一人的内在之德去融合彼此间之关系，而不要用权力，甚至不要用人为的法规把人压缚在一起，或者是维系在一起"④，荀子接续了孔、孟所奠定的"为政以德"的德治理念："君贤者其国治，君不能者其国乱。"⑤

在君民关系中，君主占据主导性的地位，其言行成为民众效仿的客观对象，因此，君主实施道德修养无疑具有极其重要的政治意义。荀子说："君者，仪也，仪正而景正；君者，槃也，槃圆而水圆；君者，盂也，盂方而水方。君射则臣决。楚庄王好细腰，故朝有饿人。故曰：闻修身，未尝闻为国也。"⑥ 这即是说，君民之间构成一种上行下效的道德关系，前者的价值取向、行为方式直接影响到后者的价值取向、行为方式，这与孔子所说的"君子之德风，小人之德草。草上之风，必偃"⑦ 具

---

① （清）王先谦：《荀子集解》，中华书局1988年版，第257页。
② 同上书，第163页。
③ 同上书，第263页。
④ 李维武编：《中国人文精神之阐扬——徐复观新儒学论著辑要》，中国广播电视出版社1996年版，第232页。
⑤ （清）王先谦：《荀子集解》，中华书局1988年版，第270页。
⑥ 同上书，第234页。
⑦ 杨伯峻：《论语译注》，中华书局1980年版，第129页。

有异曲同工之妙。在荀子看来，为政者（尤其君主）能否切实践履道德修养对于国家的安危存亡而言至关重要，"闻修身，未尝闻为国"，便清楚地表达了这一点。

除了君民关系以外，君主对臣下同样具有重要的示范表率作用。荀子说："合符节，别契券者，所以为信也；上好权谋，则臣下百吏诞诈之人乘是而后欺。探筹、投钩者，所以为公也；上好曲私，则臣下百吏乘是而后偏。衡石、称县者，所以为平也；上好覆倾，则臣下百吏乘是而后险。斗、斛、敦、概者，所以为啧也；上好贪利，则臣下百吏乘是而后丰取刻与，以无度取于民。……故上好礼义，尚贤使能，无贪利之心，则下亦将綦辞让、致忠信，而谨于臣子矣。"① 臣下采取何种类型的行为方式从根本上取决于君主的私人喜好或价值取向，而君主的私人喜好或价值取向必须呈现于客观的现实世界。荀子说："主者，民之唱也；上者，下之仪也。彼将听唱而应，视仪而动。唱默则民无应也，仪隐则下无动也。不应不动，则上下无以相有也。若是，则与无上同也，不祥莫大焉。……故主道利明不利幽，利宣不利周。"② "主道利周"主张君主之道以隐匿其情，不使臣下了解为利，这显然是法家君术的典型特征。《管子·九守》说："人主不可不周。人主不周，则群臣下乱。"③ 韩非子说："术者，藏之于胸中，以偶众端，而潜御君臣者也。"④ "主道利明不利幽，利宣不利周"揭示出儒家君德与法家君术的根本分野，即是说，儒家认为君主是臣民的道德榜样与学习对象，如果不把内在德性显露在外在言行上，臣民将不知所措；法家主张君主应该将自己的欲望、意见、情感深深地埋藏在心中而不表露于外，否则臣下将投其所好，阿谀奉承，君主也可能被臣下所控制。而儒法两家的思想内容之所以存在如此重大的差异，与他们所抱持的政治目的密切关联，儒家从教化臣民的角度出发，认为君主应该"宣明""端诚""公正"；法家立足于君主权势的维护与巩固，主张君主必须"周密""幽险""偏曲"。

---

① （清）王先谦：《荀子集解》，中华书局1988年版，第230页。
② 同上书，第321页。
③ 黎翔凤：《管子校注》，中华书局2004年版，第1044页。
④ 陈奇猷：《韩非子新校注》，上海古籍出版社2000年版，第923页。

显然，无论在君臣关系中抑或在君民关系中，身居高位的君主皆扮演相当重要的角色，他既是臣民的政治领袖，也是臣民的道德榜样，所以从道德教化层面来看，君主的确可以成为臣民的贤师，正因为如此，荀子往往"君师"合称："诸侯有能德明威积，海内之民莫不愿得以为君师。"[1] "君师者，治之本也。"[2] "'君师'并不意味着普通意义上的'师'与'君'有同等的地位，而是表明了'君'所应有的教育功能"[3]，这无疑突出了君主修身对于国家治理的重要意义。

### 三 "人主者，以官人为能"：君道的"知人"意涵

尽管理想的君主应该是"善群"或"能群"之人，但这并非意味着他凡事都应该亲力亲为，必须将治理国家的根本纲领掌握在手："人君者，所以管分之枢要也。"[4] 在荀子看来，"治法"只是君主治理国家的必要条件，唯有依靠德才兼备的政治主体，不能自行的"治法"才能够得到有效的运作，因此，在"治法"具备的前提下，选用德才兼备的治国人才，便成为君主最为重要的政治职分："人主者，以官人为能者也。"[5] "法者，治之端也；君子者，法之原也。……故明主急得其人，而闇主急得其势。"[6] 虽然"法"和"君子"都是不可或缺的治国条件，但是相对于法而言，君子的地位无疑更为重要。"有治人，无治法"[7] 这一命题并非否定"治法"的必要性，而是在肯定"治法"的前提下突出了"治人"的重要性，这是荀子意识到法家重势尚法不重人之弊后所给予的论断。

在德才兼备的治国人才中，荀子特别突出了"相"的政治角色："相者，论列百官之长，要百事之听，以饰朝廷臣下百吏之分，度其功劳，论其庆赏，岁终奉其成功以效于君。当则可，不当则废，故君人劳于索

---

[1] （清）王先谦：《荀子集解》，中华书局1988年版，第323页。
[2] 同上书，第349页。
[3] 陈文洁：《荀子的辩说》，华夏出版社2008年版，第216页。
[4] （清）王先谦：《荀子集解》，中华书局1988年版，第179页。
[5] 同上书，第213页。
[6] 同上书，第230页。
[7] 同上。

之，而休于使之。"① "相"在政治系统中之所以占据首要位置，一方面因为他掌管选用百官之长的职责，拥有考核各层级官吏的政治权力，以便为君主任免官员提供客观依据，另一方面还因为他直接关系到君主的安危、荣辱："彼持国者必不可以独也，然则强固荣辱在于取相矣。身能相能，如是者王；身不能，知恐惧而求能者，如是者强；身不能，不知恐惧而求能者，安唯便僻左右亲比己者之用，如是者危削，綦之而亡。"②

任用人才以选拔人才为前提，而选拔人才以人才标准的确立为前提。荀子指出，"德"与"能"是判分人才的两种基本标准："若夫谲德而定次，量能而授官，使贤不肖皆得其位，能不能皆得其官，万物得其宜，事变得其应，慎、墨不得进其谈，惠施、邓析不敢窜其察，言必当理，事必当务，是然后君子之所长也。"③ 一方面，裁决品德的高低而确定位次的贵贱，另一方面，衡量能力的大小而授予适宜的官职；而且在选用人才的考核过程中，必须严格遵守"称"或"当"的原则，即"德"与"位"、"能"与"官"之间应该相称、相当，唯有如此，人们才甘于各司其职而谨于本分，否则这将诱发社会混乱："凡爵列、官职、赏庆、刑罚，皆报也，以类相从者也。一物失称，乱之端也。夫德不称位，能不称官，赏不当功，罚不当罪，不祥莫大焉。"④

在治国人才的选用过程中，除了必须严格遵守"德"与"位"、"能"与"官"相称、相当原则之外，君主的实际态度也至关重要。首先，君主应该不顾及亲疏、贵贱，力求做到公正无私。荀子说："人主不公，人臣不忠也。人主则外贤而偏举，人臣则争职而妒贤，是其所以不合之故也。人主胡不广焉无恤亲疏，无偏贵贱，唯诚能之求？若是，则人臣轻职业让贤而安随其后，如是，则舜、禹还至，王业还起。功壹天下，名配舜、禹，物由有可乐如是其美焉者乎！"⑤ 其次，君主选拔到德才兼备的治国人以后就应该真诚地任用他们，切勿言行相悖，以至于损伤他们的积极性。荀子说："人主之患，不在乎不言用贤，而在乎不诚必

---

① （清）王先谦：《荀子集解》，中华书局1988年版，第224页。
② 同上书，第209页。
③ 同上书，第123—124页。
④ 同上书，第328页。
⑤ 同上书，第217—218页。

用贤。夫言用贤者口也，却贤者行也，口行相反而欲贤者之至，不肖者之退也，不亦难乎！夫耀蝉者务在明其火，振其树而已，火不明，虽振其树，无益也。今人主有能明其德者，则天下归之，若蝉之归明火也。"①君主往往嘴上说任用贤人，实际上却不真诚地任用贤人，因此，唯有将求贤若渴的真诚想法公布于天下，保持言行的前后一贯性，君主才能实现"德厚者进而佞说者止，贪利者退而廉节者起"②的预期目的。

综上所述，在荀子看来，作为一个理想的君主，至少应该拥有三个方面的道德及政治本领，即"善群""修身""知人"。这三者共同构成了荀子君道思想的理论内涵。

---

① （清）王先谦：《荀子集解》，中华书局1988年版，第261—262页。
② 同上书，第239页。

# 参考文献

## 一 原典疏解

1. 尹文撰，钱熙祚校：《尹文子》，中华书局1954年版。
2. 慎到撰，钱熙祚校：《慎子》，中华书局1954年版。
3. 梁启雄：《荀子简释》，古籍出版社1956年版。
4. （汉）司马迁：《史记》（第七册），中华书局1959年版。
5. 章诗同：《荀子简注》，上海人民出版社1974年版。
6. 北京大学《荀子》注释组：《荀子新注》，中华书局1979年版。
7. （清）阮元校刻：《十三经注疏》，中华书局1980年版。
8. （魏）王弼注，楼宇烈校释：《王弼集校释》，中华书局1980年版。
9. （宋）朱熹：《四书章句集注》，中华书局1983年版。
10. 杨柳桥：《荀子诂译》，齐鲁书社1985年版。
11. 蒋礼鸿撰：《商君书锥指》，中华书局1986年版。
12. （宋）黎靖德编，王星贤点校：《朱子语类》，中华书局1986年版。
13. 杨伯峻译注：《论语译注》，中华书局1986年版。
14. （清）焦循撰：《孟子正义》，中华书局1987年版。
15. （清）王先谦：《荀子集解》，中华书局1988年版。
16. 张觉：《荀子译注》，上海古籍出版社1995年版。
17. 董治安、郑文杰：《荀子汇校汇注》，齐鲁书社1997年版。
18. （清）王先慎撰：《韩非子集解》，中华书局1998年版。
19. 李零：《郭店楚简校读记》（增订本），北京大学出版社2002年版。
20. （清）郭庆藩：《庄子集释》，中华书局2004年版。
21. 黎翔凤撰：《管子校注》，中华书局2004年版。

22. 王天海:《荀子校释》,上海古籍出版社 2005 年版。
23. (清)顾炎武撰,黄汝成集释:《日知录集释》,上海古籍出版社 2006 年版。

## 二 荀子研究专著

1. 陶师承:《荀子研究》,大东书局 1926 年版。
2. 陈登元:《荀子哲学》,上海书店 1928 年版。
3. 熊公哲:《荀卿学案》,中华书局 1931 年版。
4. 余家菊:《荀子教育学说》,中华书局 1935 年版。
5. 杨大膺:《荀子学说研究》,中华书局 1936 年版。
6. 李涤生:《荀子集释》,台湾学生书局 1979 年版。
7. 牟宗三:《名家与荀子》,台湾学生书局 1979 年版。
8. 夏甄陶:《论荀子的哲学思想》,上海人民出版社 1979 年版。
9. 翁惠美:《荀子论人研究》,台北正中书局 1986 年版。
10. 龙宇纯:《荀子论集》,台湾学生书局 1987 年版。
11. 周群振:《荀子思想研究》,台北文津出版社 1987 年版。
12. 郭志坤:《荀学论稿》,上海三联书店 1991 年版。
13. 韦政通:《荀子与古代哲学》,台湾商务印书馆 1992 年版。
14. 廖名春:《荀子新探》,台北文津出版社 1994 年版。
15. 张曙光:《外王之学——荀子与中国文化》,河南大学出版社 1995 年版。
16. 孔繁:《荀子评传》,南京大学出版社 1997 年版。
17. 马积高:《荀学源流》,上海古籍出版社 2000 年版。
18. 惠吉星:《荀子与中国文化》,贵州人民出版社 2001 年版。
19. 韩德民:《荀子与儒家的社会理想》,齐鲁书社 2001 年版。
20. 高春花:《荀子礼学思想及其现代价值》,人民出版社 2004 年版。
21. 陆建华:《荀子礼学研究》,安徽大学出版社 2004 年版。
22. 储昭华:《明分之道——从荀子看儒家文化与民主政道融通的可能性》,商务印书馆 2005 年版。
23. 王颖:《荀子伦理思想研究》,黑龙江人民出版社 2006 年版。
24. 吴树勤:《礼学视野中的荀子人学——以"知通统类"为核心》,齐鲁书社 2007 年版。
26. 陈文洁：《荀子的辩说》，华夏出版社 2008 年版。
27. 廖名春选编：《荀子二十讲》，华夏出版社 2009 年版。
28. 徐克谦：《荀子：治世的思想》，上海古籍出版社 2009 年版。
29. 路德斌：《荀子与儒家哲学》，齐鲁书社 2010 年版。
30. 高正：《〈荀子〉版本源流考》，中华书局 2010 年版。
31. 孙伟：《重塑儒家之道：荀子思想再考察》，人民出版社 2010 年版。
32. 王军：《荀子思想研究：礼乐重构的视角》，中国社会科学出版社 2010 年版。
33. 林宏星：《〈荀子〉精读》，复旦大学出版社 2011 年版。
34. 王楷：《天然与修为——荀子道德哲学的精神》，北京大学出版社 2011 年版。

## 三　国内相关论著

1. 冯友兰：《中国哲学史》，中华书局 1947 年版。
2. 贺麟等：《儒家思想新论》，正中书局 1947 年版。
3. 胡适：《中国古代哲学史》，台北远流出版事业股份有限公司 1956 年版。
4. 罗根泽：《诸子考察》，人民出版社 1958 年版。
5. 侯外庐、赵纪彬、杜国庠：《中国思想通史》，人民出版社 1967 年版。
6. 《中国哲学》编委会编：《中国哲学》第 1 辑，生活·读书·新知三联书店 1979 年版。
7. 方克立：《中国哲学史上的知行观》，人民出版社 1982 年版。
8. 蔡仁厚：《孔孟荀哲学》，台湾学生书局 1984 年版。
9. 韦政通：《中国思想史》，台北水牛出版社 1985 年版。
10. 张岱年：《中国古典哲学概念范畴要论》，中国社会科学出版社 1989 年版。
11. 张岱年：《中国伦理思想研究》，上海人民出版社 1989 年版。
12. 张岱年：《中国哲学大纲》，中国社会科学出版社 1994 年版。
13. 杨泽波：《孟子性善论研究》，中国社会科学出版社 1995 年版。
14. 冯友兰：《中国哲学简史》，北京大学出版社 1996 年版。
15. 郭沫若：《十批判书》，东方出版社 1996 年版。

16. 刘泽华：《中国政治思想史》（先秦卷），浙江人民出版社1996年版。
17. 杨华：《先秦礼乐文化》，湖北教育出版社1996年版。
18. 李维武编：《中国人文精神之阐扬——徐复观新儒学论著辑要》，中国广播电视出版社1996年版。
19. 吴龙辉：《原始儒家考述》，中国社会科学出版社1996年版。
20. 张亨：《思文之际论集——儒道思想的现代诠释》，台北允晨文化公司1997年版。
21. 白奚：《稷下学研究——中国古代的思想自由与百家争鸣》，生活·读书·新知三联书店1998年版。
22. 陈其泰主编：《二十世纪中国礼学研究论集》，学苑出版社1998年版。
23. 萧公权：《中国政治思想史》，辽宁教育出版社1998年版。
24. 俞荣根：《儒家法思想通论》，广西人民出版社1998年版。
25. 郑良树：《商鞅评传》，南京大学出版社1998年版。
26. 陈鼓应主编：《道家文化研究》第17辑（郭店楚简专号），生活·读书·新知三联书店1999年版。
27. 李泽厚：《中国古代思想史论》，安徽文艺出版社1999年版。
28. 唐凯麟、张怀承：《成人与成圣——儒家伦理道德精粹》，湖南大学出版社1999年版。
29. 《中国哲学》编委会编：《中国哲学》第20辑（郭店楚简研究），沈阳出版社2000年版。
30. 廖名春：《郭店楚简〈性自命出〉篇校释》，载《清华简帛研究》（第1辑），清华大学思想文化研究所，2000年。
31. 唐凯麟、曹刚：《重释传统——儒家思想的现代价值评估》，华东师范大学出版社2000年版。
32. 杨志刚：《中国礼仪制度研究》，华东师范大学出版社2000年版。
33. 徐复观：《中国人性论史》（先秦篇），上海三联书店2001年版。
34. 葛兆光：《中国思想史》（第一卷），复旦大学出版社2001年版。
35. 勾承益：《先秦礼学》，巴蜀书社2002年版。
36. 韩东育：《日本近世新法家》，中华书局2003年版。
37. 刘丰：《先秦礼学与社会的整合》，中国人民大学出版社2003年版。
38. 许建良：《魏晋玄学伦理思想研究》，人民出版社2003年版。

39. 朱贻庭：《中国传统伦理思想史》（增订本），华东师范大学出版社 2003 年版。
40. 瞿同祖：《中国法律与中国社会》，中华书局 2003 年版。
41. 陆玉林：《中国学术通史》，人民出版社 2004 年版。
42. 蒙培元：《人与自然——中国哲学生态观》，人民出版社 2004 年版。
43. 梅珍生：《晚周礼的文质论》，湖北人民出版社 2004 年版。
44. 劳思光：《新编中国哲学史》，广西师范大学出版社 2005 年版。
45. 唐君毅：《中国哲学原论·原性篇》，中国社会科学出版社 2005 年版。
46. 《新世纪的哲学与中国——2004 年中国哲学大会论文集》，中国社会科学出版社 2005 年版。
47. 陈鼓应：《管子四篇诠释——稷下道家代表作解析》，商务印书馆 2006 年版。
48. 龚隽：《禅史钩沉：以问题为中心的思想史论述》，生活·读书·新知三联书店 2006 年版。
49. 干春松：《制度儒学》，上海人民出版社 2006 年版。
50. 王启发：《礼学思想体系探源》，中州古籍出版社 2006 年版。
51. 许建良：《先秦道家的道德世界》，中国社会科学出版社 2006 年版。
52. 杨国荣：《善的历程——儒家价值体系研究》，上海人民出版社 2006 年版。
53. 张林祥：《〈商君书〉的成书与思想研究》，人民出版社 2006 年版。
54. 白奚：《先秦哲学沉思录》，中国社会科学出版社 2007 年版。
55. 李亚彬：《道德哲学之维——孟子荀子人性论比较研究》，人民出版社 2007 年版。
56. 罗国杰主编：《中国伦理思想史》，中国人民大学出版社 2008 年版。
57. 梁涛：《郭店竹简与思孟学派》，中国人民大学出版社 2008 年版。
58. 许建良：《先秦儒家的道德世界》，中国社会科学出版社 2008 年版。
59. 张德胜：《儒家伦理与社会秩序：社会学的诠释》，上海人民出版社 2008 年版。
60. 杨国荣：《孟子的哲学思想》，华东师范大学出版社 2009 年版。
61. 杨国荣：《伦理与存在——道德哲学研究》，华东师范大学出版社 2009 年版。

61. 周炽成：《荀韩人性论与社会历史哲学》，中山大学出版社 2009 年版。
62. 傅佩荣：《儒道天论发微》，中华书局 2010 年版。
63. 张祥浩：《我的思想照片》，江苏人民出版社 2010 年版。
64. 晁福林：《夏商西周的社会变迁》，中国人民大学出版社 2010 年版。
65. 许建良：《先秦儒家道德论》，东南大学出版社 2010 年版。
66. 马育良：《中国性情论史》，人民出版社 2010 年版。
67. 王葆玄：《黄老与老庄》，中国人民大学出版社 2012 年版。
68. 《梁启超论先秦政治思想史》，商务印书馆 2012 年版。
69. 《梁启超论中国法制史》，商务印书馆 2012 年版。
70. 王盛元译注：《孔子家语译注》，上海三联书店 2012 年版。

### 四　海外相关论著

1. ［日］武内义雄：《中国哲学思想史》，汪馥泉译，商务印书馆 1939 年版。
2. 余英时：《士与中国文化》，上海人民出版社 1987 年版。
3. ［美］杜维明：《人性与自我修养》，胡军、于民雄译，中国和平出版社 1988 年版。
4. ［美］乔治·赫伯特·米德：《心灵、自我与社会》，赵月瑟译，译文出版社 1992 年版。
5. ［日］沟口雄三：《中国的思想》，赵士林译，中国社会科学出版社 1995 年版。
6. ［美］杜维明：《儒家思想新论——创造性转换的自我》，江苏人民出版社 1996 年版。
7. ［英］霍布斯：《利维坦》，商务印书馆 1997 年版。
8. ［美］弗兰克·梯利：《伦理学导论》，何意译，广西师范大学出版社 2001 年版。
9. 《柏拉图全集》（第一卷），王晓朝译，人民出版社 2002 年版。
10. ［美］赫伯特·芬格莱特：《孔子：即凡而圣》，彭国翔、张华译，江苏人民出版社 2002 年版。
11. ［英］葛瑞汉：《论道者：中国古代哲学论辩》，张海晏译，中国社会科学出版社 2003 年版。

12. 余英时：《中国思想传统的现代诠释》，江苏人民出版社 2003 年版。
13. ［美］郝大维、安乐哲：《先贤的民主：杜威、孔子与中国民主之希望》，何刚强译，江苏人民出版社 2004 年版。
14. ［美］倪德卫：《儒家之道：中国哲学之探讨》，周炽成译，江苏人民出版社 2006 年版。
15. ［美］本杰明·史华兹：《古代中国的思想世界》，程钢译，江苏人民出版社 2008 年版。
16. ［美］许田波：《战争与国家形成：春秋战国与近代早期欧洲之比较》，徐进译，上海人民出版社 2009 年版。
17. 方旭东主编：《日本学者论中国哲学史》，华东师范大学出版社 2010 年版。

## 五 期刊论文

1. 李景林：《荀子人性论新论》，《吉林大学学报》（社会科学版）1986 年第 4 期。
2. 白奚：《荀子对稷下学术的吸收和改造》，《兰州大学学报》（社会科学版）1990 年第 4 期。
3. 丁原明：《论荀子思想中的黄老倾向》，《管子学刊》1991 年第 2 期。
4. 刘玉明：《论荀子的社会等级观》，《山东社会科学》1992 年第 3 期。
5. 方尔加：《荀子修身论简析》，《北京社会科学》1993 年第 2 期。
6. 赵吉惠：《荀子是战国末期黄老之学的代表》，《哲学研究》1993 年第 5 期。
7. 高积顺：《试论荀子礼法思想的独特性格》，《管子学刊》1994 年第 4 期。
8. 李哲贤：《荀子礼论之特质研究》，《哲学与文化》1994 年第 12 期。
9. 惠吉兴：《荀子礼论研究》，《河北学刊》1995 年第 4 期。
10. 马育良：《荀子对礼之存在合理性的另一种论证》，《孔子研究》1997 年第 3 期。
11. 熊进军：《荀子社会控制规范体系的基本架构》，《河北师范大学学报》（哲学社会科学版）1998 年第 3 期。
12. 韩德民：《论荀子的礼法观》，《社会科学战线》1998 年第 4 期。

13. 白奚：《规范·教化·秩序——儒家礼治思想漫议》，《北京社会科学》1998 年第 2 期。
14. 庞朴：《孔孟之间——郭店楚简的思想史地位》，《中国社会科学》1998 年第 5 期。
15. 韩德民：《论荀子的天人观》，《孔子研究》1999 年第 4 期。
16. 王中江：《儒家"圣人"观念的早期形态及其变异》，《中国哲学史》1999 年第 4 期。
17. 张奇伟：《论"礼义"范畴在荀子思想中的形成——兼论儒学由玄远走向切近》，《北京师范大学学报》（人文社会科学版）2001 年第 2 期。
18. 张奇伟：《荀子礼学思想简论》，《中国哲学史》2002 年第 2 期。
19. 陆建华：《荀子之礼本质论》，《江淮论坛》2002 年第 3 期。
20. 李晓春：《论荀子对告子人性论的继承与扬弃》，《孔子研究》2002 年第 4 期。
21. 陆建华：《荀子礼法关系论》，《安徽大学学报》（哲学社会科学版）2003 年第 2 期。
22. 丁四新：《论郭店楚简"情"的内涵》，《现代哲学》2003 年第 4 期。
23. 张静互：《儒家礼教论——论"仁"、"人性"、"文"和"礼"的关系》，《湖南大学学报》（社会科学版）2003 年第 2 期。
24. 吉兴：《解蔽与成圣：荀子认识论新探》，《河北学刊》2004 年第 5 期。
25. 许建良：《荀子性论的二维世界》，《湖南科技大学学报》（社会科学版）2005 年第 2 期。
26. 陈来：《论儒家教育思想的基本理念》，《北京大学学报》（哲学社会科学版）2005 年第 5 期。
27. 李景林：《哲学的教化与教化的哲学——论儒家精神的根本特质》，《天津社会科学》2005 年第 6 期。
28. 卞修全、朱腾：《荀子礼治思想的重新审视》，《哲学研究》2005 年第 8 期。
29. 杜明德：《荀子的礼分思想与礼的阶级化》，《中国文化研究》2006 年（春之卷）。
30. 储昭华：《朝向未来与立足当前——孟子与荀子人性论及其效应的比较考察》，《哲学研究》2006 年第 10 期。

31. 黄克剑:《孟荀之辨》,《哲学研究》2006 年第 10 期。
32. 李晨阳:《荀子哲学中"善"之起源一解》,《中国哲学史》2007 年第 4 期。
33. 陈来:《"儒"的自我理解——荀子说儒的意义》,《北京大学学报》(哲学社会科学版) 2007 年第 5 期。
34. 赵汀阳:《荀子的初始状态理论》,《社会科学战线》2007 年第 5 期。
35. 曾振宇:《从出土文献再论荀子"天"论哲学性质》,《齐鲁学刊》2008 年第 4 期。
36. 宋金兰:《"圣"之语源及其初始涵义》,《青海师范大学学报》(哲学社会科学版) 2008 年第 3 期。
37. 王博:《论〈劝学篇〉在〈荀子〉及儒家中的意义》,《哲学研究》2008 年第 5 期。
38. 廖名春:《"虚壹而静"说新释》,《孔子研究》2009 年第 1 期。
39. 丁成际:《荀子礼之功能论》,《安徽大学学报》(哲学社会科学版) 2009 年第 4 期。
40. 王楷:《荀子的礼的个体修养之维》,《北京师范大学学报》(社会科学版) 2009 年第 4 期。
41. 陈真:《苏格拉底为何认为"无人自愿作恶"?》,《南京师范大学学报》(社会科学版) 2010 年第 5 期。
42. 章启群:《荀子〈天论篇〉是对于占星学的批判》,《哲学研究》2011 年第 2 期。
43. 姚大志:《社群主义的自由主义批判》,《厦门大学学报》2011 年第 3 期。
44. 林贵长:《先秦儒家道德人格层次辨析》,《吉首大学学报》(社会科学版) 2011 年第 5 期。
45. 白欲晓:《圣、圣王与圣人——儒家"崇圣"信仰的渊源与流变》,《安徽大学学报》(哲学社会科学版) 2012 年第 5 期。
46. 赵馥洁:《儒家的道德价值自觉论探析》,《孔子研究》2012 年第 5 期。
47. 杨国荣:《论意志软弱》,《哲学研究》2012 年第 8 期。
48. 杨国荣:《贤能政治:意义与限度》,《天津社会科学》2013 年第 2 期。

## 六 论文

1. 张琳:《荀子三论》,博士学位论文,复旦大学,2003 年。
2. 乔安水:《荀子礼论研究》,博士学位论文,华东师范大学,2004 年。
3. 田富美:《清代荀子学研究》,博士学位论文,台湾政治大学,2005 年。
4. 李桂民:《荀子思想与战国时期的礼学思潮》,博士学位论文,西北大学,2006 年。
5. 辛田:《春秋战国时期社会转型研究》,博士学位论文,陕西师范大学,2006 年。
6. 陈荣庆:《荀子与战国学术思潮》,博士学位论文,西北大学,2007 年。
7. 丁成际:《"群居和一"如何可能——荀子群论思想研究》,博士学位论文,华东师范大学,2007 年。
8. 沈云波:《学不可以已——〈荀子〉思想研究》,博士学位论文,复旦大学,2008 年。
9. 成守勇:《礼乐生活——以文本〈礼记〉为中心》,博士学位论文,华东师范大学,2009 年。
10. 陈礼彰:《荀子人性论及其实践研究》,博士学位论文,台湾师范大学,2009 年。
11. 刘延福:《荀子诗乐理论与实践研究》,博士学位论文,山东师范大学,2010 年。
12. 顾炯:《儒家视域下的修身之道——荀子身体思想研究》,博士学位论文,华东师范大学,2011 年。
13. 金妍妍:《"群居和一":荀子社会伦理思想研究》,博士学位论文,中南大学,2012 年。